실크로드 신체문화교류사 8

전통무예, 무용, 유희

총서 8

이란

한국외국어대학교
한국글로벌스포츠건강문화센터

이 논문 또는 저서는 2017년 대한민국 교육부와 한국연구재단의 지원을 받아 수행된 연구임
(NRF-2017S1A5B4055939)

박영사

발간사

이 연구가 주제로 선정한 실크로드의 아시아 7개국이란 한국을 비롯해 바다 건너 일본과 중국, 몽골, 카자흐스탄, 우즈베키스탄, 이란을 가리킨다. 실제로 실크로드 상에는 수많은 나라가 존재해 왔는데, 왜 하필 이 7개국이냐고 질문한다면 아직은 정확한 학술적 근거를 제시하기 어려운 것이 사실이지만, 지구상 동서의 문명교류라는 관점에서 실크로드가 역사적으로 인류의 문화발전에 큰 역할을 했다는 점이 많은 연구를 통해 밝혀졌다.

이란이라는 국명은 '아르야(아리안)들의 영토'를 뜻하며, 아리안들은 이란을 비롯해, 서남아시아와 중앙유라시아 전 지역에 걸쳐 광범위하게 분포되어 있다. 그리스인들은 이란의 남부 지역인 파르스(Pars)주의 이름을 따서 Persia라고 불렀으며, 이 지역은 최초의 대제국을 형성한 페르시아 아케메네스(Achaemenid) 왕조가 발흥한 곳이다. 7세기 중반 아랍에 멸망한 이후에는 약 1,400년간 이슬람의 전통을 축적했다. 그리고 1935년에 세워진 팔레비왕조는 페르시아라는 국명을 '이란'으로 변경하였다.

'페르시아 이슬람 세계(Perso-Islamic World)'라는 용어는 이슬람의 도래 이후에 정착된 개념으로 서남아시아와 중앙유라시아에 자리 잡은 아리안들의 영토와 관련을 맺고 있다. 즉 이란과 중앙유라시아 남부 지대, 아프가니스탄과 파키스탄 지역은 각 시대에 따라 전부 혹은 부분적으로 역사를 공유해 왔으며, 페르시아 이슬람 세계를 구성하는 국가들이다.

이란은 다문화, 다언어, 다민족 국가이다. 인도–유럽계에는 페르시아인, 쿠르드족, 루르족, 바흐티야르족 및 발루치족이 있으며, 코카서스계의 아르메니아인, 그루지아인 등이 극소수로 잔존한다. 투르크계는 아제르인, 투르크멘족, 카쉬카이족 등이 있으며, 셈계에 속하는 아랍인과 유대인이 있다. 이란의 인구 구성은 페르시아인(61%), 아제르인(16%), 쿠르드인(10%) 등으로 이루어져 있다. 언어는 페르시아어(53%)가 공용어이지만 아제리어(18%), 쿠르드어(10%) 등이 사용되고 있다. 종교적 측면으로 볼 때 이란은 시아파 종주국이다. 이란 국민의 98.9%가 무슬림이고 시아파 신자가 91%, 수니파 신자가 7.8%이다. 이란의 압도적인 다수를 차지하는 페르시아인과 아제르인은 시아파이다. 반면에 쿠르드족, 발루치족, 투르크멘족 및 아랍인은 수니파에 속한다.

이러한 민족적 배경을 토대로 이 책에서는 이란 사회에서 인류 탄생과 더불어 지속되었던 시민들의 투쟁기술 또는 생활상을 적나라하게 보여주는 신체문화로서 계승, 발전되어 온 이란의 전통무예와 무용, 그리고 유희에 관해 연구하여 정리하였다. 지금까지 실크로드로 연결된 이란의 고유문화 항목을 주제로 '비교민속학'이나 '문학사', '사회문화사' '예술사' 등에서 동서지역 간의 상호교류를 밝혀주는 여러 연구가 발표되었지만, 인간의 본능에서 발현되는 신체활동 영역(전통무예, 무용, 유희)에 관한 연구는 아직도 각국이 각자도생의 길을 걷고 있을 뿐이라는 고민을 우리에게 안겨 주었고, 그 해결책을 찾기 위해 이 연구는 출발하였다.

다행하게도 본 연구소는 기초학문을 육성하는 토대연구사업의 인문사회분야 지원사업에 선정되어 5년간(2017–2022) 실크로드를 통한 아시아 7개국의 전통무예, 무용, 그리고 유희로 나누어 신체문화와 관련된 문화사적 연구를 진행하게 되었다. 이 연구를 진행함에 있어서 전체를 아우르는 1권과 각 국가의 전통신체문화 7권, 그리고 이 7개국의 신체문화를 총망라한 교류사 부분 1권으로 구성하여 단행본으로 출판하게 되었는데, 그중에서 이 책은 8권으로 이란의 전통신체문화를 밀도 있게 다룬 연구물이다.

이 책은 일반 대중을 위해 평이한 수준으로 쉽게 기술하고자 하였고, 다양한 사진과 그림 자료를 첨부하려고 노력하였으나 저작권에 문제가 발생할 수 있기에 더 많은 그림과 사진 자료들을 분석하고 해석한 내용을 제시하지 못한 아쉬움이 있다. 또 연구 도중에 세계적으로 유행한 코로나19의 여파로 각 지역을 방문해 다양한 자료를 수집하는 데 어려움을 겪었으나 그러한 역경을 이겨 내고 연구자들 나름의 결과물을 제시하게 된 것을 다행이라고 생각한다. 따라서 이 책이 향후 실크로드로 연결된 인류의 전통신체문화의 전파 및 교류의 영향과 이란 전통신체문화와의 관계적 발전상에 관한 논의의 지평을 더욱 확장하는 계기가 되는 데 기여하기를 바란다. 덧붙여서 이 연구물이 전통문화와 관련된 교육 자료로 활용됨으로써 후학들의 관심과 흥미를 불러일으키는 데 기여하기를 기대한다.

기초학문 발전을 위한 한국연구재단의 재정적 지원과 격려에 고마움을 전한다. 공동 연구와 집필에 참여한 각 연구자, 연구보조원, 그리고 출판을 위해 편집과 사진 작업 등을 맡아준 박영사를 비롯한 많은 분에게 고마움을 표한다.

2025년 8월

실크로드 아시아 7개국의 전통무예, 무용, 그리고 유희연구 연구책임자

한국외국어대학교 한국글로벌스포츠건강문화센터 소장 김태영

차례

제2부
전통무용

제3부
전통유희

프롤로그

실크로드라는 통칭 하에서 초원로와 오아시스로, 해양로의 3대 간선을 포함한 서역[1] 교역로는 인류가 형성해 온 문화, 즉 종교와 철학, 사상, 풍습 등에서 매우 다양한 성질을 지니고 있었지만, 실크로드라는 교역로를 개척하고 이용한 사람들은 서로 간의 교류를 통해 여러 다원성을 극복하는 수단으로 삼아 인류 역사의 큰 줄기를 형성해 왔다.

인류는 탄생과 더불어 생존을 위해 채집과 생산, 어업과 수렵 활동을 병행하였다. 이러한 활동에 필요한 달리고 뛰고 던지고 기어오르거나 서로 치고받는 등은 일상적인 신체 기능을 단련하는 수단으로 자리 잡았다. 그 후 이 행위들은 신을 위한 의례나 의식 속에 수용되면서 다양한 볼거리의 하나인 무예와 무용, 그리고 재미를 추구하는 유희(놀이)로 구조화되어 전해지;게 되었다. 이렇듯 지구상에 존재하는 인류의 신체문화는 자생과 모방에 의해 탄생하고 발달해 왔을 뿐만 아니라 다양한 민족 간의 상호교류를 통해 재창조되어 발달해 왔다. 즉, 많은 문화는 한 민족이나 지역에서 다른 민족과 지역으로 전파되거나 한 문화권에서 다른 문화권으로 전파되었다. 인류의 5,000년 문화사는 이질적인 문화와 문명 간의 만

1) 서역이란 명칭은 한(漢)나라 선제(宣帝)의 신작(神爵) 2년인 기원전 60년에 중국 한나라가 흉노를 제압하기 위해 타림분지 중앙의 오루성(烏壘城)에 서역도호부를 설치한 것에서 유래하였다. 당시 이 지역은 현재의 중국 신강성에 해당한다. 한무제 때에 서역 경영으로부터 사용되어 온 서역이라는 용어는 중국이 지배권을 행사하게 된 중국 신강, 감숙 지역을 중심으로 한다. 이는 좁은 의미의 서역이며, 실제로 서역에 대한 공간적 개념은 중앙아시아만을 의미하기도 하지만, 넓게는 서아시아와 인도 북부 등 넓은 공간 범위를 가질 수 있다(강현숙, 〈高句麗 古墳 壁畫에 표현된 觀念과 實際: 西域系 人物을 中心으로〉, 《역사문화연구》. 48, (한국외국어대학교 역사문화연구소, 2013), 3－40쪽; 이한상, 〈新羅古墳 속 西域系文物의 現況과 解析〉, 《韓國古代史硏究》. 45, (한국고대사학회, 2007), 133－159쪽; 박아림, 《고구려 고분벽화 유라시아문화를 품다》. (학연문화사, 2015), 12쪽).

남과 나눔, 교류의 역사 속에서 파악해야 한다. 이런 점에서 여러 민족의 전통문화를 연구할 때에는 타문화에 대한 이해가 우선되어야 하지만, 그전에 먼저 자문화에 대한 이해를 심화하는 작업이 선행되어야 한다. 이는 자문화의 정체성을 찾고 이를 잘 이해하는 것에 기본적 목적을 두기 때문인데, 자문화의 정체성은 그것들에 내재된 고유한 성격을 추적하는 데에 머무르지 않고 수많은 타문화에서 나타나는 보편적 성질에 기초한 문화 특성을 끄집어내는 작업과도 연결되기 때문일 것이다.[2)]

아시아는 지구상에서 가장 넓고, 가장 많은 인구가 살고 있으며, 역사와 문화 그리고 종교 등 거의 모든 측면에서 매우 다양한 가능성을 지니고 있는 대륙이다. 최근까지 고대 로마를 포함하여 톈산(天山)산맥을 넘어 장안(長安)을 거쳐 한반도와 일본으로 이어진 실크로드는 고대 동아시아 지역의 공동문화권을 형성시키는 토대가 되었다. 그리고 그 문화권 속에서 한국과 중국, 일본은 서로 영향을 주고받으며 수용, 모방, 변형, 발전, 재창조 등의 과정을 거쳐 자국의 독특한 문화예술로 승화시켰다. 예를 들어 우즈베키스탄의 유수프 압둘라예프는 실크로드에 대해 "수 세기 동안 대륙을 연결한 길이었으며, 경제적, 정치적, 문화적인 측면에서 다양한 민족과 나라들이 연결"[3)]된 길이라고 언급한 바와 같이 인류의 5,000년 문명사는 이질적인 문물 간의 만남과 나눔의 교류사를 잊어서는 안 된다. 실크로드가 있었기에 유라시아가 서로 연결되어 인류는 발전할 수 있었다. 실크로드는 인류사를 크게 전환, 발전시켰다고 평가되는 위대한 교류사도 많이 전해지고 있기 때문에 실크로드를 통해 인류의 신체활동과 관련된 문화요소들은 어떻게 형성, 발전하여 왔는지를 문화사적 관점에서 검토할 필요가 있다. 특히 실크로드로 연결된 각 민족의 전통무예. 무용, 그리고 놀이가 외래의 무예, 무용, 놀이와의 만남 이후에 어떻게 변화해 나갔는가를 전망할 필요성을 느끼게 되었다.

---

2) 배영동, 〈아시아 의식주생활의 비교연구를 위한 모색〉, 《비교민속학》. 34, (비교민속학회, 2007), 15－16쪽; 장장식, 〈비교문화사의 관점에서 본 한국과 몽골의 민속〉, 《몽골학》. 30, (한국몽골학회, 2011), 93－94쪽.

3) 유수프 압둘라예프, 〈실크로드 역사에 있어서 중앙아시아의 역할〉, 《호남문화연구》. 37, (전남대학교호남학연구원, 2005), 183쪽.

지역적으로나 역사적 관계에서 한국을 중심으로 일본과 중국, 몽골은 동북아시아라는 하나의 지역으로 묶을 수 있다. 다음으로 카자흐스탄, 우즈베키스탄, 키르기스스탄, 타지키스탄, 투르크메니스탄 등 중앙아시아 5개국이 또 하나의 권역으로 묶일 수 있다. 또 ASEAN을 구성하고 있는 동남아시아와 인도, 파키스탄을 중심으로 한 남아시아가 하나의 지역으로 묶일 수 있다. 그리고 복합민족으로 이루어진 사우디아라비아와 예멘 등 여러 이슬람 국가들의 중동아시아로 묶일 수 있다. 이렇게 아시아 대륙을 6개의 지역으로 구분할 수 있지만, 각 지역 내에 동질성과 다양성의 정도를 보면, 유럽이나 북아메리카 등 다른 지역과 비교했을 때보다 오히려 다양성이 매우 높은 지역이 아시아 대륙이다. 아시아 대륙은 여러 다양한 민족들로 이루어져 있으며, 각 지역 안에서도 그 다양성이 매우 복잡하기 때문에 여기서 어떤 나라를 연구대상으로 선택할 것인지에 대한 고민이 거듭되었다.

지금까지 실크로드와 관련해서 '비교민속학'이나 '문학사', '문화사회사' '예술사' 등에서 동서 문화의 교류를 밝혀주는 다양한 연구가 진행되어 왔다. 그중에는 뛰어난 성과를 보여주는 연구도 있다. 그러나 인간의 본능적 신체활동 영역인 '전통무예, 무용, 유희'에 관한 연구는 아직도 각국이 각자도생의 길을 걷고 있을 뿐이다. 단지 일본에서는 실크로드로 연결된 국가, 또는 민족들의 전통스포츠문화(무도를 중심으로)에 관한 연구가 예전부터 조금씩 진행되어 다양한 성과를 거두고 있는 실정이다.[4] 신체문화와 관련된 연구를 진행하는 우리 학계에서도 이러한 세계적 연구 추세에 발맞추어 중앙아시아를 포함한 여러 주변 국가에 존재하고 있는 전통스포츠문화와 관련된 다양한 자료를 수집해 좀 더 심층적인 비교를 통한 연구결과와 성과를 도출할 때가 되었다고 본다.

이 연구서의 가장 중요한 키워드는 '신체활동을 매개체로 한 문화교류'를 밝히는 것이다. 교류에는 개인 간의 교류에서부터 지역 및 민족 간의 교류, 대륙 간의 교류 등 다양한 수준의 교류가 있으며, 지금은 우주를 왕래하는 시대를 맞이하여 위성 간의 교류도 상정할 수 있다. 그래서 이 연구에서는 사회를 구성하는 각

4) ひろ さちや監修, 松浪健四郎, 河野亮仙編, 《古代インド·ペルシアのスポーツ文化》. (ベースボールマガジン社, 1991); なら·シルクロード博記念国際交流財団シルクロード学研究センター編, 앞의 글.

개인의 신체를 매개체로 한 전통무예와 무용, 그리고 유희 종목으로 나누어 국가(민족)별로 그것들의 역사적 탄생 및 변용과 발전과정 등의 민족적 다양성과 연계성을 조사하여 분석함으로써 인간의 신체활동과 관련된 문화적 지식의 폭을 넓히고 확장하는 연구가 필요하다는 점에 착목하게 되었다.

제1부

전통무예

주르카네(Zoorkhane) 제식과 코쉬티(Khoshiti)

1. 들어가며

오랜 역사를 가진 이란인들의 문화적 유산이자 전통무예로 알려진 파흘라바니(Pahlavani)[1]라 불리는 '고전(고식) 운동'은 '주르카네(Zoorkhane) 제식(rituals)'을 포함하고 있는데, 이는 고대 페르시아 시기까지 거슬러 올라간다. 현재의 이란 지역은 파흘라바니가 탄생한 곳이고, 이 제식은 고대 페르시아 때부터 형성되었다. 파흘라바니 제식은 힘을 길러 용맹성을 고양함과 더불어 관대함이라는 도덕적 관습을 가지기 위해 연대적 훈련을 받는 것을 말한다. 이 제식은 예전부터 페르시아인들의 정치사회를 포함한 문화적이고 전통적인 삶의 전 과정에 커다란 영향을 끼쳐 왔다.

사막의 나라인 이란 각지에는 트레이닝을 하는 독특하고 아늑한 전용 체육관과 같은 곳이 많이 존재한다. 이를 주르카네라고 부른다. 특히 어린이들은 주르카네라는 신체활동을 통해 이슬람 정신을 배우고 이슬람 사회를 이해한다. 몸과 마음의 수련은 물론 영성의 깊이를 더하기 위해 주르카네 제식이라는 전통을 실행하고 있다. 이 전통무예는 주르카네(힘의 집)라는 장소에서 거행되며 인류 최초

1) 파흘라바니(Pahlavani)는 이란의 무예를 뜻한다. 그노시스주의(Gnosticism)와 고대 페르시안 신앙을 배경으로 하고 있다. 체조와 건강체조(callisthenics)의 움직임을 모은 의식을 묘사하는데, 각 단계별로 사용하는 기구들은 고대 무기를 상징한다.

의 스포츠로 불릴만한 '고대 운동'으로 손색이 없다. 이 무예는 서로 다른 시작을 알리는 북과 종이 울리는 동안에 성스러운 시를 외치는 음악가에 의해 체조가 시작되고, 여기에 음악이 더해지며 연대 훈련으로 구성된 신체 단련 과정이다. 주르카네는 건강(근력, 근지구력, 호흡 및 심장 지구력, 유연성 및 신체 구성 등)과 신체 능력, 그리고 기술(속도, 민첩성, 파워, 빠른 행동력, 평형 및 조정)을 근간으로 하는 신체 요소를 강화하려는 목적을 지니고 있다.2)

이 글에서는 주르카네와 '주르카네 운동'이란 용어가 혼용되어 사용되고 있다는 점을 먼저 밝힌다. 구체적으로 경기장을 가리키는 의미가 아니라면 주르카네 운동이라는 의미로 사용할 것이다. 그러나 좀 더 엄밀히 말한다면, 오히려 주르카네이(Zoorkhanei)라는 용어가 더 적절할 것이다.

2. 주르카네의 역사

주르카네와 이슬람

페르시아어로 주르(zūr زور)는 "힘이나 체력"을 의미하고, 카네(khāneh خانه)는 "집"을 의미한다. 그러므로 주르카네는 "힘을 키우는 집"을 의미한다. 즉, 페르시아 및 주변 지역에서 대대로 내려온 전통적 체력 단련장을 뜻한다. 20세기 중반까지 주르카네는 주로 레슬링과 밀접하게 연관되어 있었다. 레슬링 선수들이 주르카네에서 체력을 단련한 후 경기를 벌이기도 하였기 때문이다. 주르카네는 오스만 투르크 제국의 레슬링 훈련장인 테케(tekke, 페르시아어 takiyeh), 아프가니스탄의 하르카라(harkara), 인도의 악하라(akhāṛā)라는 이름으로 전파되었다. 이것은 과거에 발칸 반도에서 벵갈 지역까지 방대한 지역의 다양한 민족이 공유해 온 전통 신체활동이다.3)

파흘라바니는 고대 페르시아의 종교와 신비주의, 이슬람과 결합한 이란인들

---

2) Mohammad-Ghorban Kiani and Hassan Faraji, 〈Zoorkhaneh: Historic Training in Iranian Culture〉, 《World Applied Sciences Journal》. 14(9), (2011), 1415쪽.

3) Hosseini, A. 〈A Study of the Structure and Customs of Iran's Traditional Sports〉, 《International Zoorkhaneh Sports Federation》. (Tehran Iran, 2005).

의 전통무예이다. 이것은 10－20명의 남성에 의해 수행되는 체조 및 아크로바트 동작으로 구성되어 있다. 참가자는 고대 무기를 상징하는 기구들을 들거나 휘두르며 훈련한다. 이 제식의 참가자들에게서 어떤 사회적 계층이나 종교적 배경을 추론할 수 있지만, 각 그룹은 지역 공동체와 강한 연대를 맺고 있다. 파흘라바니 운동(Varzesh－e－Pahlavani/Ayine Pahlavani va Zoorkhanei) 혹은 고전 운동(Varzesh－e－Bastani)이라 부르는 '파흘라바니와 주르카네 제식'은 유네스코 세계유산에 등재된 명칭이다. 참가하는 선수들의 전통적 체계로 이것은 원래 페르시아와 인접 지역인 페르시아어 문화권에서 전사들을 양성하는 수단으로 이용되었던 신체 운동을 가리킨다. 고대 페르시아어 문화권이란 이란을 비롯해 이라크, 중앙아시아 남부지역, 아프가니스탄과 파키스탄을 포함한다. 시대에 따라 일부 또는 전 지역이 공동의 역사와 문화를 품어 왔다. '페르시아어 문화권'은 중세에는 페르시아－이슬람 세계(Perso－Islamic World)로 불렸다. 페르시아어 문화권에서 이 '고전 운동'은 매우 성행하였다. 이 운동은 고대 페르시아의 전통 종교문화와 융합되었다. 특히 미트라교, 조로아스터교, 수피즘, 시아파 이슬람의 요소들이 시대적 흐름에 따라 이 운동에 정신적 기반을 제공하였다.

주르카네라고 불리는 돔 구조의 훈련장에서 행하는 수련 과정은 대체로 '아크로바트(체조) 운동'과 레슬링 형태로 경쟁하는 '코쉬티(Khoshti) 파흘라바니'로 이루어진다. 그리고 주르카네에서 가장 중요하게 취급하는 운동이 코쉬티(어원은 "싸우다"라는 뜻)이다. 코쉬티의 기원으로 대두되는 지역이 페르시아이기 때문이다. 그래서 이 훈련 자체가 싸우기 위한 것, 즉 파흘라바니들의 필수과목이었던 것이다. 그러나 오늘날의 코쉬티는 일반적으로 이란 레슬링이나 씨름이란 격투기를 지칭하는 경우가 많다. 다만, 이 도구훈련에 힘쓰는 사람들의 대부분은 레슬러라는 점 역시 코쉬티라고 불리는 이유 중에 하나일지도 모른다.

파흘라반(Pahlevan)의 어원과 파르티아

전통적인 이란 레슬링인 코쉬티는 고대 페르시아에서 시작되었고, 페르시아 신화시대의 최고의 영웅인 로스탐에 의해 시행되었다. 이는 페르시아 최고의 서사시로 불리는 『왕서(셔흐너메)』에 언급된 내용이다. 민속적인 형태를 띠며 페르시아권의 다양한 민족스포츠로 시행되는 동안에 레슬링은 주르카네의 특별한 명물로 간주되었다. 원래 주르카네의 목적은 다가오는 전쟁을 준비하기 위해 전사들을 훈련시키는 과정에서 민족적인 자부심을 심어주는 데 있었다.

주르카네의 미트라 문양과 제식은 파르티아(애쉬커니, BC 247－224) 기원의 미트라 성서의 내용을 담고 있다. 주르카네의 훈련시스템은 '고전 운동'으로 알려져 있으며, 코쉬티 파흘라바니라고 부르는 레슬링에서 파흘라반(영웅)[4]은 파르티아라는 단어에서 따왔다. 이런 의미에서 '영웅 스포츠(Heroic sport)'라고 불리기도 한다. 원래 미트라교는 기원전 15세기에 시작되었다. 미트라교 사원에서 주도적으로 만든 레슬링 조각상이 발굴되면서 이를 입증하게 되었다. 시간이 흐르면서 미트라교는 세력이 약화, 기원전 7세기에 창시된 조로아스터교에 흡수되었다. 여기서는 파흘라반의 어원을 파르티아(중국명: 안식 왕조)에 연관지어서 살펴보자.

파흘라반이란 의미는 용감한 사람, 힘센 사람, 용감한 병사, 코쉬티 우승자, 근육질의 선수를 파흘라반(영웅)이라 부른다. 이란 지역에서 고대부터 이름난 영웅 중의 영웅과 전쟁에서 가장 용맹하게 전투를 승리로 이끈 사람을 '세계의 영웅(파흘라반)'이라 칭했다. 따라서 주르카네라는 공간에서 훈련하는 사람들을 파흘라반이라 부르고 있다. 이 단어는 파흘라브(Pahlaw)와 '연고'의 표시인 안(an)이라는 두 글자로 생성되었으며, 파흘라빅(Pahlawig)이라는 중세 페르시아어 계통으로 알려져 있다. 파흘라빅은 파흘라브, 즉 파르트(Part)족[5]으로 알려져 있으며, 그곳 사람들은 전쟁에서 힘과 용맹성, 특출함으로 명성이 자자했다. 애쉬커니 시대에 힘의 원초적 실체인 영웅상으로 형성되었던 것이다.

덧붙여서 애쉬커니 왕조에서 미트라교가 확산되었다. 애쉬커니인들은 매흐러베(미트라교 사원)를 만들고, 그 시대의 세계에 미트라교의 제식을 선물로 주었

---

4) 다른 마을, 도시, 국가, 혹은 그 시대 세계 전체의 Bastanicar들 사이에 나타난 1등 챔피언. 이 타이틀은 신체의 기량과 도덕성이 완벽함에 이르렀다고 인정되는 운동선수에게 주어지는 것이었다.

5) 파르트 족은 메디아, 파르스족과 더불어 이란·아리안족에 속한다. 대코라산 지역에서 파르티아 혹은 애쉬커니 왕조로 발흥하였다고 한다.

는데 그중에는 로마인들도 있었다. 이러한 배경 때문에 일부 연구자들은 주르카네 문화의 바탕을 미트라와 연관 짓고 있다. 그 이유는 여러 사제들과 주르카네 문화 사이에는 다양한 유사성이 존재하고 있기 때문이다.

이슬람 이전의 주르카네 운동

이슬람 이전에 페르시아의 주르카네 운동에 관한 그림들은 아케메네스(헤커맨쉬) 시대에는 타크테잠시드(페르세폴리스)와 슈쉬, 사산조에는 터게 보스턴(Taghe Bostan)의 암각화에 그려져 있는데, 병사와 용사들의 모습으로 가득 차 있다. 방패와 칼, 화살과 같은 페르시아인들의 병기 형태는 '고대 운동' 기구에 그대로 남아 있다. 아케메네스 병사들의 방패와 같은 문양의 종류들은 타크테잠시드 벽 위의 조각에서도 볼 수 있다. 페르시아 활과 같은 철궁의 문양도 타크테잠시드의 조각이나 터케 보스턴의 암각화에 보인다. '고대 운동' 기구들은 전쟁에 대비한 병사들을 위한 훈련과 관계가 있다는 것은 다음과 같은 이유로 알 수 있다.

① 고대 파흘라바니의 일부 운동들은 주르카네에서 하는 운동들과 유사하였다. 즉 곤봉체조(저글링)와 철퇴 체조, 철궁(활 모양 철제 기구) 흔들기와 활쏘기, 누운 채로 방패 들어 올리기와 방패 던지기는 주르카네 운동과 파흘라바니 운동(병사 훈련) 간에 비슷한 측면이 있다. 고대 운동은 훈련의 한 종류와 제식의 형태로서 점차 체조 형태로 나타났다.

② 체조에 사용되는 기구 명칭이 페르시아 전쟁 무기와 관련이 있다.

③ 코쉬티는 페르시아 전쟁에 이용되었다.

④ 고대 파흘라바니 제식의 가장 중요한 부분인 코쉬티는 이란뿐만이 아니라 페르시아어 문화권에서 매우 성행하였다.

⑤ 고대 페르시아 군대는 용맹성에서 세계적으로 명성을 떨쳤다. 기마 및 기병에 관한 훈련은 모두 이슬람 이전에 사용되었다.

주르카네 형성의 근원에 대해 서로 다른 견해도 존재하지만, 이 구조적 연관성은 코쉬티, 아크로바트, 용감성이란 면에서 관심을 가져야 한다. 코쉬티는 주르카네 운동의 가장 중요한 핵심이며 정점에 해당한다. 코쉬티는 기원전 수백 년 전부터 페르시아 지역에 존재하였다. 아크로바트 또한 고대부터 존재했으며, 그것에 관한 수많은 흔적이 남아 있다. 상고대 엘람시대와의 관련 속에서 아제르바이잔 지역의 술잔에 있는 문양이나 하산루(BC 1,200년경) 지역 등에서 수많은 흔적이 존재한다. 이로써 이슬람 이전 시기의 주르카네이 운동이 가장 오래된 체조운동에 속한다고 볼 수 있다.

이슬람 이후의 주르카네 운동

642년에 아랍이 페르시아를 침공했을 때, 주르카네는 비밀스러운 만남의 장소로서 역할을 하기도 했고, 기사(騎士)들이 단결과 애국심을 고양시키는 장소이기도 했다. 침입자들은 끊임없이 자신들에 대항하는 반란자들의 용기를 빼앗기 위해 주르카네를 표적으로 삼았으나 새로운 주르카네가 또 다른 장소에서 계속 조직되곤 하였다. 시아파 이슬람의 확산에 따라 특히 8세기 수피즘의 발달 이후에 파흘라바니 운동은 수피즘 요소를 받아들였다. 종교적 찬가가 훈련 속으로 유입되고, 첫 번째 시아인 이맘 알리는 주르카네 후원자로 받아들여졌다.

주르카네는 1322년(이슬람력 722년)에 페르시아 최고의 레슬링 챔피언이었던 푸르여 발리(Pourya Vali)에 의해 처음으로 설립된 것으로 일부 학자들은 보고 있으나 그 원형은 고대 시기로 거슬러 올라간다. 사파비 왕조 때 무예 분야는 성장의 시대였고, 특히 '고대 운동'이 발달한 시기였다. 사파비 왕조 시기에 페르시아의 국교가 시아파로 정해진 이후부터 주르카네에서는 알리의 이름으로 운동이 시작되고 알리의 이름으로 마무리되었다.

파흘라바니들과 주르카네에서 거행하는 제식은 가자르 시대에 대담하고 과감해졌다. 19세기 가자르왕조(1779－1924)의 너세르왕이 집권한 시기에 '고전 운동'은 특히 인기가 있었다. 이란의 새해인 노루즈 때에 궁정에서 시합이 열렸고, 왕은 챔피언에게 팔찌를 선사했다. 1920년대 파흘라비 왕조의 등장과 함께 이 무예는 쇠퇴하게 되었고, 레자샤가 주도하는 현대화가 진행되면서 이 운동을 '가자르조 제식'의 유물로 치부하였다. 파흘라비 왕조 때에 체육관의 등장은 주르카네가 구식화되는 계기로 작용하였다. 레자샤의 아들인 무함마드 레자 파흘라비는 이슬람에 크게 의존하는 중동 저개발 국가들의 대안을 고대 페르시아의 뿌리로부터 그 정체성을 찾았고, 이를 강조하였다. 그는 전통을 소생시키고 실행하면서 자신의 집권기에 마지막으로 국가적 차원의 경기를 개최하였다.

13세기에 제작된 미나이(Minai) 도기란 페르시아의 고급 이슬람 도기를 말한다. 가죽 바지를 입고 서로 손을 마주 잡고 자세를 취하고 있는 모습이 지금의 튀르키예 레슬러 복장과 똑같다. 유목민족의 공통된 힘겨루기라 여길 정도로 넓은 지역에 분포되어 있었고, 도자기에 새겨질 정도로 인기가 있었다. 그러나 1979년 이란의 이슬람 혁명 이후에 새 정부가 들어서고 이슬람 이전의 이교 신앙을 억누름으로써 전통문화가 인기를 잃어 갔다. 여기서 이교 신앙이란 미트라 찬가이며, 신비주의와 주르카네 제식들이 포함되어 있다. 결과적으로 이란 정부는 이 '고전 운동'을 자신들의 자부심과 문화의 상징으로 장려할 수밖에 없었다. 오늘날의 파흘라바니들이 하는 훈련은 국제사회의 레슬링과 역도 경기에서 메달을 따내는 밑바탕이 되었기 때문에 레슬링 선수들에게 큰 인기를 끌게 되었던 것이다.

한편으로는 주르카네에 젊은 회원들을 끌어들이는 문제가 한동안 주요한 의제가 되었다. 연장자들에게 집착하는 대신에 젊은 회원들의 훈련을 좀 더 느슨하고 관대하게 진행하거나 젊은이들의 의무감을 확충시키는 방향으로 거행하자는 제안이 있었다. 2004년 국제주르카네스포츠연합(IZSF)이 결성되었고, 최근에는 이와 관련된 세계집행기구가 창설되었다. 이라크와 아프가니스탄과 같은 인접 지역에서도 이 스포츠는 인기를 더해 가고 있다.

이란과 인접한 국가 중에서 아제르바이잔에서도 주르카네가 눈에 띄게 활발히 벌어지고 있다. 바쿠라는 오락거리 중의 한 지역에도 주르카네가 있는데, '부카리와 물타니 대상들의 숙소'에서 단지 몇 걸음 떨어져 있다. 3명의 악사를 동반한 경기도 개최되었는데, 이들은 카먼차(kamancha, 카먼체), 주르나(zurna), 나가라(naghara) 등과 같은 동방의 전통 음악 악기로 연주했다. 이러한 대부분의 멜로디는 오랫동안 잊혀져 있었지만, 아제르바이잔 국가 레슬링 경기가 열리기 전에 여전히 연주되고 있다.

주르카네의 신비한 역사

주르카네의 기원은 신비에 싸여 있다. 그 용어들과 의식, 기풍, 등급 등은 이슬람 동부 지역의 무슬림 청년 친목조직이었던 포토바트(fotovat فتوت 혹은 javān-mard جوانمرد)나 신비주의 수피 종단(tarīqat طریقت)을 연상시키지만, 직접적인 연관성을 입증할 만한 그 어떤 자료도 발견되지 않고 있다. 하지만 둘이서 대결하는 레슬링(씨름 포함)은 중앙아시아를 비롯해 서아시아와 남아시아에서 오래도록 즐겨온 전통무예이기 때문에 이란에는 14-15세기부터 레슬링 선수들의 길드가 조직되어 있었다. 이들이 포토바트 및 수피 종단의 다양한 의식들을 모방했을 가능성이 농후하다. 다시 말해서 대부분의 레슬링 선수는 사회적 지위가 낮았기 때문에 이와 같은 높은 이상을 소유함으로써 더 큰 존경의 대상이 될 수 있다는 희망을 품었던 것이다. 레슬링 기량과 수피즘의 혼합은 14세기 하라즘(Khwarazm) 출신의 레슬러 마흐무드(Pahlavān Mahmūd پهلوان محمود)에 의해 구체화 되었는데, 페르시아에서 푸리야 발리(Puriyā-ye Valī پوریای ولی)라고 더 잘 알려진 그는 주르카네 훈련자들이나 레슬러들의 우상으로 여겨졌다.

레슬링과 레슬링 선수에 대한 언급은 고전 페르시아 문학에서 찾을 수 있지만, 주르카네에서의 훈련 및 관행에 대한 가장 초기에 알려진 언급은 사파비 왕조(Safavid) 시대의 단편 시였던 「푸리야 발리의 두루마리(Tūmār-e Pūriyā-ye Valī طومار پوریا ولی)」에서 발견된다. 이 시의 내용은 사파비 왕조 치하에서 주르카네가 처음 등장하였음을 보여 주고 있다. 또 주르카네와 열두 이맘 시아파 사이의 밀접한 연관성을 보여 주기도 한다. 주르카네를 구성하는 성원들이 시아파 3대 이맘 후세인의 순교 추모제인 어슈러('āshūrā عاشورا)에서 거행되는 추모 행렬에 매우 적극적으로 참여하였다는 것이 대표적인 사례이다.

주르카네를 묘사한 최초의 서양 여행자는 존 샤르뎅(John Chardin)으로 그는 1670년대에 이것을 목격하고 다음과 같이 묘사하였다. "레슬링은 하층민들의 운동이며 일반적으로 그들은 가난한 사람들이다. 그들은 자신이 레슬링 하는 장소를 주르코네(ZourKone), 즉 '체력의 집'이라고 부른다. 영주, 특히 지방 총독은 백성을 훈련시키기 위해 자신의 집에 주르코네를 가지고 있다. 모든 도시에는 레슬링을 시연하기 위한 레슬러들의 길드 조직이 있으며 … (중략) … 그들은 사람들을 변화시키기 위해 자신들의 운동을 수행한다.”

1세기가 지난 후에 카스텐 니부르(Carsten Niebuhr)가 이 ‘힘을 기르는 집’을 묘사했다. 그는 처음으로 주르카네의 모습도 표현했다. 서아시아와 발칸반도 전역의 대중적인 레슬링 행사에서는 악단의 연주가 동반되었는데, 시아파 성직자의 음악에 대한 혐오의 영향으로 페르시아의 주르카네 훈련에서는 모르셰드의 북과 시 낭송만 남게 되었다.

페르시아의 카자르(Qajarid) 왕조 통치자들은 레슬링의 열렬한 후원자였다. 그러한 결과로 19세기에 주르카네는 이란에서 크게 번성하였다. 주르카네는 도시 지역 사회 구조의 일원이 되어 공동체 생활의 중요한 부분을 차지하였던 것이다. 어떤 주르카네는 전통시장(bāzār بازار)과 관련된 장인과 상인이 자주 찾거나, 또 어떤 주르카네는 수피 종단 구성원이 주로 찾기도 하였다. 심지어는 루티(lūtī لوطی)라고 불리는 떠돌이 공연자들이 주로 찾는 주르카네도 있었다. 1865년 카자르 왕인 너세르 알딘 셔흐(Nāşer al-Dīn Shāh)의 궁정 의사는 “방탕하고 놀기 좋아하는 사람들이 주르카네를 자주 들락거려 양가의 자제들은 그곳에 가지 않는다”고 언급하였다. 그러나 상류 출신의 남성이라도 때때로 훈련에 참여하고 고우드(Gowd)에서 레슬링을 했는데, 이는 너세르 알딘 셔흐의 통치 기간(1848-1896)에 다수의 고위 관리들이 개인 주르카네를 세우면서 최고 정점에 달하기도 하였다.

이란에서는 1905부터 2년 동안 입헌혁명이 일어나면서 주르카네와 레슬링에 대한 왕실의 후원이 중단되었다. 이것은 한동안 도시의 하층 및 중하층 문화의 특징이었던 주르카네에 심각한 타격을 입혔다. 더욱이 1920년대에 서양 스포츠와 체육이 소개되면서 운동을 좋아하는 남성들 사이에서 주르카네 훈련의 매력은 더욱 감소되었고, 그나마 있던 관객도 영화관에 빼앗겼다. 게다가 정부의 사회에 대한 간섭이 증가함에 따라 더 나은 치안이 확보되면서 그동안 주르카네에서 훈련하면서 사회의 법과 질서 유지에 일익을 담당했던 주르카네 영웅들의 역할이 줄어들었다. 주르카네의 또 다른 기능은 왕과 고위 관리들을 위한 셔테르(shāṭer شاطر)라고 불리는 강인한 장거리 택배 운송자들을 기르는 훈련이었지만, 그 특수한

독점적 기능마저도 현대 운송 수단의 도입으로 1920년대 초반에 소멸되었다. 카자르 왕정이 붕괴된 후 혼란의 시기에 많은 아마추어 참가자들이 상류층의 후원과는 별도로 주르카네를 되살렸다. 그들은 1924년에 "이란영웅협회(Jam'iyat-e Gordān-e Irān جمعیت گردان ایران)"를 설립하고 엄격한 입학 절차를 통해 수련생을 모집함으로써 주르카네를 또 다시 존경받는 전통 신체 문화로 부활시켰다.

페르시아에서 현대 체육의 선구자들은 주르카네와 같은 유형의 운동을 존중하지 않았기 때문에 페르시아의 현대 학교를 위해 만든 체육 교육과정에서 주르카네는 소외되었다. 더욱이 1920년대와 1930년대에 주르카네를 비난하는 수많은 기사가 페르시아 언론에 실렸다. 이란의 일간지 『엘텔러어트(Eṭṭelā'āt اتلاعات)』 1938년 11월 8일자 "주르카네에서"라는 기사는 이 전통문화에 대해 네 가지를 비판하였다. 첫째, 주르카네 구성원들이 도덕적으로 타락했다는 점을 들었다. 이것은 일부 훈련자들 사이에서 남색이 만연했다는 주장을 빗댄 것이었다. 둘째, 이곳은 상스러운 부랑배들이 드나드는 곳이라고 조롱했다. 이것은 아마도 떠돌이 공연자들, 즉 루티들이 주르카네에 시끄럽게 자주 출몰했기 때문으로 보인다. 셋째, 이 운동이 팀 스포츠를 포함하지 않고 고르지 않은 신체 발달을 유발해 현대 스포츠의 기대를 충족시키지 못하고 있다. 마지막으로 건물 구조의 불충분한 환기 상태를 맹비난하였다.

3. 주르카네의 구조

형태와 구조

주르카네의 형태와 구조는 시대에 따라 계속 변형되고 발전해 왔다. 전통적인 주르카네는 공중목욕탕(hammām حمام)과 유사한 구조이며, 주르카네 훈련자들의 수련 후 목욕이라는 편의성을 도모하기 위해 종종 인접해 건축하였다. 주르카네 본당은 일정한 온도를 유지하고 땀을 흘린 훈련자들에게 해를 끼칠 수 있는 외풍을 막기 위해 지표면보다 낮은 지하실에 짓지만, 돔 형식의 천정에는 채광창이 나 있다. 출입문은 일반 건물보다 낮게 만드는데, 출입자들이 허리를 숙이고 들어옴으로써 주르카네 자체에 대한 존경심을 갖도록 하려는 의도가 깔려 있다고 한다.

본당 중앙에는 고우드(Gowd گود)라고 불리는 육각형의 단련장이 약 1m 깊이로 만들어져 있다. 바닥을 부드럽게 하기 위한 전통적인 방식은 먼저 관목을 깐 다음에 그 위를 재로 덮고 마지막으로 참가자들의 안전을 위해 부드러움과 유연성을 보장하는 진흙, 또는 점토를 덮는다. 요즘의 바닥은 다른 실내스포츠 활과 같이 마루나 리놀륨으로 대체되고 있다.[6] 고우드 주위로 관중석과 운동 기구를 놓는 선반이 둘러싸여 있고, 벽에는 유명 선수나 혹은 해당 주르카네와 연관된 성자(saint)의 사진, 또는 초상화가 걸려 있다. 주르카네에서 가장 중요한 곳은 약간 높은 위치에 화려하게 장식된 사르담(sar-dam)이라고 불리는 좌석이다. 이 좌석은 모르셰드(morshed مرشد)[7]라고 불리는 지휘자가 앉는 자리이다. 그는 전통 북을 두드리고 부드러운 시를 낭송하며 체력 훈련자들의 흥을 돋우어 일체화된 동작을 유도한다. 그는 신비주의적이고 서사적인 영웅시를 읊는다. 그리고 "레슬링의 꽃(gol-e koshtī گل کشتی)"이라고 불리는 주르카네에 특화된 시를 읊는데 이 분야에서 가장 유명한 시가 『미르 나저트 에스파하니(Mīr Najāt Eşfahānī)』라는 시다. 보통 이 시들은 도덕적이고 교훈적인 내용으로 채워져 있는데, 이른바 "주르카네 문학"이라 불리며 페르시아 문학의 한 범주에 들어간다.

주르카네의 훈련 의식과 수련 방식

고전 제식은 수피(Sufi) 교단의 수행과 전통을 모방하고 있다. 그 증거로서 용어를 들 수 있는데, 모르쉐드(스승), 피쉬케스바트(숙련된 실력을 보유한 선수/지도

6) 고우드(Gowd)는 주르카네의 가장 기본이 되는 곳(훈련장). 모든 훈련이 행해지는 곳으로, 모양은 육각형, 또는 팔각형으로 설계되어 있다. 대략 75-100cm의 깊이로 판 팔각형 구덩이이다. 전체 표면은 장소의 크기에 따라 조금 다르다(Mohammad-Ghorban Kiani and Hassan Faraji, 앞의 글, 1416쪽).

7) 경험이 많은 훈련자로 훈련시간에 무예 의식과 퍼포먼스 서사, 그리고 그노시스적 시와 리듬을 주도한다. 모든 무예-챔피언-연습자들은 모르쉐드의 드럼에 맞춰야 하며, 그룹의 협동이 필요한 때에는 개인적으로, 또는 그룹으로 연습한다. 가끔은 두 명의 모르쉐드가 함께 하모니를 맞추는데 이들이 연습을 지도한다(Mohammad-Ghorban Kiani and Hassan Faraji, 위의 글, 1416쪽).

자), 터즈(왕관, 왕관 대신의 머리띠), 파그르(청빈) 등에서 알 수 있다. 조로아스터교가 번영한 시기부터 면면히 계승되어 왔다는 주르카네는 근대의 모델로 자리 잡았으며 고대 그리스의 역사적인 신체 문화에도 뒤떨어지지 않고 고대 페르시아를 대표하는 신체 문화의 원류가 바로 이 주르카네일지도 모른다.[8] 이들의 윤리는 수피의 이상과 유사하여 마음의 정화를 강조한다. 모든 경기는 예언자 무함마드에 대한 찬미로 시작된다.

모르쉐드는 페르시아의 신비주의 시와 이야기를 읊고, 북을 치면서 흐름을 주도한다. 주르카네에서 거행되는 훈련의 가장 중요한 인물인 모르쉐드는 시아 이맘들을 찬미하고, 서사시 『왕서』의 내용에서 발췌한 시를 읊으면서 참가자들에게 기운을 불어넣으며 기도 시간을 이끈다. 이 노랫가락은 말로 전하는 예전부터 전해 내려오는 이슬람 교육이자 사회적 지식 내용으로 채워져 있다. 나아가 도덕 의례이자 훈련할 때에 전사들에게 주는 종교적 가르침이었다.

고우드의 훈련자들은 일반인들과 다름없다는 의미에서 맨발에 웃통을 벗고 훈련에 임한다. 그들의 표준 복장은 씨름의 샅바처럼 양다리 사이를 통과시켜 허리에 묶는 롱(long)이라고 불리는 긴 천을 두른다. 실전 레슬링에 들어갈 때는 톤번(tonbān)이라는 가죽 바지를 입는데, 때로는 독특한 문양이 수놓아져 있기도 하다. 훈련자들은 고우드에 들어갈 때 지면에 입맞춤을 하며 성스러운 공간에 대한 존경심을 표하는데, 때로는 손가락으로 바닥을 찍고 이를 입술에 대는 행동으로 대신한다. 일단 안으로 들어가면 그들은 먹고 마시거나 담배를 피우거나 웃고 떠들어서는 안 된다. 1920년대 중반까지 그들은 새벽 예배를 마친 후 주르카네에 갔다. 단식 기간인 라마단(Ramadan) 기간에는 단식을 하지 않아도 되는 저녁에 훈련했다. 이후로 저녁 훈련이 차츰 일반화되었다.

'고전 운동'의 주된 영역은 웨이트트레이닝과 체조로 이루어져 있다. 장비로는 나무로 만든 밀(mil)[9]이라는 곤봉을 한 짝, 상(sang)[10]이라는 무거운 나무 방

8) 荒木祐治, 〈ペルシァの古典力技〉. ひろさちや監修, 松浪健四郎, 河野亮仙, 앞의 책, 119쪽.

9) 밀은 곤봉 모양의 악기이다. 원뿔형 나무로 만들어졌다.

10) 두 개의 단단한 직사각형의 나무로, 한쪽이 반원으로 만들어져 있다. 한가운데에 손잡이가 조각된 고대 방패가 있다. 한 쌍의 상의 무게는 60－120kg 정도 나간다.

패, 활 모양의 철제물(kabbadeh/캅바데, 카먼/kaman)[11]을 주로 사용한다. 즉 주르카네는 맨손으로 하는 체조(아크로바트)와 기구를 이용하는 두 종류가 있다. 목제 곤봉은 25kg에서 35kg 사이이며, 곤봉의 길이는 1m이다.

훈련은 어느 정도 표준화된 순서로 진행되며 미연다르(miyāndār)라고 불리는 최상급자가 훈련을 이끈다. 워밍업체조(pāzadan پا زدن) 후에 상(sang سنگ)이라는 무거운 나무판을 바닥에 놓고 팔굽혀펴기(shenā)를 한다. 그 다음에 밀(mīl میل)이라는 큰 원뿔형 곤봉을 휘두르는 훈련이 이어진다. 두 운동 모두 모르쉐드의 북과 시 낭송에 맞춰 이루어진다. 그 다음에 훈련자 전원이 고우드의 바깥쪽을 빠르게 도는 동안(charkh چرخ)에 한 명이 중앙으로 나와 기계체조와 비슷한 묘기 동작을 시연한다.

그 후 한두 명이 교대로 중앙으로 나와 캅바데(kabbādeh کباده)라는 기구를 머리 위로 쳐들고 좌우로 흔든다. 캅바데는 쇠고리와 쇠사슬이 주렁주렁 달린 활 모양의 무거운 철제 기구로서 활을 당기는 힘을 기르기 위한 도구이다. 차르흐(charkh) 및 캅바데(kabbādeh)와 같이 교대로 시행하는 개인 훈련은 하급자에서 상급자의 오름차순으로 진행되는데, 여기에는 어려운 일에 솔선수범하고 윗사람에게 겸양을 표한다는 페르시아 사회의 관습적 미덕이 내포되어 있다. 먼저 앞으로 나오기 위해 훈련자가 최상급자 미연다르에게 "허락"을 의미하는 로흐사트(rokhṣat رخصت)를 외치며 허락을 요청하면, 미연더르는 "기회"라는 의미의 포르사트(forsat فرصت)를 외치며 허락한다. 로흐사트와 포르사트는 각각의 음률이 맞춰져 있어서 시를 즐기는 페르시아 민족의 취향을 여기서도 엿볼 수 있다. 이 운동들은 수피들의 회전무(세마, 일종의 수행 의식), 저글링과 같은 수련 이후에 시작된다. 모든 운동은 체력을 강화하는 데 목적이 있다. 참가자들은 모르쉐드의 북 장단에 맞추어 움직인다. 모든 세션은 코쉬티 파흘라바니(레슬링)라는 한판 승부로 막을 내린다.

고대 조로아스터 교도들은 육체적, 정신적 힘의 개발은 영성을 강화하는 데

11) 갑바데를 사용하는 운동은 세 가지가 있다. 첫째, 갑바데를 어깨와 머리 사이에서 앞뒤로 움직인다. 둘째, 왼쪽 어깨에서 오른쪽으로 움직인다. 능숙한 사람이나 챔피언만이 할 수 있다. 셋째, 흉부와 마주한다. 이 어려운 동작에서 손을 몸의 양쪽으로 뻗어 갑바데를 수직으로 당긴다.

사용될 수 있다고 믿었다. 그러므로 전투를 위해 전사들을 준비시키는 일 이외에도 이러한 훈련은 힘의 연마를 통해 온화함과 겸손함을 겸비하는 것도 기대할 수 있다고 믿었다. 피쉬케스바트(챔피언, 지도자)의 감독 아래에서 수련생들은 전통적인 윤리와 기사도에 밝고 정통해야 했다. 지원자들은 순수함과 진실함과 온화함을 지니도록 요구 받았고, 그 후에 신체적인 강인함을 습득해야 했다. 파흘라반(챔피언) 등급을 획득하는 것은 육체적 기술의 완성과 종교적 원칙의 준수, 신비주의의 도덕적 단계를 통과하는 것을 의미하였다. 허세 부리지 않는 겸손함의 원칙은 많은 모임에서 낭송되는 시 구절이 좋은 사례에 해당된다.

첫째, '주르카네 제식'에서 의식에 해당하는 기본사항은 예배를 보기 위해 몸을 청결히 하는 '보주(우두)'로 시작된다. 이는 이슬람에서 필수적인 사항이다.

둘째, 주르카네에 입장할 때에 문 높이가 낮고 좁아서 선수들은 고개를 숙이며 들어가야 하는데, 이는 겸양을 배우는 동시에 주르카네에 대한 존경의 표시였다.

셋째, 사르돔(sardom)은 모르쉐드(스승)가 주르카네에서 앉는 자리이다. 모르쉐드는 그곳에서 시아파 이슬람 최초의 이맘 알리에 관한 찬가를 노래한다. 그는 북과 같은 타악기를 두드리며 서로 다른 이야기를 시로 읊는다. 이런 종류의 음악은 참가자들이 리듬에 맞춰 동작할 수 있게 도와준다.

넷째, 로흐사트(rokhsat)는 참가자들이 주르카네의 연장자들에게 존경을 나타내는데 사용하는 특수 용어이다. 로흐사트는 '허락을 구한다'는 의미가 있는데 훈련 중인 참가자들이 다른 행동을 하고 싶을 경우에는 반드시 지도자의 허락을 받아야 한다.

다섯째, '골리전(golrizan: 꽃을 뿌리다) 행사'는 주르카네의 오래된 관습 중의 하나이며, 파흘라반(챔피언) 간의 레슬링, 빈자들을 위한 기금 마련, 주르카네의 개원일, 다른 도시에서 오는 챔피언들을 따뜻하게 맞이하는 것과 같은 다양한 행사에서 꽃을 뿌리는 일을 행한다.

1940년대까지 주르카네 훈련의 최고 이벤트는 레슬링(koshtī كشتى)이었다. 이것이 주르카네가 존재하는 가장 큰 이유였다. 그러나 국제레슬링경기 종목에 자유형과 그레코로만형이 개최되면서 주르카네 경기는 사라졌다. 전통적인 레슬링은 “영웅 레슬링(koshtī−ye pahlavānī کشتی پهلوانی)”이라는 이름의 현대화된 형태로 살아남았지만, 오늘날에는 거의 가르치지 않아 주르카네와의 유기적인 연관성마저 단절되었다. 이러한 연관성의 상실은 젊은이들 사이에서 주르카네의 인기가 하락하는 원인으로 작용하였다. 국제주르카네스포츠협회(IZSF)는 ‘고대 운동(영웅스포츠)’이란 전통적 형태를 진작시키기 위해 2004년 10월에 설립되었다. 이 협회는 ‘코쉬티 파흘라바니’의 규정을 표준화하고, 국제적 축제와 경기를 조직하는 데 목표를 두고 있다. 2010년 장애인 선수들을 위한 주르카네 경기를 시작하며 조직을 정비했다. 72개국이 이 협회의 회원국으로 등록하고 있다.

주르카네 훈련자 등급

전통적으로 훈련자는 여러 등급으로 나뉜다. 새로 입문한 초보자는 노우허스테(nou−khᵛāsteh نوخواسته), 능숙해진 훈련자는 “영웅”이라는 의미로 파흘라반(pahlavān پهلوان), 그리고 마지막으로 각 주르카네의 최상급자는 훈련 절차를 주도하는 미연다르(miyān−dār میاندار 과거에는 kohneh−savār کهنه سوار)라고 부른다. 훈련자들이 입는 바지 롱(long لنگ)은 각 등급별로 다소 다른 모양이다. 그러나 1940년대부터 이러한 등급은 점차 사라지고 국제적으로 통용되는 후보자(cadet) - 하급자(junior) - 상급자(senior)로 구분한다. 파흘라바니 레슬링의 경우 체급으로 대체되었다.

주르카네의 관습과 의식에는 “열두 이맘” 시아파의 상징성이 깊게 스며들어 있다. 최초의 시아파인 이맘 알리(ʿAlī b. Abī Ṭāleb)에 대한 존경이 중요한 배경으로 작용하고 있으며, 훈련은 예언자 무함마드(Moḥammad)에 대한 칭송과 축복을 기원하는 것으로 자주 중단된다. 전통적으로 고우드에 입장하는 훈련자들은 청결해야 했고 여성과 비무슬림, 사춘기 이전의 소년들에게는 주르카네 입장이 금지되었다. 주르카네 조직의 시아파 경향에도 불구하고, 이것은 18세기에 수니파의 쿠르디스탄(Kurdistan) 지역으로 퍼져 나갔다. 20세기 중반에는 테헤란과 시라즈(Shiraz)와 같은 대도시에 거주하는 유대인 소수공동체나 야즈드(Yazd)의 조로아스터교 공동체 역시 주르카네를 소유하고 있었는데, 그들의 주르카네 의식은 당연히 자신들의 종교의식에 맞게 변형되었다.

4. 주르카네와 수피즘과의 유사성

이슬람 이전부터 존재한 주르카네 운동은 이슬람 도래 이후 페르시아 사파비(1501–1732) 왕조를 거쳐 가자르 왕조에 이르기까지 다수의 기록이 남아 있다. 이슬람의 유입 이후에도 파흘라바니 의식은 용사들의 훈련목적으로 지속되었다. 용감성이라는 제식은 페르시아 수피즘에게는 특수한 측면에 속한다. 양심적인 가르침, 금욕, 묵상과 같은 특수한 숭배를 필요로 한 수피즘은 페르시아 귀족 세력에게만, 그들을 신비적 제의(타리가트)를 배우려는 자들로 판단하고, 평민들은 용감성(관대함)의 원리로 초대되었다. 이로써, 용감성의 전통을 가진 영웅주의는 수피(다르비쉬)들의 모임 센터인 수피사원으로 연결되었다.

이슬람시대 수피즘이 성행함에 따라 예절 행위라는 측면에서 주르카네 운동은 청정함과 온화함, 쾌락 포기, 재가 얻기(허락을 구하는 행위/운동 중에 다른 행동을 할 때는 피쉬케스바트(챔피언, 지도자)의 허락을 받아야 하는데, 그 일 자체가 그에 대한 존경의 표시) 등에서 수피즘과 많은 유사점을 갖고 있으며, 수피즘에서 많은 영향을 받았음을 알 수 있다. 예를 들어 세마(Sema)의식의 서막에서 수피주의 시를 노래하는 사람은 구성원들의 내적인 감정을 자극하기 위하여 '골(ghol)'이라는 이름 아래 수피 시의 한 구절을 부른다. 주르카네에는 시와 '골'이 존재하는데 '코쉬티의 꽃'으로 불린다. 주르카네와 수피 사원과의 유사한 양식의 특성을 살펴보면 다음과 같다.

첫째, 주르카네는 수피 사원과 똑같이 스승과 제자 등의 용어와 더불어 미트라교에서 입문부터 시작되는 7단계가 주르카네에도 존재한다.

둘째, 수피즘의 육체적 훈련 방식의 유사함 즉 세마의식은 주르카네 운동의 움직임과 동일하게 수피 사원에서 거주하는 구도자(설렉)들에게 삶에 관한 관심을 높이고, 분노와 피곤함, 그리고 침체에서 벗어나게 하기 위함이었다. 수피 사원에서 마음을 억누르고 가라앉히기 위한 수피들의 회전무는 주르카네 훈련에서 실행하는 움직임과 유사하다고 한다.

셋째, 주르카네 훈련에서 시와 가잘(서정시) 프로그램은 수피들의 세마 프로그램과 어느 정도 비슷한 것이다. 의례 시에 신비주의적이고 영성 고취적인 시를 활용한다. 주르카네에서 종소리와 '총체적 영'(범신론적인 의미이며 일신론의 신)에 대한 찬가와 찬미는 수피들의 지크르(염송) 행위와 유사하다. 주르카네의 의례와 다양한 훈련에서 북과 종, 심벌(타악기)의 사용, 서사시와 신실한 수장인 알리에 대한 염송과 함께 수피들의 의식과 같은 영혼과 자아의 정화, 믿음 강화에 대한 시구는 영원하고 영속적인 것이다.

넷째, 수피들의 성스러운 영묘 방문이나 여행과 같이 주르카네의 참가자들은 여행을 통해 다양한 지역의 파흘라반과 친해지는 계기를 만들고, 다양한 도시의 주르카네를 여행하고 그곳의 내부를 둘러보는 기회를 얻는다.

다섯째, 수피 사원의 스승인 쉐이크(대수피), 구도자에 대한 존경은 주르카네에서 피쉬케스바트에 대한 존경과 유사한 행위로, 이 두 장소에서 예절과 겸손함을 배운다.

여섯째, 수피주의에서 금욕과 마음속의 선과 악의 투쟁에서 최고의 자리에 도달하는 것, 수피주의에서 스승들의 대열에 들어서기 위해 남루한 승복을 얻는 것은 주르카네에서 영웅주의와 완벽한 용감함을 소유한 지위를 달성하고 팔찌와 바지, 허리띠를 손에 쥐는 것(파흘라반이 되면 받게 됨)과 비교된다.

일곱째, 주르카네에서 첫 번째 원칙으로 긴 천을 두르는 관습은 수피와의 관습과 주목할 만한 흥미로운 유사점을 갖고 있다. 롱 바스탄(긴 천/타올을 두르는 것)을 포테(fote)라고 하는데, 수피들의 예절(관습)에서 그 기원을 찾고 있으며, 주르카네는 인도(파키스탄)의 제식에 영향을 끼치고, 롱 또는 포테는 동쪽 지역인 인도(파키스탄)에서 또 다른 지역으로 이어졌다고 한다. 주르카네는 수피 사원과 수피들에게 성행한 이후에 무사들과 용사들에게 길을 트게 되었다.

5. 나가며

이란의 국기는 레슬링이다. 이것은 유목 기마 민족 시대부터 전승되었다. 이러한 레슬링을 포함한 신체훈련을 '고전 운동'이라 부른다. 전통 훈련장을 주르카네라고 한다. 페르시아를 이어 온 이란 사회에서 주르카네는 육체적 수련과 도덕적 사고를 향상시키는 신성한 장소였다. 이 훈련장은 지붕에 빛이 들어오는 열린 창을 가진 구조 외에는 돔으로 덮여 있고, 중앙에 1m가량 움푹 들어간 팔각형 혹은 원형 훈련장이 있으며 이를 고우드(gowd)라고 부른다. 땀 흘리는 운동선수의 상해를 방지하기 위해 1m 낮게 고안되었다. 출입문은 낮게 설계하여 들어오는 사람들이 머리를 숙임으로써 겸손한 마음을 갖게 하였다. 고우드 둘레에 관중을 위한 자리가 있으며 악사와 선수들을 위한 자리가 마련되어 있다.

일부에서는 주르카네 훈련장을 애쉬커니 왕조 매흐러베(미트라교 사원)와 비교하고, 처허르 터기(Chahar Taghi)[12]의 건축 구조를 애쉬커니시대의 유산으로 추정한다. 즉 아치형 돔 구조의 건축 양식은 애쉬커니시대에 시작되었던 것이다. 주르카네는 4각형, 8각형, 혹은 원형으로 되어 있으며, 수피 사원과 매흐러베와 같은 원 모양의 지붕을 갖고 있다. 이란에서 '터기(Taghi, 아치형)' 혹은 '미트라의 아치(터기에 매흐리/Taghie−Mehri)'라고 부른다. 운동할 때 고대 영웅들의 일부 행동과 특성은 애쉬커니시대와 미트라교 숭배의 성행과 관련이 깊다.

주르카네의 건축 구조는 테키예(Tekyeh: 시아 무슬림이 곡(哭)을 하기 위해 모이는 장소)나 고대 조로아스터교 사원과 흡사하다. 이런 유사함은 고대 페르시아인들의 문화에서 나오는 아여르(Ayyar)에 대한 전통적인 믿음을 말해 준다. 아여르는 9세기에서 12세기까지 이란과 이라크에서 전사 계층과 관련된 사람을 가리켰다. 영국의 기사도가 아여르와 비슷하다고 할 수 있다. 주르카네의 건축 양식은 대개 정사각형 구조 위에 돔 양식의 지붕이 있으며, 열린 구멍을 통해 햇빛과 신선한 공기가 유입되도록 한다.

알리의 초상화가 모든 주르카네 벽에 걸려 있다. 회원들은 남성이고 그들은 합류하기 전에 관중석에서 적어도 한 달은 지켜봐야 한다. 전통적으로 주르카네들은 선수들에게 어떠한 납입금도 요구하지 않으며, 공적인 기부금에 의존한다. 답례로 주르카네는 공동체를 위한 봉사와 보안 업무를 담당한다. 예컨대 '꽃 뿌리기 행사'때 코쉬티(레슬링) 행사가 열리거나 궁핍한 사람들을 위해 기금을 모금할 때도 '운동'과 관련된 일을 자원해서 지원한다. 이란에는 500여 개의 주르카네가

12) 4각형의 지반에 아치형 돔 덮개/지붕의 건축 구조, 사방에는 아치형 문이 있음.

존재하고 지역사회와 끈끈한 연결고리를 갖고 있다.

이란의 주르카네 역사가 신화와 전설에 싸여 있으나 몇몇 실증 자료들은 이란의 문화에 영향을 받았던 다른 나라들에서도 발견된다. 주르카네의 주된 모습 중 하나는 언제나 코쉬티(레슬링)를 했다는 점인데, 몸에 기름을 흠뻑 바르고 벌이는 두 장사의 오일 레슬링이 특이하게 보이지만, 이러한 종류의 레슬링은 튀르키예에서도 매우 인기가 있는 전통스포츠이다. 튀르키예식 레슬링은 주르카네에서 전파된 것으로 알려져 있다.

이처럼 이란의 주르카네는 힘과 노력의 기쁨, 관대함과 기사도 정신, 민족을 사랑하고 예술과 문학과 신체가 결합된 공간이라 보면 좋을 것 같다. 페르시아인의 수천 년 역사를 지닌 이 공간이 사람들의 정신적, 육체적 건강에 힘을 실어 주는 데 큰 역할을 담당해 왔던 것이다.

쿵푸토아(Kung Fu To'a)

1. 들어가며

쿵푸토아는 1969년 이란 장교 출신인 에브러힘 미르저이(Ebrāhīm Mīrzāī)가 창안한 무술이다. 쿵푸토아의 수련은 모두 7단계로 구성되어 있는데 신체 동작을 다루는 첫 번째 단계를 제외하고 나머지 단계는 신체와 정신의 과학적, 신비주의적, 의학적 측면을 함께 고려한다. 이 무술은 중국 소림사 무술의 쿵푸를 기반으로 창안되었다. 쿵푸토아의 기본 원리는 에브러힘 미르저이가 저술한 『가라테와 선(Karate and Zen)』이라는 책과 『얌 메이(Yam Mey)』라는 이름의 동영상에서 자세히 소개되었다.

쿵푸토아는 장교 출신인 미르저이의 노력으로 처음에는 군인 클럽(Bāshgāh-e Sarbāz- 이전의 Pahlavī 클럽)에서 시범 단계를 거친 후 1973년 "신체 및 정신 단련 학부(Dāneshkade-ye Enshā'-e Tan-o-Ravān)가 설립되면서 군대를 중심으로 공식 활동이 시작되었으며 짧은 시기에 이란의 일반 젊은이들 사이에서도 큰 인기를 끌었다. 이 무술은 1979년 이란 이슬람 혁명 이후 창설자 에브러힘 미르저이의 정치 참여로 집권 세력의 탄압을 받아 이란 내 활동이 금지되었으며 미르저이 역시 해외로 이주함으로써 그 명맥이 끊길 위기에 처하기도 했다. 하지만 미르저이의 동료들과 제자들의 비밀스러운 전파와 교육 덕분에 오늘날 쿵푸토아는 이란뿐 아니라 미국, 캐나다, 네덜란드, 튀르키예, 아제르바이잔, 시리아, 레바논, 파키스탄, 아프가니스탄, 스웨덴, 인도, 벨기에, 독일, 프랑스, 중국, 불가리아 등의 여러 국가로 전파되었다.

2. 쿵푸토아의 역사

에브러힘 미르저이의 생애와 쿵푸토아의 창안

에브러힘 미르저이는 1939년 10월 이란 북동부 지역의 고르건(Gorgan)에서 출생했다. 그의 아버지는 카스피해 연안의 도시 라슈트(Rasht) 출신이고 그의 어머니는 고르건 출신이다. 미르저이는 어머니의 고향에서 태어난 것이다, 그는 수도 테헤란의 위성 도시인 카라즈(Karaj)에서 성장했으며 18세의 나이인 1958년 고등학교 과정인 군사 학교(Madrase-ye Nezām)를 졸업했다. 이어 1961년 특공대 사관학교에 입학해 1965년에 졸업했다. 졸업 후 장교로 임관한 미르저이는 1965년부터 1970년까지 5년간 무려 9개국에서 외국어와 특수 훈련 및 무술 과정을 마쳤다. 이 5년 동안 그는 미국, 영국, 프랑스, 일본, 한국, 레바논, 이스라엘에서 특수부대 훈련을 받았으며 가장 마지막으로 대만에서 쿵푸를 수련했다. 미르저이는 이처럼 다양한 무술과 백병전술을 수련한 뒤 당시 특수부대에게만 허용되던 가라테의 고주류(Gōjū-ryū 剛柔流)와 태권도 수련 과정을 완주하고 1968년에는 가라테 명예 7단을, 1969년에는 태권도 명예 4단 자격을 획득했다.

1970년대 초, 그는 자신의 다양한 무술 수학과 경험을 바탕으로 쿵푸토아 무술을 창안했다. 쿵푸토아는 쿵푸를 바탕으로 소림(少林) 우슈, 태권도, 가라테 고주류 스타일을 결합한 것이다. 그는 1972년에 펴낸『가라테와 선(Karate and Zen)』이라는 책에서 쿵푸토아에 대해 자세히 소개하고 있다. 이란군 장교였던 미르저이는 이 쿵푸토아 무술을 먼저 군대에 도입했다. 이전에 파흘라비(Pahlavī) 클럽이라고 불리던 군인 클럽에서 시범 단계를 거친 후 1973년 "신체 및 정신 단련 학부"를 설립한 후 공식 활동에 들어갔다. 따라서 쿵푸토아의 공식 설립 연대는 1973년으로 간주된다. 이후 쿵푸토아는 이란의 젊은이들 사이에도 보급되며 민간인들 사이에도 큰 인기를 끌었다. 당시 이란 청년들의 체격 조건은 쿵푸토아 수련에 적합했기 때문에 다른 무술에 비해 쿵푸토아에 입문하는 이란인들이 훨씬 많았다. 이로 인해 5년도 채 되지 않아 쿵푸토아는 이란의 대표적인 무술로 성장했다. 하지만 당시 스포츠 담당자였던 셔흐푸르 골럼레저(Shāhpūr Gholāmrezā)와 에브러힘 미르저이 사이의 갈등으로 인해 "신체 및 정신 단련 학부"가 폐쇄되었다. 이 때문에 쿵푸토아에 입문한 사람들은 작은 개인 홀이나 공원 혹은 임대 창고 등지에서 무술 수련을 계속했다.

이슬람 혁명 이후의 쿵푸토아

이슬람 혁명 이후 1979년 통과된 법에 따라 체육 및 문화 단체의 동산 및 부동산을 포함한 모든 자산은 새로운 정부에서 구성된 이란체육기구(Sāzmān-e Tarbiyat-e Badanī-ye Irān)에 귀속되었다. 에브러힘 미르저이가 1981년부터 이란의 정치 활동에 참여하면서 쿵푸토아는 시련기를 맞이했다. 미르저이는 제1대 이란 대통령 선거에 출마하려 했지만 팔레비 정권의 군대에서 장교로 복무했다는 이유로 실격되었다. 이후 집권 세력의 감시 대상이 된 쿵푸토아에게 모든 클럽 활동의 금지 명령이 내려졌다. 전하는 바에 따르면 미르저이는 1987년부터 튀르키예로 이주해 그곳에서 이란에서 금지된 자신의 무술을 가르쳤다. 라디오 파르더(Radio Farda) 웹사이트의 메흐디 로스탐푸르(Mehdī Rostampūr)에 따르면, 미르저이는 2010년대에 이란 이슬람 공화국 정권에 반대하는 조직 중 하나인 "진리와 정의의 과학('Elm-e Haqq o 'Edālat)" 조직의 리더로 언급되었다.

한편 이란의 쿵푸토아 동호인들은 1991년까지 비밀리에 쿵푸토아를 보급하고 가르쳤다. 하지만 공식 스포츠로 공인을 받지 못해 활동의 한계에 봉착한 그들은 편법을 써서 돌파구를 찾았다. 1991년 쿵푸토아는 가라테 연맹(Federāsiyūn-e Kārāte) 산하에서 "쿵푸토아 협회(Anjoman-e Kungfu Toā)"라는 이름으로 공식적 활동을 재개했다. 이어 1992년 말에 쿵푸-우슈-무술 연맹(Federāsiyūn-e Kungfu-Ushu-Razmāvarān) 결성에 참여했으며 이 연맹은 1999년 무술 스포츠 연맹(Federāsiyūn-e Varzeshhā-ye Razmī)으로 이름이 바뀌었다. 이처럼 다른 무술 종목과 함께 연맹을 구성해 활동하던 쿵푸토아 무술인들은 2000년부터 "쿵푸토아 독립 위원회(Komīte-ye Mostaqel-e Kūngfū Toā)"라는 이름의 독립 단체를 결성해 운영하기 시작했으나, 2002년에 다시 무술 스포츠 연맹 산하로 병합되었다. 2005년 이란 이슬람 공화국 쿵푸토아 연맹(Federāsiyūn-e Kungfu Toa Jomhūrī-ye

Eslāmī-ye Irān)이 결성되었고 2011년에 쿵푸라는 이름이 제거되어 현재 이란 및 전세계에서 토아(Toa)라는 이름으로 운영되고 있다.

세계적 무술로 성장한 쿵푸토아

세계쿵푸토아협회(WOKA: World Kungfu Toa Association)라고 하는 첫 번째 조직은 25개국의 참여로 창설되었고 그로부터 약 1년 후에는 쿵푸토아에서 쿵푸를 제거해 세계토아협회(WOTA: World Toa Association)로 이름이 변경되었다. 이 세계토아협회의 첫 번째 활동은 모든 회원국의 대표들이 참석한 최초의 국제 심판 및 코치 연수 과정의 개최였다. 회원국이 5개 대륙의 50개국 이상에 도달하는 데 오래 걸리지 않았다. 그 후 45개국의 선수들이 참가한 제1회 세계쿵푸토아선수권대회를 개최함으로써 쿵푸토아는 세계적인 무술임을 국내외에 알렸다. 2015년과 2017년 두 차례의 쿵푸토아 아시아 대회가 22개국이 참가한 가운데 이란 서부의 카스레 시린(Qasr-e Shīrīn)과 이란 북동부의 마슈하드(Mashhad)에서 열렸다.

3. 쿵푸토아의 원리와 수련 단계

쿵푸의 특징 중 일부 이론적 기초와 기본 개념을 제외하고 쿵푸토아 무술은 동작과 타격의 메커니즘과 역학 측면에서 중국 쿵푸와 거의 관련이 없으며 미르저이는 중세 파흘라비(Pahlavi) 페르시아어와 이란의 전통 종교인 조로아스터교의 경전 아베스타(Avesta)를 비롯해 다양한 언어에서 쿵푸토아의 용어들을 따왔다.

쿵푸토아는 쿵푸 무술 형식의 하나이지만 다른 스포츠 요소들도 포함하고 있으며 건강한 신체와 정신을 강조한다. 토아는 고대 고행자의 언어로 인간의 통합을 의미하며 이 무술에는 근육 단련 및 유연성 강화 동작, 웨이브 동작, 손과 발 기술, 요가, 호신술, 격파술, 개인 및 단체 훈련, 정신력 강화, 전통적인 자유 투쟁이 포함된다.

쿵푸토아는 다른 무술들과 마찬가지로 신체 강화를 목적으로 하고 있지만, 다른 무술에서는 찾아볼 수 없는, 이 무술만의 특성을 가지고 있다. 미르저이는

『가라테와 선』에서 "토아"라는 새로운 스타일의 쿵푸에 대해 그 다양한 수련 단계를 설명하고 있다. 이 무술은 7단계(māyegāh)로 구성되어 있는데 신체 활동 및 신체 움직임과 관련된 첫 번째 단계를 제외하고 나머지 단계는 신체 및 정신과 관련된 신비주의적, 과학적, 의학적 측면을 나타낸다. 쿵푸토아를 수련하는 7단계를 살펴보면 다음과 같다.

① 신체 활동의 생리학('elm－e fīziyūlūzhīkī－ye fa'āliyathā－ye badan－e ensānī)

② 인문학 수련(enshā'－e 'olūm－e ensānī)'

③ 기술 심리학(ravānshenāsī－ye teknūlūzhī)

④ 의학적 수련(enshā' －e pezeshkī)

⑤ 철학적 또는 사상적 세계관(falsafe－garā'ī yā negaresh－e tafakkor－āmīz)

⑥ 영혼(rūh ravān)

⑦ 자신을 넘어선 미지의 세계(jahān－e majhūlāt－e farātar az khīsh －tan)

4. 쿵푸토아의 의상과 띠

쿵푸토아의 도복과 색

1974년 스포츠 잡지 Sports World에 게재된 기사에 따르면 쿵푸 스포츠의 도복은 쿵푸토아 도복과 크게 다르지 않았다. 그러나 일반적으로 쿵푸토아의 도복은 쉽게 찢어지지 않는 매우 질긴 소재로 제작되어야 하고 팔다리의 움직임이 자유롭게 도복의 팔다리 부분을 여유롭게 만들어야 한다.

쿵푸토아 도복은 상의와 하의로 구성되어 있는데 상의는 상체를 완전히 가려야 한다. 천연 섬유와 면으로 만들어져 땀을 쉽게 흡수한다. 바지의 허리띠 또한 척추에 힘이나 압력이 가해질 때 척추를 보호할 수 있도록 제작되고 바지의 발목 부분은 발목의 인대와 근육을 단단히 고정시켜 줌으로써 부상을 방지한다.

쿵푸토아 의상은 검은 색이다. 검은 색은 과학적으로 에너지를 흡수하고 에너지 낭비를 방지한다. 쿵푸에서 검은 색은 특별히 신성한 의미를 가지고 있는데, 이는 검은 색이 다른 색에 비해 지속력이 강하고 다른 색의 영향을 스스로 방어

한다는 의미이다. 과학적으로 검은 색은 얻은 에너지가 쉽게 손실되지 않도록 하는 특성을 갖고 있어서 몸의 에너지를 유지하고 근육 피로와 타박상 및 신체의 조기 노화를 예방한다.

쿵푸토아의 띠(shālband)

쿵푸토아의 띠는 수련 단계에 따라 백(白)－녹(綠)－갈(褐)－흑(黑)－적(赤)의 다섯 가지 띠로 구분된다.

① **흰색 띠**(shālband-e sefīd)

흰색 띠는 쿵푸토아 첫 단계의 띠로, 신체와 정신 수련의 장에 입문하는 단계의 띠이다. 각 단계에서는 "선(線)"을 의미하는 하트(khat)라고 불리는 여러 단계를 수련해야 하는데(아래 참조), 이 단계에서는 아나토아(ānā toā)라고 불리는 제1하트, 아타도(ātādo)라고 불리는 제2하트, 수토(sūto)라고 불리는 제3하트의 수련을 거쳐 다음 단계인 녹색 띠로 승격한다.

② **녹색 띠**(shālband-e sabz)

쿵푸토아 두 번째 단계의 띠는 녹색이다. 육체적 공간에서 성장하는 단계에 진입했음을 의미하며 삼사마에(sāmsāmāeh)라고 불리는 제4하트의 수련을 거쳐 다음 단계인 갈색 띠로 승격한다.

③ **갈색 띠**(shālband-e qahve-yī)

쿵푸토아의 세 번째 띠의 색은 갈색이다. 전투의 현장에서 육체적, 정신적 힘을 불태울 수 있는 단계에 진입했음을 의미한다. 이 단계에서 마야나(māyānā)라고 불리는 제5하트를 성공적으로 통과하면 검은 띠로 승격하며 "길을 아는 사람"이라는 의미의 러흐던(rāh－dān)의 칭호를 획득한다.

④ **검은 띠**(shālband-e mashkī)

쿵푸토아의 네 번째 띠의 색은 검은 색이다. 어둠의 경계를 넘어 쿵푸토아의 기술을 혁신하고 발명하고 완성할 수 있는 단계에 진입했음을 의미한다. 이 단계는 러흐던(rāh－dān)이 겪어야 하는 어렵지만 동시에 매력적인 단계 중 하나이다.

이 단계에서는 쿠아나(kūānā)와 부스트 마야나(vūst māyānā)로 구성된 제6하트와 바이 마바토(vāy mābāto)라고 불리는 제7하트를 수련해야 한다. 이 단계부터 쿵푸 토아의 단(rotbeh)이 매겨지는데 먼저 4단까지의 단계를 차례로 수련해야 한다. 4단까지 성공적으로 마치면 "길을 지키는 자"를 의미하는 러흐번(rāh-bān)의 칭호를 얻으며 러흐번의 단계는 7단까지 계속된다. 5단은 갈색 띠의 아나토아(Ānātoā-ye qahve-yī) 단계에 해당하며 6단은 호신술(dafā'-e shakhsī) 단계이다. 또한 7단은 라키머(rakīmā)라고 불리는 검도 수련 단계이다. 7단까지의 수련을 성공적으로 마치면 "세계를 지키는 사람"을 의미하는 자헌번(jahān-bān)의 칭호를 얻고 빨간 띠로 승격한다.

⑤ **빨간 띠(shālband-e sorkh)**

이 단계는 쿵퓨 토아의 8단, 9단, 10단과 논문 발표를 포함한다.

5. 쿵푸토아 수련의 7하트(haft khat)

① **제1하트: 아나토아(ānā toā)**

513개 기술의 결합 및 그에 대한 반응 동작으로 구성되어 있다. 그중에는 반사 능력 키우기, 기하학적 코드에 따른 웨이브 운동, 입자(atomic) 세계를 향한 육체적 역동작 등이 포함된다.

② **제2하트: 아타도(ātādo)**

317개 기술의 결합 및 그에 대한 반응 동작으로 구성되어 있다. 입자 세계(정신 세계) 현실 세계를 순회하는 역웨이브 동작과 반사 동작의 결합이다.

③ **제3하트: 수토(sūto)**

지식과 능력의 경계를 의미하며, 지적 자만심의 테두리에서 벗어나고, 삶의 두려움과 공황을 없애는 것이다. 또한 너와 나 그리고 너와 나와 관련된 자연을 의미하는데, 각종 동작이 결합되거나 그에 대한 반응 동작으로 이루어진 873개의 기술이 포함된다.

④ **제4하트: 삼사마에**(sāmsāmāeh)

체력을 기하학적 형태로 최대한 향상시키는 단계이다. 몸과 영혼에 주목하고 연구하는 것을 목표로 해서 반사 능력 등 각종 동작이 결합된 4,179개의 기술로 구성되어 있다.

⑤ **제5하트: 마야나**(māyānā)

무질서와 부조화를 걷어 내고 보이는 것과 감춰진 것 사이의 경계에서 사상을 이해하기 위한 인간의 투쟁 단계를 의미한다.

⑥ **제6하트: 쿠아나 및 부스트 마야나**(kuānā va vūst māyānā)

인간으로서의 부적절한 특성, 정신적 부조화, 의학적 지식 부족, 사고와 철학 세계 진입에 대한 두려움, 숨겨진 세계의 이해를 위한 강박감 등을 제거할 수 있는 능력을 키우는 단계이다.

⑦ **제7하트: 바이 마바토**(vāy mābāto) **혹은 판제예 마르그**(panje-ye marg "죽음의 갈고리")

쿵푸토아의 7 하트 중 마지막 단계로 인간의 올바른 생각과 판단을 창조주에게 기도함으로써 더 나은 지식과 통찰력으로 인간을 알고 연구하고 창조하는 단계이다. 3,301개의 기술의 결합과 그에 대한 반사 능력으로 구성되어 있다. 에브러힘 미르저이가 만든 용어 "죽음의 갈고리(panje-ye marg)"는 독재와 억압에 대한 외침이나 반항 등과 같은 인간의 극단적 분노를 의미한다.

6. 오타이미 철학(Falsafe-ye Otaimī)과 피의 의식(marāsem-e khūn)

진리의 길에서 희생당한 쿵푸토아 순교자가 흘린 피를 기리고 자신도 같은 길을 가겠다고 맹세하며 쿵푸토아에서 성소로 간주되는 경기장이자 수련장인 오타이미(Otaimī) 위에 자신의 피를 뿌려 바치는 의식이 "피의 의식"이다. 오타이미 철학은 이 피의 의식과 깊은 관련이 있다.

오타이미 원 중앙의 흰색은 지구의 평화와 우정의 상징, 붉은색은 피의 상징, 원 둘레의 흰색은 죽음이나 희생의 상징이다. 쿵푸토아 선수들은 이 원 안에서 누구와 겨루는 것이 아니라 오직 싸울 뿐이라고 말한다. 오타이미 원의 첫 번째는 평화이고 두 번째는 피이며 마지막은 죽음이기 때문이다.

오타이미는 용기와 힘의 장이며, 속도와 지적 탁월함을 시험하는 장이며, 성전(聖戰 jihad)과 희생과 실험의 장이며, 자신을 확고히 하고 알리는 장이며, 방어의 장이다.

7. 쿵푸토아의 로고

주먹 상단의 붉은 초승달은 쿵푸토아의 피의 철학을 상징한다. 다시 말해, 인간의 자유와 독립을 위해 최후의 피 한 방울이 남을 때까지 투쟁한다는 것을 의미한다. 검은 원 중앙에 있는 주먹은 어둠과 무지와 적개심 그리고 현 세대를 소외감과 이질감에 빠지게 한 모든 마음을 떨쳐 내고 분연히 일어나는 저항과 봉기를 의미한다. 주먹은 공격과 침략의 표시가 아니라 그 모양에서 아주 분명히 나타나 있듯이 방어적 동작을 취하고 있다. 주먹 아래에 있는 흰색 초승달은 백인종인 이란 민족을 상징하며, 이 흰색 초승달 중앙에 있는 지구본과 그 중앙의 이란 지도는 세계적 무술로 성정한 쿵푸토아의 기원을 상징한다. 이 로고는 쿵푸토아 도복 상의의 왼쪽에 부착되는데 로고의 주먹이 심장을 보호해 준다는 의미가 내포되어 있다.

제 2 부

전통무용

이란 민족의 무용사

1. 전통무용의 역사적 흐름

이란에서 춤은 복장이나 언어와 마찬가지로 문화 정체성을 식별하는 요소 중 하나이며, 각 민족 집단이 다른 집단의 문화와 구별해 자신과 문화를 정의하는 수단이다. 그럼에도 불구하고 이웃한 민족 집단의 영향을 쉽게 받으며, 기후와 지리적 여건도 춤의 특징을 결정짓는 중요한 요소가 된다. 이란 접경 지역의 춤을 포함한 민족지정학적 특성은 이란 중심부의 페르시아 민족보다는 국경 밖의 이웃 지역과 더 많은 공통점을 가질 수 있다. 예를 들어, 이란 북서부 쿠르드족의 춤은 호라산의 쿠르드족보다 이라크와 튀르키예 쿠르드족의 춤과 더 공통점을 많이 갖고 있다. 따라서 "이란 민족의 춤"을 주제로 논의하는 것은 불가능하고 무의미하다. "특정의 춤 문화 내에서 특정의 춤 이벤트"만 있을 뿐이다.

페르시아의 민족 지리학은 복잡하며 많은 다양한 민족이 지리적으로 가깝게 공존하고 있다. 이들 집단 간에는 상호 문화적 영향도 존재하지만, 각자의 고유한 정체성도 유지하고 있다. 이란에서 민족 지리적 분포를 간단히 살펴보면, 아제리(Azeri) 투르크, 아르메니아, 쿠르드, 아시리아 등의 민족이 북서부 지역에, 길라키(Gīlakī), 마잔다라니(Māzandarānī), 탈레시(Ṭāleshī)족이 카스피해 연안 지역에, 쿠르드, 투르크멘 및 기타 소수 투르크족이 북동부 지역에, 발루치(Baluch)족이 남동부 지역에, 아랍족이 페르시아만 연안 지역에, 아랍, 로르(Lor), 캄사(Kamsa), 카슈

카이(Qashqā'ī)족이 남서부 지역에 분포되어 있으며 다수 민족인 페르시아 민족은 거의 이란 전역에 분포되어 있다.

이란 사회에서 춤은 사회적 단위로 간혹 행해지는 신체적 활동이다. 다시 말해 꾸준한 스포츠 활동으로서의 춤이 아니라 할례 및 결혼 잔치와 같은 간헐적 행사에서 마을 사람들이 함께 참여해 즐기는 오락으로서의 춤이다. 신비주의 수피 종단에서 수행 의식(dhikr)의 일환으로 치러지는 사머(samāʿ) 춤을 제외하고 일반적으로 공식 이슬람 종교 의식에는 춤이 포함되지 않는다. 오히려 정통 이슬람에서는 음악과 함께 춤을 부정적으로 보고 있다.

이란 민족은 달력상의 국경일이나 국가적, 정치적, 종교적 경사가 있을 때 혹은 농업과 관련된 계절 맞이 축제 및 유목과 관련된 부족 이동 등을 축하할 때 춤을 즐긴다. 그뿐만 아니라 출생, 할례, 결혼과 같은 공동체의 통과의례에서도 춤을 춘다. 심지어는 미신적인 악령퇴치 의식에서도 춤을 춘다.

이란의 도시에서 이슬람 종교 정체성이 더 강하고, 시골에서는 사회적 혹은 부족적 정체성이 더 강하다. 따라서 도시 거주자들이 종교 문제에서 더 보수적인 경향이 있다. 일상적인 농업 활동과 축산에 대한 필요성으로 인해 농촌 및 유목 사회의 여성이 도시만큼 남성의 시선으로부터 엄격하게 차단되기는 어렵다. 이 때문에 이란에서 농촌이나 유족 사회보다 도시에서 춤을 구경하기 어렵고 춤의 종류도 다양하지 않다는 것은 놀라운 일이 아니다. 도시의 남성과 여성은 일반적으로 서로 섞여 춤을 추지 않는다.

2. 선사시대

이란의 시알크(Sialk) 및 무시안(Mūsīān) 등의 선사 유적지에서 발굴된 토기 표면에는 독무(獨舞) 및 군무(群舞)를 묘사한 그림이 그려져 있는데 선사시대부터 이란 고원의 원주민들이 춤을 즐겼으며, 고대부터 춤이 존재했음을 증명한다.

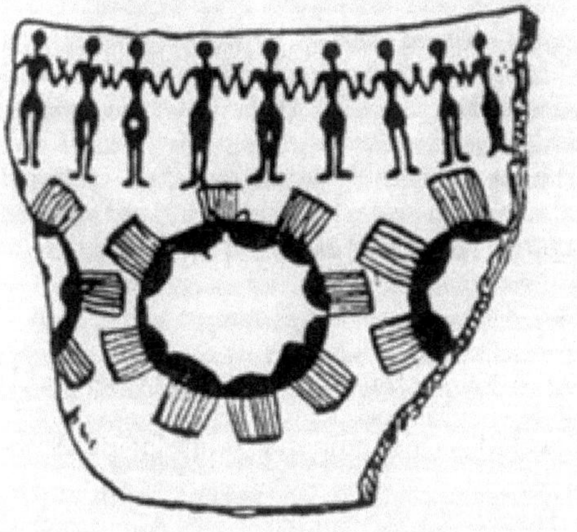

무시안 선사유적지에서 발굴된 청동기 초기의 토기

3. 미트라 숭배와 페르시아 댄스의 기원

이란 무용의 역사는 매력적이고 비극적인 많은 사건을 특징으로 한다. 미트라 숭배가 출현한 이래로 페르시아 무용의 기원에 대한 자료와 증거에 접근하는 것을 가능하게 했다.

독립적이고 독특한 예술 형식으로서 페르시아 댄스의 기원은 미트라교의 탄생 및 확산과 연관된 것으로 추정되었다. 미트라교는 고대 페르시아의 태양과 빛의 신, 미트라를 신앙의 대상으로 하며, 기원후 1세기부터 4세기까지 로마 제국에서 로마 군인들 사이에서 널리 믿어진 컬트 종교였다. 고대 세계의 아시아, 아프리카 및 유럽대륙에서 수많은 사원과 미트라에 대한 증거가 발견되었으며, 가장 최근에는 1954년에 런던에서 발굴작업이 이루어졌다.

미트라교 숭배에서 가장 중요한 의식은 황소를 제물로 바치는 것이었다. 이 행위는 삶의 활력을 증진시킨다고 믿어졌다. 이 믿음에 대한 봉헌은 다른 의례에서 황소의 피로 세례를 받은 후, 남자들만 수행하는 의식 춤을 통해 이루어졌다. 이 의례 행위는 이란 춤의 가장 초기 형태이자 고대 문명의 마술 춤(magic dance)의 기원으로 간주되는데, 그것은 “Danse Persique Sacree”라고 불리는 신성한 페르시아 춤의 전형이다.

고대 페르시아 무용을 연구하는 가장 중요한 기반은 그리스 역사가 Halikarnassos, Herodotos의 걸작 『Nine Books(Calliope)』에서 찾을 수 있고, 기원전 478년까지의 아시아 제국과 페르시아 전쟁의 오래된 역사를 설명한다. 페르시아인의 문화적, 사회적 습관을 지적하며 자세히 설명했고, 페르시아인이 고대 세계와 광범위한 문화 교류를 가졌다고 언급했다.

> "From every corner of the known (antique) world, the most appreciated artists were imported to the imperial court in order to practice their artistic abilities in the presence of the majestic Emperor and his court."
>
> "세계의 구석구석에서, 가장 높이 평가받는 예술가들이 황실 궁정으로 파견되어 장엄한 황제와 그의 궁정 앞에서 그들의 예술적 능력을 선보였습니다."

4. 아케메네스 시대

페르시아 문화의 특징

고대 문명, 특히 이집트와 그리스와의 문화 교류는 수세기 동안 광범위하게 진행되었다. 고대 그리스에 나타난 것처럼 그리스 역사가들의 다양한 작품에서 "페르시아 무용의 대가"(안무가와 교육자)가 언급되었으며 그리스의 "운동가, 시인, 무용수"가 페르시아 제국으로 파견되었다.

이 문화 교류는 고대 페르시아 문화의 독특한 특징 중 하나로 설명되어 왔으며, 이는 새로운 문화의 수용을 의미하는 "문화 적응(acculturation)"이라는 용어를 발생시켰다. 이것은 북아프리카의 이집트에서 극동의 인도에 이르기까지 수많은 국가를 다스린 제국의 정당성과 생존을 위한 명백한 특성이었다. 세계 최초의 종교 관용 제국이었고 다양한 언어, 인종, 종교 및 문화로 구성되었다.

역사가가 언급한 페르시아 댄스

페르시아 제국의 첫 번째 통치 왕조인 아케메네스 왕조에는 다양한 예술 형식의 발전을 장려한 적극적인 여러 황제가 있었다. 그리스 역사가인 Ketzias는

Artaxerx II: s(Ardeshir Shah II)의 궁정 무용수이자 유명하고 재능 있는 여성 무용가인 Crete 출신의 Zenon에 대해 언급하기도 했다. Ketzias는 왕이 참여하는 Mithrakana(Mehrgan)의 의식과 관련하여 수행된 일종의 페르시아 춤에 대해 구체적으로 언급했다. "인도의 왕은 술에 취하면 절대 나타나지 않는다. 그러나 페르시아의 황제와 달리 황제는 미트라를 기리기 위해 마련한 의식에서 귀중한 포도주를 마시고 페르시아 춤에 전념한다."

또 다른 그리스 역사가인 Polukleitos는 알렉산더 대왕이 수사에서 페르시아 여성 "Roxana"와 결혼할 때 결혼식 기간 5일 동안 페르시아제국 궁정에서 그리스 음악가, 가수, 무용수들이 그를 즐겁게 했다고 기록한다. Samos의 Douris는 동일한 왕실 전통에 대해 다음과 같이 언급한다. "왕이 포도주를 마시고 페르시아 춤을 추는 경우는 미트라를 숭배할 때 단 한 번뿐이다."

프랑스 역사가이자 교수인 Pierre Briant와 같은 현대 역사가들은 그의 걸작 "L'Histoire de l'Empire Achemenid"에서 춤이 아케메네스인들 사이에서 종교 숭배의 중요한 부분이자, 조로아스터교의 신앙임을 확실하게 증명했다. Briant 교수는 Cyropedie(키루스의 교육; 키루스 2세 대왕의 일대기)의 고대 작가인 Xenophon의 말을 인용한다. 조상의 관습인 Kata ta patria의 영향을 받은 춤으로, Xenophon은 이러한 종류의 Persic Dance(Danse Persique)가 "스포츠와 마찬가지로 Persic Dance는 근육을 강화"하기 때문에 "승마"만큼 대중적이며 매우 일반적이라고 강조한다!

페르시아인들 사이에서 무용 예술의 중요성은 많은 그리스 역사서에서 분명히 볼 수 있다. 세리머니, 오락 행사에서 공연되는 다양한 형태의 춤이 존재했다. "말에게 격동의 전쟁 장면을 알리기 위해 페르시아인은 "군무"를 추곤 했다. 단체로 리드미컬하게 무기를 충돌하고 말과 함께 춤을 추는 것이었다. Mysie 출신 남성이 방패를 맞대고 몸을 앞으로 구부렸다가 다시 일어나서 춤을 추었는데 플루트의 리듬에 맞추어 조화롭게 추었다.

춤은 파르티아와 사산 왕조와 같은 페르시아 제국의 다른 왕조들이 존재하는 동안 잘 발달되고 보호되는 예술 형식이었다. 그리스 문헌에 따르면 불춤, 칼춤, 말을 타고 추는 말춤과 같은 다양한 형태의 춤에 대한 자세한 설명이 있다.

5. 헬레니즘 및 파르티아 시대

페르시아가 그리스인의 정복을 받은 헬레니즘 시대에 그리스 연극과 춤은, 특히 파르티아(Parthia)인에 의해 이란 민족의 취향과 전통에 맞게 변형되었다. 파르티아인들은 잔치와 춤을 좋아했다. 파르티아 황제 아르타바누스 4세(Artabanus IV 213－224 재위)는 자신의 딸에게 청혼한 로마 황제 카라칼라(Caracalla 198－217 재위)를 환영하는 연회를 베풀었다. 이때 파르티아인들은 화려한 옷을 입고 피리와 하프 연주 및 북 장단에 맞춰 높이 뛰어오르는 춤을 췄다고 전해지는데, 이 춤 역시 훗날 당나라에서 유행한 호등무(胡騰舞 "Sogdian jump")를 연상시킨다.

이것은 그들이 술에 취했을 때 가장 좋아하는 형태의 춤이었다. 헬레니즘과 파르티아 시대의 춤은 예술 작품 속에서 풍부하게 표현되고 있는데, 예를 들어 파르티아 유적지 두라 유로푸스(Dura Europus)에서 나온 여성 댄서의 테라코타 입상, 올비아(Olbia)에서 출토된 파르티아 의상을 입은 여성 곡예사의 청동상, 메소포타미아의 하트라(Hatra), 호라산(Khorāsān)의 토프락－칼라(Toprak－Kala), 아프가니스탄의 쿠헤 허제(Kūh－e khājeh کوه خواجه) 등지에서 발견된 쌍무(雙舞) 및 군무(群舞)를 묘사한 채색 벽화; 쿠르디스탄의 칼에예 야즈데게르드(Qalʿe－ye Yazdegerd قلعه یزدگرد)에서 출토된 원뿔형의 높은 "스키타이(Scythian)" 모자를 쓴 남성 댄서의 치장 벽토 부조 등이 좋은 예이다.

헬레니즘 시대 동안 그리스 연극, 무용은 파르티아인들에 의해 이란 전통의 영향을 받았다. 그들의 궁중 춤은 실크로드를 따라 코카서스에서 중앙아시아, 인도에 걸쳐 많은 지역의 춤 용어에 영향을 주었다. "페르시아 춤"이라는 용어는 불의 춤, 포도주의 춤, 검의 춤, 말을 타고 춤을 추는 것과 같이 페르시아 왕실이 참여하는 의식 춤을 설명하기 위해 당시의 여러 그리스 역사가에 의해 언급되었다. 알렉산더가 페르시아를 침공한 후 페르시아 군사 무용은(persian military dance) 오늘날 Lezgian and Cossack dance로 계승되며 코카서스 국가에서 널리 행해졌다.

6. 사산(Sasan) 페르시아 시대

사산 페르시아인들은 음악과 그 반주를 높이 평가했다. 유흥을 좋아했던 사산 황제 바흐럼 구르(Bahrām Gūr 420－438 재위)는 음악에 대한 광적인 취향으로 노래를 하고 춤을 추는 궁녀들을 궁전으로 모아들였다. 페르시아 민족 서사시 『셔흐너메(Shāh－nāmeh شاهنامه)』에 따르면 바흐럼 구르는 지방 영주(dehqān)의 세 딸을 자신의 궁전으로 맞아들였는데, 그중 한 명은 댄서(pāy－kūb پای کوب), 다른 한 명은 하프 연주자, 또 다른 한 명은 노래를 불렀다.

여성 댄서들은 비샤푸르(Bīshāpūr)에 있는 샤푸르 1세(Shāpūr I 240－270 재위)의 궁전을 장식한 모자이크 벽화에도 등장한다. 상서로운 특성을 가진 상징물(아마도 새, 꽃, 동물 모양의 인형)을 지닌 네 명의 춤추는 소녀가 현재 이란 고고학 박물관에 소장되어 있는 6세기 은색 주전자에 그려져 있다.

뉴욕 메트로폴리탄(Metropolitan) 박물관에 있는 6－7세기의 은 항아리에는 유사한 여성 무용수들이 묘사되어 있는데, 그들은 "긴 소매의 꽉 끼는 의상을 입고 있으며 허벅지 아래부터 몸을 감싸는 천을 두르고 있다. 무용수 각자는 보석으로 장식된 왕관, 목걸이, 발찌, 귀걸이를 착용하고 있다. 시기적으로 약간 늦은 볼티모어의 월터스(Walters) 미술관에 있는 유선형의 그릇은 황제의 즉위 장면으로 장식되어 있는데, 좁은 쪽에는 베일을 공중에 던지고 있는 두 명의 나체 무용수가 그려져 있다. 소그디아나의 판지켄트(Panjīkant)의 6세기 벽화는 이란 동부 지역의 종교 의식 춤을 잘 설명해 주고 있다.

7. 이슬람 시대 이후

이슬람 시대 이후에는 아랍의 정복으로 왕실 무용이 중단되었다. 수 세기에 걸친 정치적 불안정 및 내전과 함께 외세 점령 이후 춤에 대한 열망이 드러나고 있었다. 춤은 수피와 연결되어 행해지기 시작했으며, 이란 역사상 가장 암울한 시기에도 사라지지 않았음을 보여 준다.

이슬람의 춤 금지

7세기 중반 이후 이란의 이슬람화는 음악과 더불어 춤 문화에도 큰 타격을 주었다. 회화 및 음악과 함께 공연 예술 역시 이슬람 세계의 풍부한 문학에 비해 상대적으로 거의 관심을 받지 못했다. 그것은 무용과 연극의 타당성에 대한 정통 이슬람 학자들의 의문 제기에서 비롯된 결과이다. 특히 인간 묘사에 대한 엄격한 신학적 문제들과 우상 숭배와의 연관성 때문에, 공연 예술은 전통적으로 무슬림들이 평소보다 더 조심스럽게 간주하기 시작했다. 일부 이슬람 학자들의 견해에 따르면, 여성이 남편을 위해 춤추는 것을 제외하고는 결혼식이든 축제이든 관계없이 어떤 행사에서도 여성이 춤을 추는 것은 허용되지 않는다. 이러한 견해를 확대해석하면서 "춤 자체는 문제가 없지만 춤이 성적 자극을 수반하거나 금지된 음악을 수반하거나 외간 남자가 있는 경우 금지"라고 주장한다. 결국 여성은 남편이나 가족 앞에서만 춤을 출 수 있다. 이러한 이슬람 교리는 전통 음악에 맞춰 남녀가 어울려 추던 이란의 춤 문화를 크게 위축시켰다.

춤은 존경받는 사회적 행위로서 그리고 페르시아 문화의 일부였으며, 아랍이 이란을 침략할 때까지 중국, 그리스, 인도의 고풍스러운 춤과 마찬가지로 수천 년 동안 정교하게 만들어졌다. 새롭게 들어온 이슬람은 춤을 금지했으며 이는 사실상 고대 페르시아 춤 전통 소멸을 의미했다. 영국의 무용 역사가인 Lilly Grove는 1895년 출판된 저서 『Dancing』에서 다음과 같이 썼다. "음악과 춤에 대한 Mohametan의 견해는 페르시아의 오락의 범위를 크게 좁혔다. 왕가가 페르시아의 왕위에 오를 때까지 궁정에는 춤추는 소녀들이 많았지만, 현재는 천하거나 느슨한 도덕성을 가진 여성들, 또는 여장을 한 어린 소년들이 춤을 추고 있다."

수 세기에 걸친 정치적 불안정, 내전 및 외국 열강에 의한 점령, 아랍인, 몽골인의 침략으로 인해 춤 전통과 같은 일부 페르시아 선사 시대 유산이 느리지만 꾸준한 소멸을 초래했다. 종교적 금기 외에도 역사적 비극과 국가적 굴욕은 이란인들이 오랫동안 무용을 감상하지 못한 중요한 이유이기도 했다. 페르시아 제국이 멸망한 후 나라가 산산이 조각났을 때 이란 여성과 어린 소녀들은 새로운 정복자들의 연회 바자회에서 노예로 만들어지고 봉납을 받았다. 그들은 미개한 통치자들을 기쁘게 하기 위해 성관계와 에로틱한 춤을 강요받았다.

부패한 칼리프인 Harun ul-Rashid는 궁전에 약 3,000명의 음악가와 무용수를 두고 있었는데, 그중에는 많은 페르시아인이 있었다. 이슬람 지침에 따라 춤과 음악이 엄격히 금지되었음에도 이를 행했다. 칼리프 접대의 주역으로는 "Mowseli"라는 이란 가족이 거론되고 있다.

문화적 정체성과 인간 존엄성을 상실한 사람들에게 이 역사적인 그림자와 국가적 불명예는 다가오는 수 세기 동안 춤에 대한 그들의 관점을 특징지었다. 이 때문에 낯선 사람 앞에서 자신의 여자가 춤추는 것을 보고 싶어하는 이란 남자는 없었다. 이란 무슬림들의 춤에 대한 태도가 역사를 통틀어 다른 이슬람 국가들에 비해 보수적인 성격을 띠었던 것도 이 때문이다.

수피즘과 디르크, 사마

페르시아 신비주의와 수피 신앙은 문학에서 중심적인 위치를 차지했으며 종교인에 의해 수행되었다. Hafiz(d. 1388), Saadi(d. 1292) 및 Mevlana(d. 1273)는 시에서 춤을 찬양하고, 이 예술 형식을 삶의 힘의 상징으로 사용한 페르시아 시인이었다. 수피즘은 이 신앙의 최종 목표인 "하나님과 하나되기"를 위한 영적 도구로서 춤을 권한다.

이슬람 교리의 테두리 안에서 발전한 유일한 춤은 수피 종단에서 수행 의식의 일환으로 거행되던 수피 춤이다. 디크르(dhikr ذكر)라고 불리는 하나님을 염원하는 이 의식의 목적은 하나님께 영광을 돌리고 영적 완전성을 추구하는 것이다. 모든 수피 종단이 이 의식에서 춤을 추는 것은 아니며 각 종단마다 고유의 디크르 의식을 발전시켰다. 디크르 의식에서 수행되는 춤 가운데 가장 널리 알려진 것이 13세기 아나톨리아의 콘야(Konya)에서 유명한 페르시아 시인이자 수피주의자였던 루미(Jalāl al-Dīn Rūmī)가 설립한 모울라비(Moulavī) 종단의 "회전 춤"인데, 우리나라에서도 몇 차례 공연된 바 있다.

Jalal ud-Din Rumi는 춤을 그의 수피 교리의 중심 요소로 만든 모든 시대를 통틀어 가장 존경받는 수피이다. 그곳에서 그는 정신주의의 강한 부분으로 그의 질서를 확립하고 발전시켰다. 수피의 가르침으로 인해 그는 숨겨진 신성한 차원과 연관된 "영적 지도자"인 위대한 셰이크로서 이러한 믿음의 중간 지점에 서서 그의 추종자들을 "불멸"의 "위쪽"으로 안내한다.

그 목표는 음악과 춤을 중심으로 하는 강렬한 황홀한 의식을 행함으로써 달성될 것이다. 이 카리스마 넘치는 공연은 "사마"라고 불리며, '창조자'에 대한 영적 화해를 의미하여 오늘날까지 행해지고 있다. 아랍어 sam은 듣는 것을 의미하지만, sama는 전체적으로 노래, 황홀경, 춤을 의미하여 Sama-o-raghs는 수피즘 춤을 의미한다. Jean Börlin은 1920년대에 "Les Ballets Suédois"를 위해 발레 "whirlling Dervishes"를 안무했는데, 이는 수피교 신앙과 그 의식에서 영감을 받은 것이다.

이슬람 교리라는 장애물을 만났음에도 불구하고 종교 정체성보다 부족 정체성이 더 강했던 농촌 및 유목 사회에서는 출생, 할례, 결혼 등과 같은 그 공동체의 통과의례에서 혹은 설날이나 동짓날 같은 계절맞이 축제에서 춤을 추며 각 민족 혹은 각 지역 고유의 전통춤을 보존해 왔다.

8. 카자르 시대

성직자들이 춤에 대해 비판적인 시각을 가졌으나 춤은 계속 번성하고 발전했으며, 프레스코, 미니어처, 유화(fresco and miniature and oil painting)의 흔한 소재가 되기도 한다. 당시 시아파 법은 모든 춤을 금지했지만 Nassereddin Shah의 하렘은 종교법을 어기며 84명의 아내와 많은 딸들이 참가한 춤 공연을 주최했다.

수 세기에 걸쳐 살아남은 현존하는 유일한 페르시아 무용의 원형은 다양한 이란의 중심 집단, 특히 유목민의 민속 무용이다. 종교적인 믿음과 이슬람교의 금지 때문에 대도시와 대중 앞에서 무용공연은 거의 열리지 않았다. 그러나 카자르 왕실에서는 달랐다. 비록 춤 예술이 일반 사람들 사이에서 인기가 없었음에도, 카자르 여성들 사이에서 오래된 춤 전통을 찾아볼 수 있었다.

그러나 1796년 카자르의 부상은 춤에 대한 사람들의 태도가 자유로워졌음을 의미했지만 이러한 예술 형식은 왕실만이 전유하는 것이었다. 회고록, 공식보고서, 화려한 그림과 텍스트에서 이러한 춤이 궁정과 엘리트 및 부르주아 가족 사이에서 인기를 얻었음을 강조하고 있다. 춤은 대관식, 결혼 축제, 노루즈(이란의 새해 축하 행사) 의식과 같은 다양한 오락 프로그램에서 공연되는 인기와 사회적 현상이 되었다.

1998년에는 미국 뉴욕 브루클린 박물관에서 미술 전시회를 개최하여 카자르 시대의 그림을 전시했다. 이 그림 중 일부는 축제에서 춤추는 궁정 여성이나 손님을 즐겁게 하는 전문 여성 무용수를 묘사한다. 이란의 민속 무용은 대도시 밖에서 더 발전했다. Lilly Grove는 Kashan 시 근처 Buzabatt에서 행해지며 시칠리아의 이탈리아 춤과 유사한 일종의 독거미 같은 춤에 대해 보고했다. 더 나아가 그녀는 "페르시아는 무용의 역사를 공부하는 학생으로서 스코틀랜드에서와 마찬가지로 조사 과정에서 동일한 어려움을 겪습니다. 그 나라의 종교는 유흥과 오락을 억압할 뿐만 아니라 그것에 대한 어떤 기록도 금지하려고 노력해 왔습니다."

19세기 후반 이란을 여행하며 페르시아 무용을 연구한 또 다른 영국 무용 연구자 E. G. 브라운은 호라산과 쿠르디스탄 지방의 민속 무용 지도를 만들었다. 『페르시아의 일부 외딴 지방에서는 밤에 소작농들이 추는 춤이 있으며, 테헤란에서는 조지아 소녀들이 무용수로 고용된다.』 그는 페르시아의 춤추는 소년들을 존경하며, 그는 우아함보다는 곡예술로 더 주목할 만한 그들의 정교한 자세를, 서양의 관점에 따라 칭찬한다. 이란 아르메니아인, 유대인과 같은 일부 이란 소수민족의 보살핌과 노력 덕분에 일반인들 사이에서 페르시아 춤이라고 불리는 것의 일부가 역사를 통해 구제되었다. 분명 이러한 사람들의 헌신이 없었다면 무용의 예술을 비롯한 이란의 여러 예술 문화유산이 소실되었을 것이다. 우리 페르시아인들은 이란에서 수천 년 동안 살아온 소수민족에게 감사의 빚을 지고 있는데, 그 이유는 이처럼 우리의 문화유산이 격동과 사회적 퇴폐의 어려운 시기를 이겨 냈기 때문이다. 페르시아 춤의 전통은 이러한 소수민족들을 통해 보존되어 왔다.

스웨덴 저널리스트는 한 가정집을 방문하여 음식, 음악과 함께 집안의 소녀들이 공연하는 것을 본 춤에 대해 다음과 같이 기록했다. "두 사랑스러운 소녀가 춤을 출 준비를 했다. 넓은 녹색 바지와 흰색 보디스를 입고, 손가락에는 은색 혼합 금속으로 만든 캐스터네츠를 두르고 나왔다. 음악가들이 음을 맞추자 두 소녀가 춤을 시작했다. 그들의 발 움직임은 크지 않았고 상체를 주로 움직였다. 구불구불하고 유연한 그들은 우아하게 팔을 머리 위, 앞뒤로 흔들었고, 손가락은 캐스터네츠를 가지고 놀았다. 그래서 때로는 스페인 캐스터네츠처럼 박수를 치고 때로는 종소리처럼 울렸다. 춤의 템포가 빨라져 무용수들의 발이 가볍게 매트 위로 날아올라 부드러운 쿵쿵거리는 발소리조차 거의 들리지 않았다. 춤과 음악에 이끌려 관객들은 소녀들에게 함성을 지르기 시작했는데, 소녀들은 갑자기 물구나무를 서고 공중제비를 돌며 뱀 같은 동작을 취했다. 관객들은 기뻐했다."

9. 팔레비 시대

레자샤는 이전 페르시아 왕조의 관습과 전통을 저급한 오락(vulgar entertain-ment)으로 여기며 거부하였다. 레자샤의 등장으로 왕실 무용은 양분화 되었는데, 예술적이거나 교양적이지 않은 것으로 간주되어서 경박함이나 성적인 것을 상징하는 것으로 간주되었고, 사교 모임 등에서 행해졌으며 왕족 앞에서는 선보일 수 없었다. 예술적이고 정교화된 스타일은 오늘날의 페르시아 전통/고전무용이라고 불리며, 페르시아의 Dastgah 음악을 배경으로 행해졌다.

이와 같은 전통춤은 20세기 초에 팔레비(Pahlavi) 왕정 시대에 활기를 띠기 시작했고 국가적 차원에서 장려되었다. 그것은 이슬람 이전 고대 페르시아의 영광을 재현하겠다는 팔레비 왕정의 야심찬 욕망 덕분이었다. 페르시아의 독창적인 춤으로부터 남아 있는 선사 시대의 민속 무용에서부터 페르시아 문화와 유산에 영감을 받은 고전 발레와 현대 안무에 이르기까지, 이후 몇 년 동안 다양한 스타일의 춤을 편집하고 발전시키기 위한 많은 노력이 이루어졌다.

이란 전역에서 다양한 민속춤이 대중 앞에서 공연되었다. 음악과 함께 공연된 이러한 민속춤들은 지역 전통과 관습을 반영했다. 어떤 춤들은 서로 모방한 춤이었고, 어떤 춤들은 이슬람 교리에도 불구하고 에로틱했으며, 주로 산악 지역을 중심으로는 전쟁 춤이 유행했으며, 탈을 쓰고 추는 코믹 춤도 부활했다. 국립 무용단은 새로운 취향과 관습이 유행하면서 사라져 가는 전통춤을 발굴해 이를 보존하고 장려하는 데에 노력을 기울였다.

특히 제2차 세계대전 이후 팔레비 왕정의 지원을 받아 국립 무용단이 결성되었고 고대 관습이 부활했다. 1979년 이슬람 혁명으로 문을 닫을 때까지 국립무용단은 고대의 전쟁 춤, 배화(拜火) 승려 춤, 수피 고행자(dervish) 춤과 같은 특정의 테마 춤뿐만 아니라 각 민족 고유의 전통춤을 보존하고 발전시키는 데에 큰 역할을 했다.

이란 발레 전통의 역사는 1928년 Madame Cornelli가 클래식 발레를 처음 가르쳤을 때부터 시작되어 1980년대 초까지 계속되었다. 러시아 이민자인 Madame Cornelli와, 이후 Yelena Avedisian, Sarkis Djanbazian와 같은 아르메니아 출신의 다른 교육가는 테헤란, 타브리즈, 카즈빈에서 아이들을 가르쳤다. 이들은 모두 1917년 볼셰비키 혁명을 피해 이란으로 이주하기 전에 러시아에서 교육을 받았다. 나중에 아르메니아 거장들의 춤 앙상블이 정부의 지원을 받아 전국 각지를 순회했다.

1933년 이란으로 이민 온 옐레나 부인은 이란계 아르헨티나인 남편과 함께 타브리즈로 이주했고, 얼마 지나지 않아 무용학교를 시작했다. 1945년 테헤란으로 이주하여 이란의 수도에 학교를 설립했다. 1962년 그녀는 학생 150여 명의 참여로 "Song and Dance Ensemble(노래와 무용 앙상블)"을 창단했다. Djanbazian의 안무와 마찬가지로 그녀의 레퍼토리에는 페르시아 역사 및 민속 테마의 작품이 포함되었다. "쉬라즈의 장미", "카나리아의 노래", "굴나라", "애국 소녀의 초상", "불춤", "페르도우시 광장의 분수"("Rose of Shiraz", "Song of the Canary", "Gulnara", "Portrait of a Patriotic Girl", "Fire Dance", and "Fountains at the Ferdowsi Square")가 그녀의 작품이다.

1930년대, 1940년대, 1950년대에 새로운 종류의 재미있는 춤이 개발되었다. 인기 있는 춤으로 알려진 그것은 카자르 전통에 뿌리를 두고 있으며 단독 즉흥춤으로 행해졌다. 그것은 일반인들에 의해 공연되었고 사적인 모임이나 파티에서의 오락으로만 행해졌다. 이런 종류의 춤은 예술적 가치가 없었지만 점점 대중화되고 새로운 스타일이 개발되었다. Motrebi, Ru-hawzi, Baba Karam, Shateri 및 Tehrooni는 사람들에 의해 즉흥 솔로 댄스로 공연되었다. 이 대중 무용 장르는 당시 이란 영화 제작에 널리 각색되었다.

1940년대 초에 동양 문화에 대한 방대한 지식을 갖고 있던 Nilla Cram Cook은 테헤란에 있는 미국 대사관의 문화 관계자로 근무했다. 그녀는 나중에 이란의 교육선전부에서 예술부 국장으로 고용되었다. 이란 문화에 대한 헌신으로 1947년 춤 앙상블을 결성하여 이란의 문학, 시, 민속 전통에서 영감을 받은 안무를 만들었다. 그녀가 젊은 이란 무용수들과 함께 시작한 극단 "The Revival of Iranian Ancient Arts(이란 고대 미술의 부흥)"은 이란 최초의 전문 발레단으로 1953년까지 국내외를 순회하며 활동했는데, 대부분이 중동 지역이었다.

문화예술부의 주도로 1956년 Nejad Ahmadzadeh에 의해 "이란 국립 발레 아카데미"가 결성되었다. 2년 후인 1958년에 "이란 국립 발레단"은 페르시아 전통 민속 특성을 띄는 "National Folkloric Music, Song and Dance Ensemble(국립 민속 음악, 노래 및 무용 앙상블)"이라는 다른 무용단의 결성과 병행하여 설립되었다. 사실상 두 무용단의 멤버는 같았지만 각각 레퍼토리가 다른 댄스 스타일을 선보였다.

이란의 민속 무용, 음악, 전통에 대한 심도 있는 연구와 자료를 얻기 위해 전문가 그룹이 이란의 마을과 먼 지방으로 파견되었다. 클래식 극단과 민속 앙상블 모두 영국 엘리자베스 여왕, 모로코 왕 하산 2세, 대통령 등 동서양의 많은 왕실과 대통령을 비롯한 정부의 모든 국빈들이 참석한 가운데 전국 순회 공연을 펼쳤다. (프랑스 드골, 파키스탄 야히아 칸, 루마니아 차우세스코, 미국 닉슨 등)

1959년 튀르키예에서 열린 국제 민속 무용 페스티벌에 "국립 민속 음악, 노래, 무용 앙상블"이 처음으로 국제적으로 소개되었고, 1964년 후반에는 파키스탄, 아프가니스탄, 튀니지, 모로코, 소련 및 거의 모든 동유럽 국가에서 광범위한 순회 공연을 펼쳤다. 이 앙상블은 1967년, 1970년 일본 엑스포에서 캐나다 이란관에서 일주일간 공연하기도 했다. 1968-69년에는 소련, 아프가니스탄, 튀니지에서 또 다른 상당한 규모의 투어가 조직되었다.

이란 전통 사회에서 점점 더 많은 춤이 받아들여졌고 이란 춤 애호가들의 헌신적인 노력 덕분에 대중적인 예술의 형태로 발전하고 있었다. 춤은 이란 문화에서 하찮은 오락 수단으로 여겨졌지만 1960년대와 1970년대에 이란 공연과 연극 예술에서 그 자리를 차지했다. 결국, 1970년대 말까지, 춤은 인정받고 잘 확립된 예술의 한 형태였다.

1958년 이란 국립발레단과 국립민속음악 노래무용앙상블이 시작되면서부터 이란에서 발레와 민속 무용이 제도화되면서 광범위한 정부 지원을 받게 되었다. 문화예술부는 유럽과 미국의 발레 거장들과 안무가들을 초청하여 이란에 와서 이란 발레 베테랑들과 함께 국립발레단을 발전시켰다.

Nejad Ahmadzadeh는 다양한 오페라 하우스와 콘서트홀을 방문하고 연구하기 위해 외교부에서 미국으로 파견되었다. 돌아온 그는 테헤란에서 새로 지어진 "Roudaki Hall Opera"의 기술, 행정 및 예술 부문을 설립하는 것을 도왔다. 한때 미국 William Dollar가 조직한 이란 국립 발레 아카데미(National Ballet Academy of Iran)도 이 시기에 번창했고 새로운 건물로 이전했으며, 발레 마스터와 안무가가 자주 초청되었다. 1967년 10월 26일 이란에서 열린 대관식 축제에서 모하마드 레자 샤 팔라비(Mohammad Reza Shah Pahlavi)와 파라(Marah) 황후가 공식적으로 개관하였다. 2주간의 국제 앙상블들의 풀하우스 공연이 그 날을 기념했다. 예후디 메뉴인, 엘리자베스 슈워츠코프, 그랑스 발레 클라시크 드 프랑스, 로스앤젤레스 필하모닉 오케스트라, 모스크바 심포니 오케스트라 등 수많은 오케스트라, 오페라 가수, 무용단이 초청되어 공연을 펼쳤다.

1958년 문화예술부의 초청으로 테헤란으로 건너간 니네트 드 발루아 여사는 왕립발레단에서 많은 무용수, 발레 고수, 안무가들을 보내 발레 작품을 가르치고 무대에 올렸다.

1965년 이란 무용에 큰 공헌을 하기 위해 온 Robert de Warren은 Dame Ninette de Valois에 의해 이란으로 파견되었다. 그는 1967년 "이란국립민속학회"를 지휘하기 위해 떠날 때까지 이란 국립 발레단의 발레 마스터이자 수석 안무가로 일했다. Robert de Warren은 발레단을 떠나 국가 민속 무용을 공부하고 나중에 이란 국립 민속 협회에 소속된 무용단인 “Mahalli Dancers of Iran”을 결성했다.

Robert de Warren이 1971년 발레단을 떠나 국가 민속 무용을 공부하고 나중에 “Mahalli Dancers of Iran”을 결성했을 때, 최초의 이란 프리마 발레리나인 Aida Ahmadzadeh(Roudaki Hall 설립자의 아내)가 그의 뒤를 이어 감독이 되었다. 이란 국립발레단과 함께 작업하기 위해 초청된 다른 초청 발레 거장들과 안무가들로는 Anne Heaton, Vakhtang M이 있었다. (차부키아니, 앤 콕스, 미로 졸란, 산드라 베인 등) 다양한 레퍼토리가 개발되었고 뉴욕, 파리, 런던, 브뤼셀과 같은 도시에서 미국과 유럽의 무용 시설과의 협업이 증가하였다.

세계적으로 유명한 발레 예술가인 Rudolf Nurejev와 Margot Fonteyn은 1967년 이란을 방문하여 국가 무대에서 백조의 호수와 르 코르세르를 추었다. 1969년, 이란의 저명한 발레 무용수인 Bijan Kalantari가 메트로폴리탄 오페라 발레 학교를 졸업하여 이란에서 다른 이란 발레 무용수들과 그들의 파트너들이 참여하여 '발레단의 저녁'이라는 발레 작품을 무대에 올리기 위해 이란을 방문하여 미국과 독일에서 활동하였다. Bijan Kalantari, Haydeh Changizian 및 Ali Pourfarrokh가 Roudaki Hall Opera에서 공연한 것은 이것이 처음이었다.

1967년에는 중동뿐 아니라 세계에서 가장 중요한 문화행사로 발전한 국제 축제가 시작되었다. 쉬라즈 예술제(Shiraz Arts Festival)는 매년 쉬라즈(Shiraz)시 또는 북동쪽으로 40마일 떨어진 페르세폴리스(Persepolis)와 나크쉬－에 로탐(Naqsh－e Rostam)의 아케메네스(Achaemenid) 유적에서 열렸다. 1977년까지 11개의 페스티벌이 조직되어 매우 다양한 음악, 드라마, 댄스 및 영화 제작을 선보이는 가장 저명한 예술가들을 초청했다. Shiraz Arts Festival 동안 발표된 댄스 아티스트와 회사에는 Maurice B.art, Merce Cunningham, Alwin Nikolais, Andy Degroat 등이 있다.

1969년 가을, Bijan Kalantari는 문화예술부의 지원을 받아 테헤란 음악원에 새로운 발레 학과를 설립했다. Serge Lifar와 같은 저명한 안무가들과 협업한 Kalantari는 그의 학교에서 고전 발레를 위한 현대적인 교육 시스템을 도입했다. 고국으로 이주하기 전에는 뉴욕시티발레단, 메트로폴리탄 오페라&발레단, 댈러스

발레단, 캔자스발레단과 같은 발레단에서 활동했다.

이란 국립발레단은 약 12명에서 약 50명으로 꾸준히 성장해 왔으며, 그중 3분의 1이 이란인이다. 세계적으로 유명해진 이 발레단은 클래식 발레와 현대 발레의 다양한 레퍼토리를 개발했다. 이어서 중동의 모든 발레단 중 최고이자 가장 존경받는 발레단으로 유명세를 떨쳤다. 아제르바이잔, 타지키스탄, 튀르키예, 이집트와 다른 중동 및 중앙아시아 기업들 사이에서 가장 많이 알려지게 되었다. 이 회사의 멤버십은 유럽과 미국의 재능 있는 댄서들 사이에서 인기를 얻고 매력적이게 되었다. 예를 들어 볼쇼이 발레단의 많은 외국 발레 스타들과 프리마 발레리나들이 시사회에서 춤을 추기 위해 초대되었다.

Madame Yelena의 제자였으며 이후 쾰른의 뷔넨 탄츠 인스티튜트와 러시아의 키로프 발레 학교에서 무용 교육을 계속했던 Haydeh Changizian은 Roudaki Hall Opera에서 수석 무용수로 고용되었다. 그 당시 그녀는 프랑크푸르트 오페라 발레단과 계약된 상태였다. 문화예술부는 해외에서 활동하는 이란 발레예술가들의 고국으로의 귀국을 독려하기로 했다. 그리하여 Haydeh Changizian은 1972년 이란으로 돌아와 이란 국립발레단의 레퍼토리에서 주도적인 역할을 수행했다. 그녀의 최고의 해석 중에는 Giselle과 같은 고전 레퍼토리의 발레와 "Bakhchisarai의 분수"의 Zarema가 있다.

무용단의 레퍼토리는 고전 발레와 현대 발레로 구성되었다. Fokine 이후 Ann Heaton이 안무한 "Scheherezadeh(Shahrzad)"의 페르시아 역사와 같은 오래된 고전의 새로운 버전이 선보여졌다. 내레이션과 민족성을 주제로 한 새로운 안무도 탄생했다. 1971년 로버트 토마스는 현대 발레 "창조의 신화"를 창안했다. 하이데 아마자데(Haideh Ahmadzadeh)와 로베르트 우라질디예프(Robert Urazgildiev)가 안무한 회사 최초의 페르시아 고전 발레 "비잔과 마니제(Bijan and Manijeh)"는 1975년 초연됐다. 이란의 저명한 음악가 멜리크 아슬라니안(Melik Aslanian)과 호세인 델라비(Hossein Dehlavi)가 이 발레의 음악을 작곡했다.

Ali Fourfarroukh는 1976년 Nejad Ahmadzadeh의 뒤를 이어 회사의 예술감독이 되었다. 2년 후인 1978년 Haydeh Changizian은 새로운 방향에 대한 많은

논쟁과 불협 끝에 회사를 떠나서 발레학교와 무용단 등 자신만의 조직인 "Haydeh Changizian Ballet Institute"를 설립하려고 했다. 이 프로젝트는 국가의 많은 문화 행사의 번영에 기여한 "Niavaran Cultural Center"의 보호하에 시작되었고, 영국의 Royal Academy of Dance 및 예술 감독인 Sir John Field와 공동작업을 시작했다.

국가적으로 영감을 받은 무용단을 만들려고 했던 Bijan Kalantari와 다른 안무가들의 발자취를 따르기 위해 노력했던 Changizian은 페르시아 신화와 문학의 특징과 영향을 받은 레퍼토리를 만드는 것을 목표로 했다. Royal Academy of Dance의 지원을 받아 런던에서 오디션이 열렸고 일부 댄서는 회사에 선발되기도 했다. 그러나 그녀의 계획은 수포로 돌아갔고 그녀의 계획은 그녀의 행정 및 운영 경험 부족과 또한 고조되는 정치적 격변으로 인해 실현되지 못했다.

1970년대는 이란 춤 전통의 발전에 있어 매우 중요한 시기이다. 무용은 점차 대중화되었고 지망생들에 의해 행해졌다. 상류층을 위한 이 예술 형식의 독점은 깨졌다. 춤은 이란 사회의 다양한 사회 계층으로 퍼져 나갔다.

이란의 저명한 작곡가들은 무용의 대중화에 기여했다. 프랑스 배우 로베르 호세인의 아버지인 아미놀라(앙드레) 호세인은 그중 '페르시아 미니어처', '나는 나의 나라를 사랑한다', '교향곡 페르세폴리스', '세헤라자드(샤흐르자드)' 등 여러 교향곡을 작곡했다.

이 기간 동안 Maurice Béjart, Alvin Ailey, Martha Graham, Birgit Cullberg를 비롯한 발레와 현대 무용의 세계적 대가들이 이란을 방문하여 Roudaki Hall Opera에서 작품을 공연하거나 국영 무용단의 안무를 제작했다. 그리하여 이란의 국가 무대는 중동 전체의 예술 형식의 명망 있는 중심지로 발전하였다. 위대한 안무가들은 페르시아 유산을 기반으로 한 작품을 만들기 위해 영감을 얻었다. Maurice Béjart는 "Fara"와 "Golestan"을 안무하여 이란 문화를 세계에 알렸다.

다른 국내 무용단들도 다양하게 번성했다. 압돌라 나제미가 창단한 "Pars National Ballet"이 그중 하나이다. 그 이름에도 불구하고 이 회사는 주로 민속 무용과 전통 무용을 제작했으며 이란 국영 텔레비전에서 자주 공연됐다.

10. 이슬람 혁명 이후

궁중무용은 주로 여성댄서들이 참여를 했기 때문에 공적인 무대에서는 전통 궁중무용이 중단되었다. 팔레비 정권의 흔적을 지우려는 문화 혁명 및 이란-이라크 전쟁으로 인해 약 20년간 춤의 예술성이 말살되었는데, 시간이 흐르며 전직 무용수들이 새로운 세대들에게 이란 전통 무용을 가르치고 양성하는 언더그라운드 운동이 시작되었다. 또한, 혁명 이후 많은 이란인들이 이주하여 전 세계에 디아스포라 공동체가 형성되었는데, 전직 무용가 및 외국인 페르시아 무용가들 덕에 이란 전통 무용이 살아남게 되었다. 지난 10년 동안 이란 디아스포라 공동체 전체에 새로운 세대의 이란 댄서들이 등장하기도 했다.

1979년의 이슬람 혁명은 이란에서 춤과 발레의 성공적인 시대의 종말을 의미했다. 수십 년간의 수고와 열정적인 노력의 결과는 새로운 신정 체제가 집권했을 때 사라졌고, 국립발레단은 해산되어 단원들은 강제로 다른 나라로 이주하거나 직업을 그만둘 수밖에 없었다. 이슬람 정권의 "문화 혁명" 의제의 원칙에 반영된 초기 이슬람 담론에서 발견되는 설명에 따르면 춤은 큰 죄악이자 부도덕하고 부패한 것으로 간주되었다. 결과적으로, 수천 년 동안 이 예술 형식에 큰 공헌을 하고 존경받는 궁정 의식으로 가졌던 같은 나라에서 춤의 마지막 흔적이 사라지게 되었다.

이 혁명은 수천 년의 기존 역사에서 모국에서 가장 많은 이란인들의 이주를 초래했다. 오늘날 이란 디아스포라는 전 세계로 뻗어 나가고 있다. 국가의 많은 지식인, 예술가, 작가, 과학자, 정치인 및 기타 사회 계층이 국가를 떠나 망명 생활을 선택했다. 또한 이란 발레의 많은 프로파일이 서양으로 옮겨져 유럽과 미국을 중심으로 퍼져 나갔다. 그들 중 일부는 유럽과 미국 극장, 오페라 하우스에 고용되었다. Haydeh Changizian과 같은 다른 사람들은 모든 미래를 위해 그들의 직업을 떠났다. 그녀는 짧은 경력에 대한 추억으로, 1982년 캘리포니아에서 "In Memory of Roudaki Hall"이라는 이름의 자체 제작 공연을 펼쳤다.

국립극단의 마지막 예술 감독인 알리 푸르파루흐는 혁명 이후 독일 에센에서 발레 거장으로 활동했다. 후에 그는 미국의 “Long Island의 댄스 극장”과 캐나다의 “Alberta Ballet”의 예술 감독이 되어 성공적인 발레 감독 경력을 쌓았다.

다행스럽게도 1979년 2월 혁명 이후 전문 무용의 예술이 사라졌다고 해서 이 페르시아 유산이 영원히 끝나는 것은 아니었다. 디아스포라 속에서 새로운 세대의 이란 발레 아티스트들이 등장했다. 많은 이란 젊은이들이 망명 생활을 하면서 발레에 관심을 가지게 되었고, 재능 있는 발레 무용수들, 심지어 안무가들에게도 교육을 받았다. Afshin Mofid와 Maryam Mahdaviani는 New York City Ballet에 합류했으며 Shirin Kiani는 Santa Barbara Ballet에 참여했으며 Susanne와 Fariba Arbabzadeh는 Het National Ballet에서 공연했다. Amir Hosseinpour는 파리 오페라, 런던의 로열 발레단, 이탈리아의 라 스칼라, 독일의 바이에리슈 슈타츠오퍼 등에서 다수의 작품을 창작했다.

또한 혁명 이후 해외에서 설립된 이란 무용단도 있으며, 대부분은 민속적 성격을 띠고 있으며, 민간자금으로 출현되었다. 경제적 어려움의 결과로 품질 하락과 예술의 상업화가 나타났다. 미국 무용 연구가이자 감정가인 Dr. Anthony Shay의 노력으로 예외적인 작품들이 탄생했다. 그는 페르시아 민속 무용의 전문가로, 미국의 “Avaz International Dance Theatre”에서 여러 작품을 제작한 바가 있다.

이란 혁명 이후 예술로서의 춤은 금지되었다. 그러나 인간의 현상으로서의 춤의 성격은 사회에서 완전히 사라지지 않게 만들었다. 금지로 인해 적발되어 처벌을 받음에도 불구하고 사적인 모임에서 여전히 춤이 수행되었다. 춤을 가르치는 것은 때때로 여성에게만 허용되었으며 남자는 이성이 운동하는 것을 연습하거나 지켜보는 것조차 허용되지 않았다.

이란 잡지 “Iran－e Javan(The Young Iran)”은 2000년 3월에 20년만에 처음으로 무용 문제와 사회에서 이러한 예술적 표현의 필요성에 대해 매우 신중하게 논의한 기사를 실었다. 작가는 춤을 합법화하기 위해 공개적으로 종교적 판결을 언급하려고 했다. 제목은 “광장 한가운데 사람들 사이에서 춤을 추고 싶습니다!”였다.

이란 춤의 이야기가 슬픈 역사일지는 몰라도 확실히 닫힌 장은 아니다. 자신과 모국을 위해 더 나은 미래를 주장하는 이란의 신세대들은 역사를 통해 여러 외국의 점령과 참화, 편협함에서 살아남은 이 페르시아 유산을 곧 보살피고 이용할 것이다. 이 새로운 세대는 이란이 국제 사회에서 더 나은 위치를 차지할 자격이 있음을 그녀의 지칠 줄 모르는 노력과 자유를 위한 투쟁을 통해 증명했고, 수천 년의 문화와 문명이라는 입장이 정당화된다. 2001년 스웨덴에서 옛 이란 국립발레단의 전신인 Les Ballets Persans이 창단되었다. New Iranian National Ballet으로도 알려진 이 회사는 2002년 10월 7일 스톡홀름의 Royal Cirkus Hall에서 World Premiere Gala Performance를 가졌다.

궁중무용

1. 고전(궁중)무용의 개요 및 의미

고전 춤은 궁중무용에서 발전한 무대 춤이다. 카자르 왕조의 춤이 이 춤에 가장 큰 영향을 미쳤으며, 해당 시기에 'classical Persian dance'라는 용어를 처음 사용했다고 알려져 있고, 이 때문에 카자르 댄스(Qajar or Ghajar Dance)라고 불리기도 한다. 대관식, 결혼식, 노루즈 등의 행사 때 무용수들이 오락의 목적으로 고전 춤을 춘다. 왕실, 상류층, 부르주아에만 국한되긴 했지만, 카자르의 부상은 춤에 대한 사람들의 태도를 자유롭게 바꾸었고, 궁중무용수들은 무용에 대한 존중을 예술의 형태로 끌어올렸다는 점에서 그 의의가 있다. 남성 관객으로만 구성된 남성 무용수의 춤을 제외한 모든 춤은 25년 넘게 금지되었다.

고전 춤은 오락 목적의 춤이나 퍼포먼스 춤과는 아래와 같이 다른 의미를 지닌다.

고전 춤 (Classic dance)	전통이 있는 공연 무용으로, 학교, 무용 고수, 학생-교사 관계에 의해 세대를 거쳐 가르치고 유지된다.
레크리에이션 춤 (Recreational dance)	결혼식이나 파티 같은 사교 행사에서 사람들이 재미로 함께하는 춤을 말한다.
퍼포먼스 춤 (Performance dance)	개인이나 그룹이 함께하는 것이 아니라 다른 사람들이 보기 위해 추는 춤이다.

2. 역사적 배경

현대 페르시아 고전 무용의 씨앗은 카자르 왕조(1780–1906)에서 시작되었는데, 특히 Fath Ali Shah(1798–1834)는 춤을 포함한 예술 부흥에 힘썼다. 1906년 헌법 혁명 이후, 페르시아는 러시아, 영국, 독일과의 정치적 음모의 결과로서 서구의 영향을 점점 더 많이 받게 되었다. 군주제의 쇠퇴는 무용수들의 지지도와 지위의 하락이 병행되었다.

스웨덴 저널리스트는 한 가정집을 방문하여 음식, 음악과 함께 집안의 소녀들이 공연하는 것을 본 춤에 대해 다음과 같이 기록했다.

> "두 사랑스러운 소녀가 춤을 출 준비를 했다. 넓은 녹색 바지와 흰색 보디스를 입고, 손가락에는 은색 혼합 금속으로 만든 캐스터네츠를 두르고 나왔다. 음악가들이 음을 맞추자 두 소녀가 춤을 시작했다. 그들의 발 움직임은 크지 않았고 상체를 주로 움직였다. 구불구불하고 유연한 그들은 우아하게 팔을 머리 위, 앞뒤로 흔들었고, 손가락은 캐스터네츠를 가지고 놀았다. 그래서 때로는 스페인 캐스터네츠처럼 박수를 치고 때로는 종소리처럼 울렸다. 춤의 템포가 빨라져 무용수들의 발이 가볍게 매트 위로 날아올라 부드러운 쿵쿵거리는 발소리조차 거의 들리지 않았다. 춤과 음악에 이끌려 관객들은 소녀들에게 함성을 지르기 시작했는데, 소녀들은 갑자기 물구나무를 서고 공중제비를 돌며 뱀 같은 동작을 취했다. 관객들은 기뻐했다."

3. 춤의 구성

춤의 형태

공중에 떠 있는 것처럼 보이기 위해 셔플링 스텝을 사용한다. 팔은 우아하고 흐르면서 쓸어내리는 듯한 동작을 한다. 손과 팔은 보통 함께 움직이고 손가락 끝까지 안무가 확장되지만, 경우에 따라서는 팔 전체를 사용하지 않고 손목에서만 동작이 시작되기도 한다.

복장

긴팔로 된 상의를 입으며, 자켓은 엉덩이 옆까지 길게 내려와 있다. 카자르의 댄서들은 드레스 아래에 바지를 입었다. 페르시안 전통 바지는 밑단이 헐렁했고, 튀르키예식 하렘 바지는 밑단이 쪼이게 재단되었다. 옷의 색감은 밝고 화사했다. 머리에는 보석, 진주, 깃털로 장신된 작은 페이즐리 문양(بته جقه) 모자를 썼으며 머리는 길고 정교하게 땋았다. 신발은 발레 슈즈와 유사한 형태였다. 당대 왕은 무용수들에게 보상으로 보석을 하사했는데, 의상에는 정교한 금 자수, 진주, 보석이 박혀 있었다.

음악

1－2개의 선율악기와 북으로 구성된 소규모 연주단이 음악을 연주했다. 20세기에는 음악이 편성되었고 춤 동작이나 의상이 서구에 대한 모더니즘적 지향을 갖게 되었다. 1928년에는 발레가 이란에 들어오면서 무용 공연에 영향을 주기도 했다.

4. 고전 무용의 현재

인도 고전 무용이나 서양 고전 발레와 달리 페르시아 고전 무용은 체계화되고 성문화되지 않았다. 따라서 각 무용수들은 그녀만의 스타일을 창조하고 알아볼 수 있는 페르시아의 움직임의 틀 안에서 즉흥적으로 연주한다. 혁신적인 무용수는 페르시아의 본질적인 느낌을 유지하면서 동작의 방향을 여러 갈래로 확장할 수도 있다.

표현에 중점을 두기 때문에 페르시아 고전 춤은 대규모 공연장보다는 친밀한 분위기에 가장 적합하다. 고전 춤은 귀족 계급의 궁정과 개인 가정에서 만들어지고 성장했으며, 찻집에서 번성했다. 이 장소들 중 어느 것도 오늘날의 콘서트홀과 크기 면에서 비교할 수 없다. 페르시아 춤의 특징인 미묘한 움직임, 얼굴 동작, 관객과의 상호작용은 25열짜리 대규모 공연장에서는 잘 전달되지 않는다.

로스앤젤레스에는 페르시아 고전 무용의 독주자가 거의 없지만, 주목할 만한 무용단이 다수 있다. A. Nazemi가 감독한 Bale-ye Melli-ye Pars("Pars National Ballet")는 1960년대에 이란에서 설립한 무용단의 연속체로 민속춤, 전통 주제를 통한 현대 발레, 일부 고전 스타일 춤을 전문으로 한다. Mohammad Khordadian이 감독하는 Sabah 무용단은 민속춤의 화려한 안무가 특징이며, 몇몇 세련된 고전 춤이 있다. Anthony Shay의 Avaz Dance 극장은 또한 민속춤과 고전춤 모두를 다룬다.

호라산 민속춤

1. 호라산 민속춤의 개요 및 기원

"막대기 놀이"라는 의미로 춥버지(chub bāzī) 라고 불리며 그 역사는 고대 이란으로 거슬러 올라간다. 페르시아 전역에서 볼 수 있는 민속 무용의 한 종류이며, 무용수들이 막대기를 들고 다니는 점에서 다른 유형의 민속 무용과 구별된다. 이는 페르도우시(Ferdousī)의 대 서사시 『샤나메』에도 등장한다. 호라산 방언으로는 추버지(chūbāzī)라고 부르며, 이외에도, 독무(獨舞)는 추버지예 예크 나파레(chūbāzī－ye yek nafareh), 쌍무(雙舞)는 추버지예 도 나파레(chūbāzī－ye do nafar－eh)라고 부른다. 이 춤의 또 다른 이름은 퍼르퍼레(fārfāreh)이다.

현재의 막대기 춤은, 고대 이란인의 칼춤에서 비롯된 것으로 보인다. 특히 중앙아시아로부터 유목 민족의 침략이 잦았던 호라산 지역의 군대에서 평시에 방어 태세를 지속시키기 위해 칼춤을 이용했는데, 병사들의 정신력을 강화시키고 방어태세를 유지하는 데에 도움이 되었다. 막대기 춤은 군대에서 췄던 처피 춤(raqs－e chāpī)과도 유사하다. 칼춤은 회전을 하며 시작하는데 이는 한 발을 축으로 회전하는 수피 춤인 사머(samāʿ 춤의 회전과도 관련이 있으며, 수피즘의 자구의 축(qutb)) 개념으로 보는 의견도 있다. 칼춤에서 하늘로 향한 손과 규칙적인 회전은 각각의 의미를 지닌다.

2. 호라산 춤의 종류

규칙적인 리듬 패턴이 없는 경우

일부 동작은 리드미컬하지만, 막대기를 치는 특정한 규칙성은 없다. 남자들만 관객 앞에서 짝을 지어 춤을 춘다. 이는 남서부 페르시아 부족, 로르(Lor)족, 바흐티여리(Bakhtiyārī)족, 카슈커이(Qashqā'ī)족 등에서도 찾아볼 수 있다. 경쟁적이고 공격적인 특성으로 인하여 위험도가 높고, 초보자들은 팔이나 다리가 부러질 가능성이 있기 때문에 숙련된 무용수만이 공연을 진행한다는 특징이 있다.

카슈커이 족을 예로 들면 다음과 같다. 남자 두 명이 전통 악기 카르너(karnā)와 낙거레(naqqāreh)로 연주되는 음악 반주에 맞추어 춤을 춘다. 두 명의 무용수는 공격자와 수비자로 뚜렷한 역할 구분이 있다. 공격자는 짧고 가는 막대기를 휘두르며 긴 막대기를 세워 들고 있는 수비자를 중심으로 춤을 춘다. 그리고 한동안 상대방 주위를 빙빙 돌다가 갑작스럽게 막대기로 다리를 때린다. 수비자는 허리 아래를 노리는 공격을 막대기로 방어하는데, 공격자는 한 번의 공격 기회가 있으며, 공격 성공 여부에 관계없이 수비자와 역할을 바꿔야 한다.

공격자와 수비자 역할을 각각 한 번씩 수행한 경우, 새로운 공격자가 들어오거나 두 무용수를 모두 퇴장시킨 후 새로운 무용수 두 명이 들어오는 것이 일반적이다. 왕은 보통 공격자 역할을 맡으며, 동등한 계급이 아니면 방어자 역할은 거의 맡지 않는다 하인이나 다른 부하들이 방어자 역할을 대신하는 것이 일반적이다. 대규모로 거행되거나 다른 부족과의 경쟁을 위해 행해지기도 한다. 이처럼 춥버지는 춤인 동시에, 기술과 용기 과시의 수단으로 사용되기도 했다.

바흐티여리족의 경우에는 카슈커이족과 유사한 방식으로 공연되며, "잔가지 춤"이라는 의미로 타르케 버지(tarkeh-bāzī)로 불린다. 결혼이나 명절 축하 행사를 위해 공연하기도 한다. 전통적인 이야기 시연인 낙걸리(naqqālī) 의식의 일부로도 거행되며, 이야기꾼 낙걸(naqqāl)들이 집집마다 방문해 풍요와 행운을 가져온다고 여기는 의식을 행하는데, 마당에 들어갈 때 춥버지로 의식을 시작한다. 이집트 북부의 타흐티브(taḥṭīb)춤에서도 유사성을 찾아볼 수 있다.

규칙적인 리듬 패턴이 있는 경우

이 경우 사교적 오락보다는 즉흥적 경쟁 형태에 더 가깝게 춤을 춘다. 무용수들의 동작과 막대기 치기는 분명한 리듬 패턴을 따른다. 두명이 짝을 지어 쌍무(雙舞)로 혹은 여러 명이 원형으로 서서 군무(群舞)로 춤을 출 수 있으며, 여성 또한 참여할 수 있다. 각 무용수들은 18인치(약 46cm)의 막대기를 들고 음악 리듬에 맞추어 기본 스텝을 밟으며 다른 무용수들의 막대기를 친다. 정해진 동작 패턴을 따르지만, 그 틀 안에서 즉흥 공연을 행하기도 한다. 중앙아시아, 아프가니스탄, 파키스탄, 인도에서도 유사한 춤을 찾아볼 수 있다. 이와 비슷한 춤은 연중행사를 축하할 때 나타나기도 한다. 아제르바이잔의 마란드(Marand)에서 이란력으로 12월인 에스판드(Esfand) 월(서력 2–3월)에 추는 봄맞이 축제인 키슈단 치치크딤(qīshdān chīḵdīm) 의식이 그 대표적인 예인데 키슈단 치그딤은 아제리 투르크어로 “나는 겨울에서 벗어났다”를 의미한다.

3. 호라산 칼춤

칼춤은 북동쪽에 살았었던 아리아인이나 코라산인들의 독창적인 춤이었으며, 그곳에서 오래 보존되어 왔다. 호라산 막대기 춤은 이러한 호라산 칼춤에서 이어진 것이다.

호라산 칼춤에 담긴 인류학적 의미

호라산 칼춤에서는 여러 상징이 담겨 있는데, 옷이나 막대기, 춤의 방식에서 그 상징을 찾아볼 수 있다. 흰색의 옷은 선한 힘을 상징하고, 막대기나 나무와 같은 도구는 악한 힘을 상징하여 대비되는 모습을 보인다. 이는, 세상을 선과 악이 대립하는 것으로 인식하는 호라산인들의 조로아스터교 세계관이 반영된 것으로 해석된다. 또한, 주름이 있는 옷을 입고 앉았다 일어서며, 원을 그리며 돌아다니는 것은 삶의 역동성과 활력을 상징한다. 옷의 벨트는 싸움에 대한 사람들의 준비성을 상징하고, 여러 몸짓과 손짓은 평화, 행복 등의 메시지를 전달한다는 상징성을 내포한다. 이러한 점에서 호라산 칼춤은 역사적 배경을 지니고 있는 의식적, 서사적인 춤이며, 사회 풍습 안에서 볼 수 있다는 의미를 지닌다.

구성 요소	상징성
흰색의 옷	선한 힘
막대기나 나무와 같은 도구	악한 힘
주름이 있는 옷을 입고 앉았다 일어서며, 원을 그리며 돌아다니는 것	삶의 역동성과 활력
옷의 벨트	싸움에 대한 사람들의 준비성
몸짓과 손짓	평화, 행복 등의 메시지를 전달

호라산 칼춤의 역사

이란 고원의 북동쪽에 위치한 호라산은 이란의 의식과 고대 아리안 춤의 주요 요람 중 하나였다. 호라산은『샤나메』신화에 나오는 영웅들의 고향이자 역사 속에서 항상 이란의 국경을 지키는데 전념해온 땅이기도 하다. 이러한 신화적 역사적 배경과 함께 호라산의 칼춤은 3천 년 이상의 역사를 가진 오래된 춤이다. 춤이 많은 남성, 여성, 젊은이들을 리듬감 있고 확실한 규칙에 따라 일치된 동작으로 결속시킬 수 있는 엄청난 사회적 힘을 가지고 있었기 때문에, 최고의 전쟁 준비 형태가 될 수 있었다. 평시에 전사들의 방어 태세를 강화하기 위해 이 칼춤을 추는 것이, 군대의 사기 진작과 방어 태세를 강화하는 데 도움을 준다고 여겨졌기 때문이다.

호라산 남부지역 춤에 대한 견해

① Ebrahim Salmabadi

이란의 전통 타악기 도홀(Dohol) 연주자인 에브라힘 살마바디(Ebrahim Salmabadi)는 춤은 개념성과 상징성을 담고 있으므로, 춤을 살펴볼 때 팔과 다리, 그리고 온몸의 움직임에서 나오는 상징적 측면에 주목해야 한다고 피력했다. 막대기를 가지고 노는 것도 일종의 스포츠로, 과거에는 전쟁이나 민족 분쟁이 있을 때 몸을 풀기 위해 준비운동을 하곤 했는데, 이것이 점차 이런 모습으로 발전했다는 것이다. 지역 무용은 여느 민족의 다른 문화적 요소들과 마찬가지로 그 역사적 과거에 뿌리를 두고 있으며, 시간이 지남에 따라 다양한 이유로 인해 그 개념과 관습이 변경되거나 확립되었다.

② Jaber Zare

이란의 전통 관악기 수르나(Surna) 연주자인 자베르 자레(Jaber Zare)는 막대기 춤을 친선경기이자 동시에 전투놀이라고 정의했으며, 그렇기 때문에 참여자들은 항상 상대편을 이기고 싶어 한다고 분석했다. 또한, 막대기 춤을 추는 여러 상황을 언급했다. 그에 따르면 밀 수확 춤(رقص گندم درو)을 추는 것을 추수 축제(جشن برداشت)라고도 하는데, 이 춤에서 심기, 재배, 수확 단계가 매우 아름다운 극적인 움직임으로 표현되고, 마지막에 농작물 수확의 기쁨을 나타내기 위해 막대기 춤을 춘다. 남부 호라산의 다른 지역 춤에는 컵, 그릇, 텐트, 손수건을 이용한 춤도 있다. 컵춤은 결혼식에서 공연되기도 했는데, 이 춤에서는 무용수 그룹이 각자 손으로 컵 여러 개를 부수고 컵이 깨지는 소리와 리드미컬한 움직임과 균형을 보여준다.

③ Mohammad Zare

남부 호라산 댄스 그룹 나발 카비르 하바란(Navai Kavir Khavaran)의 리더인 무함마드 자레(Mohammad Zare)에 따르면 각 지역에는 그 지역만의 토착춤이 있으며, 이는 해당 지역의 문화적 조건과 역사에 따라 형성된다. Birjand와 그 주변 지역은 남부 호라산의 다른 지역보다 더 풍부하고 응집력 있는 음악을 갖고 있는데, 남부 호라산 민속춤은 오랜 역사를 가지고 있으며 리드미컬하고 극적인 움직임을 동반한다.

④ Ahmad Barabadi

남부 호라산 주의 문화유산, 수공예 및 관광 본부에서 연구를 담당하는 아흐마드 바라바디(Ahmad Barabadi)는 다음과 같이 주장했다: "시간이 지남에 따라 춤이라는 예술적 방법은 서로 부드럽게 묘사하여 의사소통을 하는 상징이 되었으며, 이 의식에서는 상징적 움직임이 각 지역의 유쾌한 전통 음악과 섞여서 보여지는데, 이는 부족의 역사적 서사를 표현한다. 남부 호라산에는 마가미(مقامی)음악과 함께 지역 춤에 오랜 역사를 갖고 있는데, 이란의 다른 지역에서 찾기 힘든 특별한 노래, 리듬, 춤을 볼 수 있다. 오늘날 민속 무용은 다른 예술 표현보다 신화적, 의례적인 요소를 많이 잃어서, 다산의 신(خدای باروری) 농업의 신(خدای کشاورزی), 새해의 도래(رسیدن سال نو), 기우에 대한 의식을 더 많이 나타낸다.”

페르시아 민속춤

1. 페르시아 민속춤의 구분

민속춤

부족, 지역적, 그리고 종종 사회적 의식과 의식의 일부인 민속 무용은 다른 모든 장르의 가장 오래되고 기초일 가능성이 높다. 이러한 춤은 참가자들의 즐거움을 위한 것이지 반드시 관객이 보기 위한 것은 아니다. 이란에는 고유의 방언을 사용하고 자신들의 관습을 따르는 많은 다른 부족들이 있다. 언어와 마찬가지로 춤, 음악, 복장이 서로 다르다. 예를 들어, Gilaki 댄스라고 하는 Gilan 지방의 카스피해 바로 아래 북부 지역의 민속 무용 공연자들은, 바닥에 여러 줄무늬가 있는 긴 치마를 입고 머리에 드리워진 스카프를 착용한다. 그 동작은 양손을 사용하는 Persian snap(페르시아 스냅)인 엉덩이와 베쉬칸의 날카로운 고립을 포함한다.

또 다른 인기 있는 민속춤은 페르시아만의 반다리(Bandari)라고 불리는 남부 지역에서 온 것으로, 여러 중동 국가에서 인기 있는 춤인 칼리즈(khali)와 매우 유사하다. 칼리즈라는 단어는 걸프 지역에서 유래한 춤이라는 뜻으로, 하나는 이란 국경 내에 있고 다른 하나는 페르시아만을 둘러싼 여러 다른 나라들에서 유래한 춤이다. 항구를 의미하는 반다르라는 단어는 페르시아만의 이란 남부에 위치한 유명한 반다르 압바스를 암시한다. 이 춤 스타일은 길라키와 너무 달라서 두 춤이 같은 나라에 존재하는 것을 상상하기 힘들다. 반다리 춤 동작은 아프리카 춤과 마찬가지로 기초가 두 손을 크게 벌리고 흔드는 경우가 많다. 어깨와 엉덩이 시모니는 이 춤 스타일의 특징적인 움직임이다. 율동적인 구조와 사용되는 악기는 지역에 따라 다르며, 복장은 긴 튜닉으로 밑바닥에 구슬과 시뉴, 금실 또는 은실로 장식되어 있다.

튀르키예어 사용자가 거주하는 이란 북서부의 민속 무용은 아제르바이잔, 아르메니아, 튀르키예와 같은 이웃 국가의 민속 무용과 거의 동일하다. 이 춤은 직립 상체와 우아하게 쓸어 넘기는 팔 동작과 함께 빠르고 리드미컬한 발 패턴으로 구성된다. 운동하는 남자 댄스에는 빠른 쪼그리고 앉기, 음악의 빠른 비트에 맞춰 서서 뛰기, 무릎 돌리기 등이 있다.

이것들은 오늘날 이란에 존재하는 많은 민속 무용 스타일 중 몇 가지 예일 뿐이다.

사교댄스

시골의 춤과 대비되는 도시의 춤이라는 으미에서 흔히 테헤란 춤(raqs-e Tehranī)이라고도 부르는 사교댄스 또는 파티 댄스(raqs-e mehmouni)는 주로 이란의 도시 지역 및 사교 행사 또는 축하 행사에서 행해진다. 오늘날 공공 장소에서 춤을 추는 것이 허용되는 이란인 디아스포라 공동체의 댄스 파티 및 댄스 클럽에서 볼 수 있지만, 이란에서는 1979년 이란 이슬람 혁명 이후 금지되었다. 이러한 춤 스타일은 격식을 차리지 않아 형식적인 훈련이 필요하지는 않지만, 페르시아 문화의 미학을 세밀하고 세련된 방식으로 구현하고 있다. 서양의 훈련된 발레 무용수는 안무된 동작을 완벽하게 실행하기 위해 특정한 도전적인 동작의 절제된 반복을 통해 몸을 숙달하는 데 수년을 소비한다. 훈련된 댄서는 또한 의식적으로 그녀가 연기하고 있는 정확한 동작 패턴에 대한 설명을 구두로 분명하게 말할 수 있다. 훈련되지 않았거나 직관적인 댄서는 동작 패턴에 많은 관심을 기울이지 않고 단순히 자신을 표현하기 위해 춤을 출 수 있다. 사교댄스의 맥락에서, 종종 그들의 움직임 패턴에 대한 인식이 거의 없고 의도적인 신체 통달도 없는, 공식적으로 춤 훈련을 받지 않은 페르시아인들은 직관적으로 그리고 종종 꽤 능숙하게 페르시아 음악에 맞춰 진정한 페르시아 동작을 수행할 수 있다. 무용수의 능력에 따라 동작은 평범할 수 있고, 반복적일 수도 있고, 혁신적일 수도 있고, 역동적이고, 재미있을 수도 있다.

비페르시아인을 가르친 경험은 비페르시아인 무용수가 이런 사교댄스 스타일로 정식으로 훈련하는 것이 가장 도움이 된다는 결론을 내리게 했다. 이 기법에는 매우 미세하고 복잡한 문화적 뉘앙스가 포함되어 있으며 스타일의 많은 부분이 음악에 대한 댄서의 반응과 해석에 달려 있기 때문에 댄서가 어린 나이에 페르시아 문화에 휩싸이고 둘러싸여 있지 않는 한 이 동작 스타일과 음악에 대한 직관적인 이해는 댄서가 능숙히 알기에 충분하지 않을 것이다.

고전 페르시아 무용

고전이라는 단어는 균형, 비율 및 통제된 감정에 대한 관심을 특징으로 하는 모델로 확립되고 수용되는 구조화된 형태를 의미한다. 대부분의 정의는 구조, 질서, 구속과 같은 단어들을 사용하며, 적어도 하나는 그 단어를 현존하는 미학에 기초한 형태와 구조로 묘사한다. 따라서 우리는 춤의 맥락에서 고전이라는 용어가 형식과 구조에 기반을 두고 성문화된 방법을 가지고 있으며, 관대한 감정 표현을 억제하는 동작 스타일을 내포하고 있다고 결론을 내릴 수 있다. 그러나 나는 모든 무용수들이 감정의 요소가 춤에서 필수적인 요소이며, 예술적인 형태로 감정 표현을 억제하는 것은 그 아름다움을 떨어뜨리고 예술적인 무결성을 저해할 것이라고 생각한다. 그리고 시와 미니어처 페인팅과 같은 페르시아 예술은 대부분 사랑과 그리움의 열정적인 정서에 기반을 두고 있기 때문에, 감정 표현에 대한 구속은 그리 '페르시아식'이 아니라고 할 수 있다.

많은 문화권에서는 형식적이고 성문화된 춤 구조를 가지고 있는데, 이것은 그 나라의 고전 무용이라고 할 수 있다. 예를 들어, 인도는 수천 년 전으로 거슬러 올라가는 고전적인 춤을 가지고 있다. 이 춤들은 종교적 철학과 의식에 깊이 박혀 있으며 인도의 무용 학자들과 교육자들이 엄격하게 따르는 원고들로 작성되었다. 서양에서, 고전 발레는 15세기에 유럽에서 개발되었는데, 이탈리아에서 시작되어 나중에 프랑스, 러시아, 그리고 결국 미국에서 인기를 얻었으며, 이제 전 세계적으로 잘 알려지고 시행되고 있다. 인도의 고전 무용과 유럽의 고전 발레 모두 확립된 기술, 동작을 실행하는 옳고 그른 방법, 특정한 동적 특성이 있다. 따라서 원래 설정된 형식에서 벗어나는 것을 쉽게 감지할 수 있다.

페르시아 춤의 경우, 이란 내외에서 성문화된 움직임의 증거가 없으며, 교육과 공연을 위한 확립되고 공식적인 방법으로 취급되는 고대의 안무와 교육학에 대한 접근 가능한 기록도 없다. 정통 페르시아 춤으로 알려진 것은 민속춤 또는 부족 춤으로, 그들 중 많은 수가 그들만의 명명법과 확립된 운동 패턴을 가지고 있을 수 있으며, 원주민에 의해 도시 지역에서 행해지는 사회적 춤이 있다. 이러한 댄스 장르는 본질적으로 직관적이고 감정적으로 표현되며, 비록 역사적으로 정해진 미적 매개 변수 안에서 공연되지만, 사전에 정의된 고전 무용과는 크게 다른 하나의 성문화된 형식을 공유하지는 않는다. 그러나 페르시아 춤은 직관적으로 기반할 수 있지만, 비공식적인 움직임 어휘로 구성되어 있고 성문화에 대한 가능성을 가지고 있다. 무용사학자 앤서니 셰이(Anthony Shay)는 "이 춤 전통은 형태가 없고 무의미한 움직임의 집합에서 비롯된 것이 아니라, 오히려 일관된 동작 시스템을 형성하고 페르시아 고전 음악과 같이 춤은 체계화될 수 있으며 미학 창조의 전제 조건이다."(Shay, Choreophobia, 1999, 177)라고 말하였다.

2. 페르시아 민속춤의 정의

민속춤과 음악은 한 나라의 역사, 문화, 문학을 대표한다. 소박함, 겸손함, 민족적, 집단적 정신이 지역춤과 음악의 주요 특징이다. 민속춤과 음악은 점차 변화하여 다양한 형태를 취했다. 민속춤은 단순한 동작이 아니라서 각각의 동작에는 특별한 의미와 상징이 있다. 개인, 단일 사상의 기반이 아닌 집단 정신에서 비롯된다.

춤은 오랜 시간 동안 페르시아 문화, 정체성에 큰 부분을 차지해 왔는데, 특히나 조로아스터교의 종교 의식에서 중요한 역할을 했다. 이후에도 페르시아제국, 아케메네스, 파르티아, 사산제국 시대에 춤은 잘 발달되고 존경받는 예술의 형태였다. 현대에 이르러서 이란 국립 발레단은 중동의 발레단 중 가장 훌륭하고 존경받는 발레단이기도 하다.

이란에서 춤은 문화, 지역에 따라 큰 차이를 보이고 있고, 다민족 국가인만큼 다양한 종류의 춤이 선보인다. 전통적인 페르시아 춤은 역사적 주제와 함께 페르시아 신화, 문화, 시를 함께 활용한다는 특징이 있다.

3. 페르시아 민속춤의 역사적 배경

인간의 역사만큼 민속춤의 역사도 오래 되었다. 초기 인간들은 몸의 움직임을 통해 그들의 감정을 표현했다. 춤의 소멸은 인간감정의 소멸과 같다. 이란에서는 민속춤과 음악이 오랜 역사를 가지고 있다. 바위, 동굴, 언덕, 토기의 중심부에서 발견된 공예품들이 이를 보여 준다. 예를 들어, 고대 이란에서 가장 오래된 의식 중 하나인 미트라교의 의식도 춤과 관련이 있었다.

가장 오래된 페르시아 춤은 미트라 숭배를 묘사하는 춤이며, Mithrakan, Mehrgan 의식과 관련이 있다. 페르시아 황제들도 음악에 맞추어 미트라를 추었다고 알려진다. 이 춤의 목적은 삶의 활력과 기력을 회복하는 것이고, 춤에는 희생에서 황소를 잡는 의식이 포함되어 있기도 하다. 이란이 아랍 등 다른 열강에 지배되고 나서 정치적 불안정으로 인해 춤의 지속성이 약화되기도 했으나, 페르시아 제국이 무너졌을 때가 페르시아 춤의 가장 큰 변곡점이라고 볼 수 있다.

당시 페르시아 여성들은 이란을 통치한 새로운 압제자들 때문에 강제로 성착취를 당해 왔고, 성적인 춤을 추도록 강요받았다. 이러한 행태는 이란에 이슬람이 전면적으로 확산되고 춤이 금지되기 전까지 계속되었다. 당시만 해도 춤을 금지하는 것은 엄격한 사안이 아니었으므로 여전히 페르시아 문화에 남아 있었으나, 1979년 이슬람 혁명과 함께 춤이 완전히 금지되었다.

문화혁명 이후 춤은 죄이자 영혼의 타락으로 간주되어 금지되었고, 이로 인해 이란 국립 발레단이 해체되었다. 한편 이란 국립발 레단은 아제르바이잔, 타지키스탄, 튀르키예, 이집트 및 기타 중동/중앙 아시아 발레단에서 가장 손꼽히는 발레단이었다.

4. 페르시아 민속춤의 중요성

춤은 배우기 매우 즐거운 기술 중 하나이다. 신체 부위와 신경 사이의 균형, 품위를 보여 주며 자연의 정수이다. 지구는 태양 주위를 돌고, 달은 별 주위를 도는 것처럼 전 우주가 규칙적인 움직임을 보인다. 인간 역시 자연에 맞춰 춤을 춘다. 유네스코는 세계 춤의 날을 기념하여 고대 페르시아 문헌에서의 춤을 반복적으로 언급한다.

이란 지역 춤의 이름은 그 춤이 형성된 지역에서 유래되었다. 기후 역시 이란 민속 무용의 다양성에 큰 역할을 해 왔다. 북쪽에서는 벼농사가 가장 흔했는데, 북쪽의 민속춤은 이를 반영하고 있고, 아제르바이잔 춤은 양치기를 상징한다. 추운 지역 춤은 움직임이 빠르고 강하며 힘이 세다. 반대로 열대지방에서는 느리고 부드러운 움직임을 보인다. 고산지대에서는 단독 춤의 경향이 크고, 평지에서는 좌우로 움직이는 동작을 갖는다는 특징이 있다.

과거에 사람들은 농사, 낚시, 목축 등을 하면서 노래를 부르곤 했으며, 이 노래들은 특별한 악기가 필요하지 않았다. 현지 음악이 이란 국경 밖 이웃 나라들로 퍼져 나가기도 했다. 향토 가요와 시는 향토 음악과 인연이 깊다. 단순함은 지역 노래와 음악의 특징이었다. 민속 음악은 다양한 민족 집단의 예술, 감정, 신념, 삶의 방식을 반영하며, 자연도 음악 형성의 한 축을 담당한다. 대부분의 민속 무용에는 이와 같은 민속 음악이 곁들여진다.

5. 지역별 춤의 내용

쿠르드 춤

쿠르드족은 세 번째로 큰 민족이므로, 그들만의 고유한 춤이 있다. 쿠르드 춤은 이란에서 가장 독창적이고 유명한 지역 춤 중 하나이다. 참가자들이 줄을 서서 새끼손가락을 잡고, 무용수 중 한 명이 손수건을 흔들며 리듬을 맞추면, 다른 무용수들은 작은 보폭으로 그를 따라간다. 이 춤의 각 부분은 특별한 의미를 가지고 있다. 첫 번째와 마지막 손수건이 있는 것은 구성원들의 평등을 나타내고, 남자와 여자가 함께 있는 것은 형제들의 화합, 서로의 손을 잡는 것은 구성원들의 화합, 발을 때리는 것은 침략자와 공격자를 위협하는 집단적인 목소리를 나타낸다. Dozal, Tombak, Sorna, Daf 등이 악기로 사용된다.

로레스탄 춤

다양한 유형의 춤이 있으며, 그중 Douga(دوگا), Se Pa(سه پا), Sunni Sama(سنی سما) 및 Oshari(اوشاری)를 언급할 수 있다.

부셰르 춤

이 남부 지방에서는 다양한 춤이 흔하며, Chahar dastmaliI(چهار دستمالی), chubi (چوبی)와 같은 춤이 대표적이다. 이 춤들에는 어깨의 웨이브 동작, 떠는 동작들이 공통적으로 있다. 이러한 움직임에는 종종 Ney－anbān(نی‌انبان)의 음악 종류가 함께한다.

아제르바이잔 춤

아제르바이잔에서도 다양한 춤이 있는데, 그중 가장 일반적인 것은 '얄리(یالی)'이다. 이 춤은 아제르바이잔의 오래된 전통과 의식에서 유래되었다. 느린 걸음으로 시작해서 빠른 걸음과 달리기로 바뀌는 형태이다.

호라산 춤

이 지역에서 가장 유명한 춤은 Bakhrezi(باخرزی)이다. 춤의 막대기는 전쟁과 전투의 상징이다. 전쟁 중 쉬는 동안 이러한 움직임이 검을 사용하여 수행되었다. 나중에 이러한 움직임은 지역 춤의 형태를 취했으며 나무가 칼을 대체했다.

6. 페르시아 춤의 종류

전투 춤(War or Combat dances)

전투를 모방하거나 전사를 훈련시키는 데 도움이 된다. 힘에 의존하여 빛을 발하는 춤이다. '힘의 집'이라 불리는 주르카네(페르시아식 전통체육관) 출신 남성들과 그들의 의식화된 레슬링 훈련 동작은 'Raghs-e-Pa'라는 춤의 한 종류로 알려져 있지만 무술로도 볼 수 있다고 주장할 수 있다.

의식/영혼 춤(Ritual or spiritual dances)

의식 춤은 수피족의 사마(sama)로 알려져 있으며 지크르(종교 성가)의 일종으로 치유 관행을 위해 수행된다. "듣다"를 의미하는 아랍어 어근에서 유래한 사마(sama)라는 단어는 음악을 듣고 신과 하나가 되는 영적 수행을 의미하며 튀르키예어로는 sema로 표기하기도 한다. 음악적 엑소시즘을 드러낸다. 춤을 추는 신비주의자(특정 종교적 정체성에 관계없이)는 Dervish라고 불린다. 결혼식 및 노루즈 축하연과 같은 축제 행사에서 공연되는 현대 사교댄스와 어반 댄스는 공동 라인이나 서클 댄스보다는 솔로 즉흥 연주 형식에 더 중점을 두며, 각 댄서는 때때로 특정 범위의 댄스 어휘 내에서 자신의 특별한 방식으로 음악을 해석한다.

선무(線舞 Chain or Line dances)

그들이 연관된 지역이나 민족 집단의 이름을 따서 명명되곤 한다.

칼춤(劍舞 Raghs-e shamshiri)

칼춤은 이미 3,000년 전 고대 페르시아에서 시작되었다. 발루치스탄, 시스턴 지방의 전통 오락이었으며, 검과 방패를 든 두 남자로 구성되어 있다. 북의 리듬에 따라 전투 동작을 보여 주고, 전쟁터에서 공격하고 방어하는 움직임을 행한다. 음악이 진행될수록 움직임은 빨라지고 격렬해지는 경향이 있다.

독무(獨舞 Solo dance)

독무는 보통 사파비 왕조, 카자르 왕조의 춤을 리메이크한 것이다. 대부분은 즉흥적인 춤이고 손목 원과 같은 손과 팔의 섬세하고 우아한 움직임을 이용한다.

막대기 춤(Raghs e chubi or Raghs e chupi)

공격적이고 활동적인 스포츠 댄스로, 남자들만 참가하는데, 두 명 이상의 무용수들이 나무 막대기를 두드려 리듬을 표시하는 춤이다. 이란 외에도 루마니아에서도 이러한 춤을 찾아볼 수 있다. 막대기를 든 두 남자의 일종의 결투이며, 춤을 추는 동안 댄서 중 한 명이 공격하고 다른 한 명이 방어한다. 공격자는 춤을 추는 동안 상대방 주위를 맴돌다가 기습적으로 때리며, 상대는 막대기로 반격해야 한다.

7. 유명한 페르시아 댄서

Farzaeh Kaboli

이란 민속, 국가 무용계(Iranian Folkloric and National Dance Art)의 수장으로 영화 및 연극 배우이기도 하며, 무대 안무의 대가이기도 하다. 혁명 이전에 그녀는 Warren 무용단 독무가 중 한 명이었고, 이란 국내 및 국제적으로 유명하고 권위 있는 장소에서 국립 무용단과 함께 공연했다. Kaboli는 "이란 국립 민속 무용 아카데미"에서 3년 동안 공부했다. 1979년 이슬람 혁명에도 불구하고 여성 관객을 위한 콘서트를 개최할 수 있었다.

Robert de Warren

20세기 영국의 발레 무용수이자 감독이며, 1960년대에 문화부의 초청을 받아 페르시아 무용수들을 발레로 훈련시키고 외국 발레 무용수들이 발레 작품에서 공연하도록 초청했다. 원주민들의 춤에 흥미를 느낀 그는 결국 페르시아 춤을 해석하여 안무를 만들었다. 다양한 지역의 민속춤을 기록했지만, 이 기록물들은 1978년 정치 혁명 동안 파괴되었고, 이것은 그의 이란에서의 체류를 끝냈다.

Anthony Shay

페르시아 문화와 춤의 전문가로서, 이란에서 여러 해 동안 살았고 많은 국제 무용을 공부했다. 그는 수년 동안 로스앤젤레스의 AVAZ 국제 댄스 극장을 감독했고, 현재는 Pomona College에서 교수로 재직하고 있다.

Mohammad Khordadian

이란 무용수, 안무가, 엔터테이너이며, 이란에서 가장 유명한 남성 댄서 중 한 명이다. 이슬람 혁명 이후 이란을 떠나 운동 및 댄스 교육 비디오를 만든 인물이다.

제3부

전통유희

이슬람 이전 페르시아 놀이문화의 개요

1. 이슬람 이전의 놀이문화

놀이 혹은 게임이라는 의미의 페르시아어 bāzī(بازی)는 중세 페르시아어로는 wāzīg였으며 "움직이다, 날다"를 의미하는 동사 wāzīdan의 파생어였다. 현대 페르시아어에서 동사 bāzīdan은 "놀다, 즐기다"를 의미한다. bāzī는 다른 용어 뒤에 붙어 접미사로도 사용되는데, 예를 들어 shamshīr－bāzī(펜싱), chougān－bāzī(폴로)처럼 다양한 스포츠 및 게임을 의미하는 여러 단어와 결합될 수 있다.

이란의 놀이 문화에 대한 가장 오래된 언급은 9세기경 중세 페르시아어(Pahlavi)로 기록된『호스로우와 시동(侍童)(Xusraw Kawādān ud rēdag)』에서 발견된다. 사산 페르시아 제국의 황제 호스로우 1세(Khosrou I, 531~579 재위)가 가장 재미있는 놀이가 무엇이냐고 묻자 시동은 다음과 같은 수많은 놀이들을 열거했다: rasan-－wāzīg(줄넘기), zanjīr－wāzīg(사슬 놀이), dār-－wāzīg(봉타기), mār－wāzīg(뱀 놀이), chambar－wāzīg(고리 뛰어넘기), tīr－wāzīg(화살 던져 꽂아 넣기), tās－wāzīg(주사위 놀이), wandag－wāzīg(줄타기), andarwāy－wāzīg(공중제비돌기), mēxudspar－wāzīg(공 던지기), sel－wāzīg(창 던지기), shamšēr－wāzīg(칼싸움), dashnag－wāzīg(단도 던지기), warz－wāzīg(곤봉 체조), shīshag－wāzīg(병 돌리기), kabīg－wāzīg(원숭이 놀이). 이 작품의 또 다른 부분에서 시동은 세 가지 놀이를 다음과 같이 언급하고 있다: "나는 chatrang(체스)과 nēw－ardaxšēr(주사위 놀이)와 hasht－pāy(여덟 개의 발) 놀이에서 내 맞수들보다 우월하다." 이 세 가지 놀이 중 체스(chess)와 주사위 놀이(backgammon)는 오늘날에도 중동과 유럽 전역에서 유행하는 놀이이지만 연체 동물을 연상시키는 "여덟 개의 발"은 어떤 놀이인지 알 길이 없다. 다만 주사위 놀이 및 체스와 함께 언급된 것으로 보아 두 사람이 겨루는 두뇌 게임이었을 것으로 추측된다.

중세 페르시아어로 남겨진 또 다른 작품 『아르다시르의 업적(Kār－nāmag－ī Ardaxšēr－ī Pābagān)』에서도 chatrang(chess), chōugān(polo), nēw－ardaxshēr(backgammon)와 같은 페르시아 전통놀이에 대해 언급하고 있다. 이 작품에서 그러한 게임에 숙달하는 것은 왕자 교육의 일환이라고 설명하고 있다. 비교적 짧은 중세 페르시아어 작품인 『체스의 해설과 주사위 놀이의 발명(Wizārishn－ī chatrang ud nihishn－ī nēw－ardashīr)』은 이 두 가지 인기 있는 놀이에 대해 설명하고 있다.

2. 이슬람의 놀이문화

조로아스터교는 놀이 활동에 대해 관대했던 것으로 보인다. 조로아스터교 경전 어디에도 오락에 대해 부정적인 태도를 보이지 않기 때문이다. 반면에 이슬람은 모든 종류의 놀이를 허용하지 않았다. 종교 용어에서 laʿb(لعب 놀이)라는 단어는 일반적으로 lahw(لهو 즐거움, 쾌락)와 짝을 이루며, 독실한 무슬림들은 놀이가 "개인을 산만하게 하는 일종의 정서적 흥분(ṭarab طرب)"을 유발하는 것으로 간주한다. 현세에서의 삶이 무의미하고 불안정하다는 내용이 코란의 여러 구절에서 "놀이와 오락"의 은유적 표현으로 언급되고 있다(6:32, 29:64, 47:36, 57:20). 또 다른 구절에서는 lahw와 laʿb은 경박하고 신중하지 않은 행동으로 묘사되고 있다(7:98, 9:65, 21:2, 44:9). 이러한 코란 구절을 근거로 이슬람 신학자들은 신자들에게 게임에 몰두하지 말라고 훈계했다. 수니파 이슬람의 4대 법학파 중의 하나인 샤피이(Shāfiʿī) 법학파의 창시자 무함마드 샤피이(Abū ʿAbdullāh Muḥammad Shāfiʿī, 767~802)는 "놀이(laʿb)는 무슬림이 하는 일이 아니며 진정한 남자다움과 어울리지 않는다"고 했다. 11세기 이슬람 최고 신학자 가잘리(Abū Ḥāmid Muḥammad al－Ğazālī, 1058~1111)는 비둘기 경주(al－laʿb bi al－ṭuyūr), 체스(shatranj), 주사위 놀이(nard)와 같은 오락에 빠지는 것을 경고했다. 한 사람이 그러한 놀이에 익숙해지면 그것을 멈추거나 그 파멸적 결과를 피하기 어렵기 때문이라고 했다. 또 다른 저서에서 가잘리는 이란 민족의 신년 축제(nourūz نوروز)를 비난하면서 나무로 만든 장난감 칼과 방패를 파는 것은 이슬람 법에 위배된다고 했다. 17세기의 유명한 시아파 신학자인 마즐레시(Moḥammad－Bāqer Majlesī, 1628~1689)는 예언자 무함마드의 언행록인 하디스(Hadīs) 구절을 인용해 "무슬림이 화살을 쏘고, 말을 훈련시키고, 자신의 여자와 섹스를 하는 것 이외에 자신을 가치 없는 경박함으로 즐기는 모든 것"을 저주한다고 말했다.

그는 또한 "사탄이 당신과 함께하고 천사들이 당신을 미워하기 때문에 폴로 경기를 하지 말라"고 경고했으며 예언자가 금지한 모든 것을 나열하면서 "주사위 놀이와 체스 그리고 그러한 게임의 도구를 판매하는 것"도 금지라고 언급했다. 이러한 이슬람의 부정적 태도에도 불구하고, 이슬람 이전 수세기 전에 이란에서 행해진 게임은 이슬람 시대에 살아 남았으며 오늘날에도 이란인들의 문화 생활에서 중요한 부분을 차지하고 있다.

3. 이슬람 놀이문화의 연구 현황

페르시아의 전통놀이 문화에 대한 연구는 이란 학자들에 의해 일찍부터 활발하게 진행되어 왔으며, 수많은 저서들이 각 지방의 다양한 놀이 문화를 소개하고 있다. 이슬람 이후 초기부터 다양한 놀이가 어휘집과 그 밖의 자료에 언급되었다. 『의학도를 위한 안내서(Hedāyat al－mota'allemīn fi al－ṭebb)』에서 라비 아하베이니 보하리(Rabī' Aḥmad Akhaveynī Bokhārī, 10세기 후반)는 다양한 스포츠와 놀이의 장점에 대해 논하고 그중 몇 가지를 소개하고 있다. 메이더니(Abu' al－Fatḥ Meydānī)의 『이름 속의 고귀함(Sāmī fi al－asāmī)』을 비롯해 『확실한 증거(Borhān－e qāṭe')』 및 『어난드 러즈 사전(Farhang－e Ānand Rāj)』 등과 같은 사전에는 모두 당대에 유행한 놀이들에 대해 설명하고 있다. 파르빈 고너버디(Parvīn Gonābādī)는 자신의 저서 『지방의 놀이들(Bāzīhā－ye maḥallī)』에서 슈슈타르(Shūshtar) 방언으로 된 작자 미상의 미출판 1804년 필사본을 인용해 해당 지역의 많은 놀이들을 설명하고 있다.

팔레비 왕정 시대 이후 최근 수십 년 동안 이란 민속에 대한 관심이 높아지면서 이란의 여러 분야에서 진행된 많은 놀이에 대한 저서들이 출판되었으며, 종종 방언 용어집에서도 놀이 문화에 대한 자료들을 찾을 수 있다. 그럼에도 불구하고 각 지역의 놀이와 그 변형을 체계적으로 분류하고 학문적으로 분석한 포괄적 연구에는 미흡한 것이 사실이다. 배구, 축구 등 현대 스포츠의 인기와 텔레비전의 보급으로 이란 어린이와 청소년들 사이에서 전통놀이에 대한 관심이 줄어들었기 때문에 오늘날 이란에서 전통놀이 문화에 대한 연구는 더욱 위축된 상황이다.

4. 놀이의 분류와 종류

『민속－신화－전설 사전(Dictionary of Folklore, Mythology and Legend)』의 "게임"에 대한 항목에서 제롬 프리드(Jerome Fried)는 게임을 계절 및 장소, 참가자의 수, 참가자의 성별 및 나이 등에 따라 분류하고 있다. 한편 브라이언 서튼－스미스(Brian Sutton－Smith)는 자신의 저서 『뉴질랜드의 어린이 게임(Games of New Zealand Children)』에서 게임의 구조적 특성 및 발달적 특성을 고려해 노래 게임, 비격식 게임, 리더 게임, 추격 게임, 리듬 게임, 찬스 게임, 놀리기 게임, 실내 게임, 재주 부리기 게임 등으로 분류하고 있다. 그 밖에 심리적 특성, 역사적 특성, 교육적 특성, 구조적 특성 등에 따라 분류하기도 한다.

여기에서는 게임을 다음의 항목으로 분류하겠다: 1) 어린이 게임; 2) 청소년 및 성인 게임; 3) 의식 및 계절맞이 게임; 4) 연극 게임; 5) 두뇌 게임. 이러한 분류에서 일부 게임은 중복될 수 있으며 각 부류는 더 세분화될 수도 있다.

차허르샨베 수리

1. 기본 의식

차허르샨베 수리는 오늘날에도 이란에서 사용되는 전통적인 페르시아 태양력의 마지막 수요일 밤에 치러지는 독특한 관습 및 의식이다. 연말에 치러지는 설날(nourūz) 전야제의 성격을 갖는데, 특히 모닥불을 피워 놓고 그 위를 뛰어넘는 의식이 가장 중요한 행사이다. 이 의식은 지역마다 다양한 이름을 가지고 있다. 예를 들면 이란 북서부 지역의 아르다빌(Ardabīl)에서는 굴 차허르샨베(Gūl Chahārshanbeh), 카스피해 연안의 길런(Gīlān) 지역에서는 굴레 굴레 차허르샨베(Gūle－gūle Chahārshanbeh), 이란 서부 지역의 쿠르드족은 콜라 초와르샨베(Kola Chowārshanbeh), 이란 중부의 에스파한(Esfahān)에서는 차허르샨베 소르히(Chahārshanbeh sorkhī) 등으로 불린다.

차허르샨베(Chahārshanbeh)는 '수요일'을 의미하는데 그 전날인 화요일 밤에 의식이 시작된다. 전통적으로 페르시아 달력은 일몰 직후에 날짜가 바뀌기 때문에 전날 밤이 아니라 실질적으로는 수요일에 해당된다. 수리(sūrī)의 의미에 대해서는 학자들마다 주장이 갈린다. 일부 학자는 '잔치'라는 의미의 수르(sūr)와 연관시켜 차허르샨베 수리를 "수요일(밤) 축제"로 해석한다. 또 일부 학자들은 '붉은 장미'를 의미하는 골레 수리(gol－e sūrī)와 연계해 차허르샨베 수리를 "붉은 수요일"이라고 해석하며 모닥불의 붉은 빛에서 유래되었다고 주장한다. 바로 앞에서 언급한 에스파한에서 부르는 용어 차허르샨베 소르히(Chahārshanbeh－sorkhī)가 "붉은 수요일"을 의미한다.

연말이 다가오면 사람들은 야외로 나가 마른 나뭇가지, 가시 덤불, 대추야자 잎 등을, 논이 많은 카스피해 연안 지역의 경우 볏짚 등을 모아 준비해 놓는다. 도시에서는 나뭇단을 돈을 주고 구매한다. 일년의 마지막 화요일 오후에 넓은 마당을 가진 사람들은 자신의 집 마당에, 그렇지 않으면 마을 광장에 모닥불이 잘 타오를 수 있도록 준비해 놓은 나뭇단을 쌓는다. 이 의식에 참여하는 인원이 적을 때는 모닥불을 하나만 피우지만 마을 사람들이 많이 참여하는 경우 일정한 간격을 두고 여러 개의 모닥불을 피우는데, 이때 모닥불은 3, 5, 7, … 등 홀수로 피운다. 이것은 홀수를 길한 숫자로 믿는 이란 민족의 관습에서 비롯된 것이다. 일몰 후 전통적 달력에 따라 수요일이 되면 나뭇단에 불을 붙인다. 어둠 속에서 불꽃이 일기 시작하면 남녀노소를 가리지 않고 모인 사람들 모두가 모닥불을 반복해서 뛰어넘는다. 모닥불을 뛰어 넘는 사람들은 다음과 같은 일종의 주문을 외친다:

> "sorkhī－ye to az man, zardī－ye man az to"
> (너의 붉은 색은 나의 것이고, 나의 노란 색은 네 것이다)

이 주문은 지역에 따라 약간 차이를 보이지만 대체로 내용은 동일하다. 즉, 일년 내내 쌓인 자신의 병약하고 불행한 노란 기운을 모닥불이 가져가고, 대신에 모닥불의 건강하고 행복한 붉은 기운을 자신에게 달라는 기원의 의미가 담겨 있다. 나인(Nā'īn), 아너라크(Anārak), 후르(Khūr), 오르미예(Ormiyeh)와 같은 일부 지역에서는 옥상 위에 모닥불을 피우고, 불 위에 주전자로 물을 뿌린 후 불 붙은 나뭇가지를 거리에 던진다. 또 일부 지역에서는 언덕 꼭대기에서 의식이 치러진다.

의식이 끝난 후 불을 입으로 불어 꺼서는 안 된다. 이것은 이슬람 이전의 이란 전통 종교였던 조로아스터교(zoroastrianism)에서 비롯된 것인데, 신성한 요소로 간주되는 불에 불결한 인간의 숨결이 닿으면 안 되었다. 모닥불이 스스로 꺼지기를 기다리거나 물을 뿌려 끈다. 의식이 집 마당에서 거행된 경우 가족 구성원 중 한 명, 보통은 아직 사춘기에 이르지 않은(생리기에 도달하지 않은) 소녀가 재를 처리하는데, 재를 쓰레받기 등에 담아 집 밖에 버리고 돌아와 문을 두드리며 가족들과 다음과 같은 대화를 주고 받는다:

- (똑똑)
- "누구세요?"
- "저예요."
- "어디에서 오는 길인가요?"
- "결혼식에서 오는 길입니다."
- "무엇을 가져왔나요?"
- "건강을 가져왔습니다."

이란의 아르메니아 인들은 2월 14일에 거행되는 데렌데즈(Derendez) 축제에서 모닥불 뛰어넘기와 비슷한 의식을 치른다. 이러한 의식은 이란 전역에서뿐만 아니라 이란 문화의 영향을 받은 오늘날의 튀르키예, 이라크, 아제르바이잔 및 중앙아시아에서도 널리 유행하고 있다. 대부분의 마을에서는 그 지역 전통 음악가들의 반주를 곁들여 의식이 진행된다. 17세기 작가 어거 자멀 헌서리(Āqā Jamāl Khᵛānsārī, 1709 사망)는 이 날에 불운을 쫓기 위해 악기를 연주한다고 설명했다. 무기 소지가 금지된 1920년대 이전에 남자들은 나뭇단에 불이 붙었다는 신호로 공중에 총을 쏘기도 했다. 오늘날에는 총소리 대신 폭죽이 사용된다.

2. 기원과 흐름

차하르샨베 수리 의식은 이란의 전통 종교 조로아스터교의 하마스파트마에다야(Hamaspāthmaēdaya) 축제에서 비롯되었으며, 사산 페르시아 제국의 창건자 아르다시르 1세(Ardashīr I, 224–240 재위)의 역법 개혁 이후 설날(nourūz) 6일 전에 개최되었다. 그러나 수요일을 선택하고 불을 뛰어넘는 의식은 이슬람 정복 이후에 시작된 것으로 보인다. 조로아스터교는 물, 불, 흙, 바람의 4가지를 신성한 요소로 간주하기 때문에 신성한 불 위를 뛰어넘는 일은 상상조차 할 수 없었다. 또한 한 해의 마지막 수요일을 선택한 것은 수요일을 불길하다고 믿었던 아랍의 습속에서 비롯되었을 가능성이 높으며 이러한 아랍의 습속은 이슬람 정복 초기 2세기 동안 이란에 널리 전파되었다.

이란에서 축제나 종교 의식에서 불을 사용하는 것은 오랜 역사를 가지고 있다. 11세기의 유명한 페르시아 학자 비루니(Abū Rayhān Bīrūnī, 1050 사망)는 자신의 저서 『남겨진 유산((Āthār al-bāqīah)』에서 사산 페르시아 황제 호르모즈 1세(Hormoz I, 270~271 재위)가 설날에 건강에 해로운 공기를 정화할 목적으로 높은 언덕에 불을 피우도록 명령했다고 전하고 있다. 10세기 중앙아시아 출신의 역사가 나르샤히(Narshakhī, 959 사망)는 자신의 저서 『부하라 史(Tārīkh-e Bokhārā)』에서 사만 왕조(Samanid Dynasty, 819~999) 시대에 한 해가 끝나기 전 어느 날 밤에 큰 불을 피우는 오래된 관습에 대해 설명하고 있는데, 그는 이 날 밤의 행사를 "붉은 밤" 혹은 "축제의 밤"이라는 의미의 샤베 수리(shab-e sūrī)라고 부르고 있지만 수요일을 의미하는 차허르샨베에 대해서는 전혀 언급하지 않고 있다. 이란 서부의 호라산(Khorāsān) 지역에서는 차허르샨베 수리의 밤에 불을 피우는 의식의 기원이 시아파 반란을 주도한 모흐터르 사가피(Mokhtār Thaqafī, 687 사망)에 있다고 믿고 있다. 그는 685년의 마지막 수요일 밤에 이라크의 쿠파(Kūfā)에서 봉기를 시작하며 추종자들에게 옥상에 불을 피우라고 명령했으며, 이 불은 680년 소위 "카르발라(Karbala)의 비극"에서 피살된 시아파 3대 이맘 후세인(Husayn b. ʿAlī)을 추모하는 복수의 불을 상징했다고 전해지는데, 호라산 사람들은 이것이 차허르샨베 수리의 기원이라고 믿는 것이다. 실제로 그는 685년 10월 20일(이슬람력 66년 Rabīʿ al-Awwal 달 14일) 수요일 밤에 반란을 시작했지만 그 해의 마지막 수요일도 아니고 역사적 증거도 희박해, 그것이 차허르샨베 수리의 기원이라는 주장은 의심스럽다. 750년 호라산에서 봉기해 시리아 다마스쿠스의 우마이야 제국을 전복시킨 "호라산의 영웅" 아부 모슬렘(Abū Moslem Khorāsānī, 755 사망)에게도 이와 유사한 이야기가 전해진다.

이처럼 차허르샨베 수리의 기원에 대한 다양한 이야기가 전해지지만, 10세기 역사가 베이하기(Abū al-Fazl Bayhaqī, 1077 사망) 및 13세기 역사가 이븐 알아시르(Ibn al-Athīr, 1232 사망)가 전하듯이 차허르샨베 수리의 불을 피우는 의식은 조로아스터교의 사데(Sadeh) 의식에서 유래했다는 것이 가장 일반적인 견해이다. 조로아스터교는 선신과 악신의 이원론적 교리를 갖고 있으며 영원한 선의 세계가 도래할 때까지 현세에서는 선과 광명의 신인 아후라 마즈다(Ahura Mazda)와 악과 암흑의 신인 아흐리만(Ahriman)이 끊임없이 투쟁을 벌인다고 믿는다. 낮의 길이가 길어지는 여름에는 선신 아후라 마즈다의 세력이 강해지지만 밤의 길이가 길어지는 겨울에는 악신 아흐리만의 세력이 강해진다고 믿는다. 따라서 조로아스터교 달력의 새해는 밤과 낮의 길이가 같은 춘분에 시작되며 이 역법은 오늘날까지 이어져 이란력의 설날(nourūz)은 춘분인 3월 21일이다. 조로아스터교 신자들은 악신의 세력이 강해지는 밤에 불을 피워 악신의 해악에 대비하고 겨울에는 불을 피우는 여러 가지 의식을 거행한다. 그 대표적인 의식이 일 년 중 가장 추운 겨울에 거행하는 사데 의식이다. 사데는 “100”을 의미하는데, 설날(3월 21일)을 앞두고 100번의 낮과 밤, 다시 말해 50일 전(1월 30일)에 개최된다. 악신의 기운이 가장 강해지는 시기의 밤에 야외에 나가 거대한 불을 피워 악신의 해악을 물리치고 선신의 기운을 북돋는다는 의미가 담겨 있다. 비루니에 따르면 고대 페르시아인들은 “사악한 눈”을 쫓아내기 위해 집에 연기를 피웠는데 이러한 관습이 나중에 불을 피우는 의식으로 발전했다고 한다.

이 관습은 정통 이슬람 신학자들의 반대에도 불구하고 이슬람 시대에도 지속되어 이란의 거의 모든 도시나 마을에서 유행했다. 현재 페르시아 문화권 전역에서 관습화된 이 의식은 수세기 동안 널리 행해진 의식들이 거의 그대로 이어져 내려오고 있다. 이 의식이 조로아스터교에 기원을 두고 있다는 이유로 이슬람 신학자들(foqahā')은 의식 참가자들을 가혹한 처벌로 위협했던 시기에 조로아스터교 태양력의 마지막 수요일에서 이슬람 음력 2월인 사파르(Ṣafar) 달의 마지막 수요일로 바뀐 적도 있었다. 이 날은 이슬람 세계에서 여전히 불길한 날로 간주된다.

이란의 남부 도시 시라즈(Shiraz)에서는 이슬람력 사파르 달의 마지막 수요일을 차허르샨베 수리라고 불렀다. 시아파 이슬람을 국교로 채택했던 사파비 왕조(Safavid Dynasty, 1501~1736)의 수도였으며 마즐레시(Moḥammad-Bāqer Majlesī, 1698 사망) 등과 같은 영향력 있는 시아파 신학자들이 활약했던 에스파한에서는 오늘날에도 일부 사람들이 원래의 차허르샨베 수리와 함께 사파르 달의 마지막 수요일도 기념하고 있다.

이란 북서부 지역의 아르다빌(Ardabīl)과 오르미예(Ormiyeh)에서는 연중 마지막 세 수요일에 모두 의식을 치른다. 아르다빌에서는 이것을 각각 회색 수요일(Tūz Chahārshanbeh), 잿빛 수요일(Kūl Chahārshanbeh), 붉은 수요일(Gūl Chahārshanbeh)이라고 부르고, 오르미예에서는 거짓말쟁이 수요일(Yālānchī Chahārshanbeh), 희소식 전달자의 수요일(Khabarchī Chahārshanbeh), 마지막 수요일(Ākher Chahārshanbeh)이라고 부른다. 오르미예 근처의 보조르거버드(Bozorgābād) 마을에서는 심지어 네 차례의 수요일 의식을 거행하는데 이를 각각 희소식 전달자의 수요일(Moshtoloqchī Chahārshanbeh), 잿빛 수요일(Kūleh Chahārshanbeh), 검은 수요일(Qara Chahārshanbeh), 마지막 수요일(Ākher Chahārshanbeh)이라고 부른다.

1979년 이슬람 혁명 직후 처음 2년 동안 이란 정부는 차허르샨베 수리 축제를 불 숭배자들의 유산이라고 선언하면서 금지했지만, 사람들이 계속해서 불을 피우며 의식을 치르자 결국 정부 당국은 한발 물러나 이 관습을 용인하고 있다.

3. 부수적 의식들

차허르샨베 수리에서 불을 피우고 뛰어넘는 의식 이외에도 지역에 따라 다양한 의식들이 치러진다. 투르크족이 대다수를 차지하는 이란 북서부의 타브리즈(Tabrīz)에서는 수많은 램프와 양초로 화려하게 장식된 소위 "수요일의 전통 시장(Chahārshanbeh Bāzār)"에서 장을 본다. 각 가족이 전통적으로 구매하는 물품은 거울, 향을 피우는데 사용할 에스판드(esfand)의 씨앗(芸香), 새해에 새롭게 사용할 주전자 등이다. 17세기 독일의 학자이자 여행가 아담 올리리우스(Adam Olearius,

1671 사망)에 따르면, 차허르샨베 수리 전 날에 타브리즈 및 샤마키(Shamākhī) 사람들은 부채 상환을 제외한 모든 사업 거래를 삼갔다.

오늘날에도 행해지는 차허르샨베 수리의 부수적 의식들로는 다음과 같은 것들이 있다:

봄맞이 대청소(Khāneh-takānī)

자연이 소생하는 시기에 맞춰 이란의 새해 축제인 노우루즈는 항상 봄의 첫 날에 시작된다. 노우루즈 축제는 종말과 부활 즉, 선과 악이라는 두 가지 개념의 고대 사상을 상징적으로 나타낸다. 새해가 시작되기 몇 주 전부터 이란 사람들은 집 안팎을 청소하고 가구를 정돈하는데, 이를 "집 흔들기"라는 의미에서 허네 타커니(khāneh takānī)라고 부른다. 이것은 단지 물질적인 청결만을 의미하지 않고 한 해를 정리하고 새해를 맞이한다는 정신적 청결까지 포함하고 있다. 또한 그들은 새 옷을 지어 입고 소생의 상징으로 곡식의 씨앗을 발아시킨다. 각 가정에서는 천으로 집을 장식하기도 한다. 고대 조로아스터교 달력은 한 달 30일, 열두 달로 구성되어 1년이 360일이었으며 마지막 5일은 죽은 자들에게 배당된 날이었다. 이 기간 중에 죽은 자들의 영혼이 자신의 집을 찾아온다는 믿음에서 집을 청소하고 장식했던 관습에서 허네 타커니 의식이 비롯되었다.

차허르샨베 수리가 연중 마지막 수요일에 개최되기 때문에 춘분에 해당하는 설날과 차허르샨베 수리 사이의 간격은 6일을 넘지 않으며, 이 기간 동안 이란인들은 봄맞이 대청소를 하고 낡거나 허름한 가정 용품들을 교체한다. 손상된 그릇은 불행을 가져온다고 믿어 일부러 떨어뜨려 깨뜨리고 사악한 눈을 피하기 위해 특히 방의 구석 구석을 조심스럽게 청소한 다음 홀수의 어린 소녀들이 소다 가루를 섞은 식초를 뿌린다. 아담 올리리우스에 따르면, 17세기의 페르시아 사람들은 아무 말을 하지 않고 집과 가구를 씻기 위해 강으로 물을 길러 갔는데, 이러한 절차가 이듬해 일년 내내 불행을 예방한다고 믿었다. 그들은 또한 길에서 만난 사람들의 얼굴에 물을 뿌렸다. 시라즈에서는 사람들이 소금과 운향이 든 바구니를 머리에 이고 거리에 나가 만나는 사람들에게 한 움큼씩 나누어 주었는데, 사람들은 그 대가로 동전을 주었다. 수요일에 그들은 레슈테 수프(āsh-e reshteh)를 요리해 이웃과 나누어 먹었다.

항아리 깨뜨리기(kūzeh-shekanī)

대부분의 도시에서 이 의식은 모닥불 뛰어넘기 직후에 치러진다. 이 관습은 항아리를 부수면 집안 사람들에게서 불행이 항아리에 옮겨져 함께 사라진다는 미신에서 비롯되었다. 지역마다 약간의 차이가 있지만 테헤란에서는 동전을 새 항아리에 넣은 다음 옥상에 올라가 아래 거리로 떨어뜨린다. 팔레비 왕정 시대 초기까지 많은 테헤란 사람들은 악단이 특정 시간에 공연을 하던 낙거레 허네(Naqqāreh-khāneh)에 가서 항아리 떨어뜨리는 것을 좋아했다. 호라산에서는 항아리를 깨뜨리기 전에 불행을 상징하는 숯 덩어리, 사악한 눈을 쫓는 소금, 자선을 위한 동전을 항아리에 넣는다. 그런 다음 가족 구성원 각자의 머리 주위로 항아리를 휘저어 이듬 해에 닥칠 불행이 항아리에 옮겨지기를 기원한다. 마지막으로 항아리는 옥상에서 거리로 던져진다. 이란 동부와 남동부에서는 일반적으로 새 항아리보다는 쓰던 오래된 항아리를 사용한다. 아러크(Arāk) 및 아슈티연(Āshtīyān) 지역에서는 보리나 밀 등의 곡물을 항아리에 넣는다.

숟가락 두드리기(qāshoq-zanī)

차허르샨베 수리의 또 다른 매우 흥미로운 관습은 냄비나 팬을 숟가락으로 두드리는 의식이다. 이것은 오락과 기복을 겸한 의식인데, 종종 익살스러운 소리를 내기도 한다. 모닥불 뛰어넘기가 끝난 후 밤이 깊어지면 여성과 남성들은 차도르로 변장하고 이웃집을 돌며 숟가락으로 냄비나 팬을 두드려 시끄러운 소리를 낸다. 그에 대한 응답으로 이웃집은 그들 각자의 냄비나 팬에 간단한 음식, 과일, 견과류 또는 장신구 등을 놓는다. 이 의식은 우리의 풍악 놀이처럼 시끄러운 소리로 악귀를 쫓아낸다는 의미를 갖는다. 하지만 그 이면에는 또 다른 의도가 포함되어 있다. 즉, 젊은 청년들이 이 기회를 이용해 이웃집 소녀들과 관계를 형성하려는 목적도 숨어 있는 것이다. 숟가락 두드리기는 젊은이에게 자신이 관심을 갖고 있는 소녀의 집에 갈 합법적, 관습법적 구실을 제공해 준다. 이웃집 소녀는 그 젊은이가 마음에 든다면 보통 자신의 장신구 중 하나 혹은 설탕에 절인 아몬드나 과자 등을 그의 냄비에 놓지만, 그렇지 않으면 물을 뿌려 쫓아낸다.

점 보기(fāl-bīnī)

차하르샨베 수리에서 또 다른 인기 있는 관습은 새해 일년의 운세를 점치는 의식이다. 다양한 방법으로 점을 치는데 가장 일반적인 방법이 항아리 점(fāl-e kūzeh, fāl-e bolūnī)이다. 일반적으로 입이 넓은 토기(kūzeh)나 유리로 된 항아리(bolūnī)에 모든 가족들은 자신이 차고 있던 반지, 팔찌, 귀걸이 등의 장신구나 소지품을 넣는다. 그런 다음 참석자 수에 맞춰 메시지가 적힌 종이 쪽지들을 항아리에 넣는다. 가족 중 어린 아이가 항아리에 손을 넣어 종이 쪽지 한 장을 꺼내 가족 중 가장 학식이 있는 연장자나 가장에게 가져간다. 그 다음에 아이는 항아리에 담긴 장신구나 소지품 중 하나를 꺼내어 그 주인에게 가져간다. 연장자는 종이에 적힌 구절을 소리 내어 읽어 그 장식품 혹은 소지품 주인의 운세를 알려 준다. 이러한 방식으로 가족 모두의 운세를 차례대로 점친다. 오늘날 에스파한과 이란 중부를 비롯한 대부분의 지역에서는 메시지가 담긴 종이 쪽지 대신에 이란인들이 가장 사랑하는 14세기 시인 허페즈(Ḥāfeẓ Shīrāzī 1395 사망)의 시집(dīvān)을 사용한다. 항아리에서 가져온 물건으로 점의 대상자가 가려지면 연장자는 무작위로 허페즈의 시집을 펼쳐 그 쪽에 담긴 시구절의 내용으로 운세를 점치는 방식이다. 에스파한에서는 행운을 가져다 준다고 여겨지는 작은 거울이나 세안약(洗眼藥) 상자를 항아리에 넣기도 한다. 동짓날(12월 21일) 밤에 치러지는 샤베 얄더(Shab-e Yaldā 혹은 Shab-e Chelleh) 의식에서도 이와 유사하게 점을 치는 풍습이 있다.

운세를 점치는 또 다른 방식으로는 "복점 엿듣기"라는 의미의 펄구시(Fāl-Gūsh)가 있다. '점(占)'이라는 의미의 펄과 '귀'라는 의미의 구시의 합성어이다. 즉, 귀를 기울여 엿듣고 점을 친다는 의미이다. 오늘날에는 이란의 일부 지역에만 남아 있어 거의 사라져 가는 풍습이기는 하지만 차하르샨베 수리 의식의 하나로 많이 행해지던 풍습이었다. 자신이 기원하는 바를 정한 후 사람들이 많이 다니는 길모퉁이나 발코니 혹은 담 밑에 서서 지나가는 사람들이 하는 이야기를 엿듣고 그 내용에 따라 점을 친다. 그들의 대화 내용이 좋으면 길하고 나쁘면 흉하다고 믿는 것이다.

향 피우기

동서고금을 막론하고 향이나 연기를 피워 악령이나 악귀를 물리치는 의식이 거행되어 왔다. 한 해를 마무리하는 차허르샨베 수리 의식에서도 사악한 눈, 악령, 악마를 물리치기 위한 향 피우기는 빼놓을 수 없는 중요한 관습이다. 이란 사람들은 에스판드(esfand)라고 불리는 운향(芸香)이나 콘도르(kondor)라고 불리는 유향(乳香)을 선호한다. 향로에 불을 피우고 불에 운향의 씨앗이나 유향 조각과 함께 소량의 소금을 불에 던지며 지역에 따라 다르지만 다음과 같은 구절을 낭송한다:

> 운향의 씨앗 한 톨 한 톨 / 운향의 33개 씨앗 /
> 부족과 가족과 이방인 / 시기와 질투의 눈은 떠나가리라 /
> 여기 이웃, 저기 이웃 / 각자가 무엇을 보고, 무엇을 보지 않았던 /
> 에스판드 자신은 알고 있다네 / 적이 누구인지를 /
> 자신의 눈과 타인의 눈을 / 하나님은 (시기의 눈을) 쫓아내리라.

스카프 떨어뜨리기(shāl-andāzī)

차허르샨베 수리에서 젊은 남성은 마음이 가는 여성과의 결합 가능성을 알기 위해 줄이나 스카프 혹은 긴 천을 바구니에 묶어 준비한 후 가족 구성원 한 명과 함께 여성의 집으로 가서 문을 통해 혹은 옥상 위에서 굴뚝을 통해 집 안으로 그 바구니를 떨어뜨린 후 줄의 한 쪽 끝을 잡고 숨어 기다린다. 줄이 약간 당겨지는 느낌이 들면 줄을 감아 올려 여성의 집 가장이 바구니에 넣은 것 혹은 줄에 묶은 것을 확인한다. 그 물건이 무엇인지에 따라 여성의 가족이 그 남성에게 호의와 관심을 보이는지 여부를 판단할 수 있다. 남성은 바구니에 사과, 석류, 계란 혹은 마을에서 생산되는 특산물 등과 같은 여성을 위한 선물을 넣기도 한다. 여성이 바구니에서 선물을 꺼내 가지면 수락의 표시이다. 일부 마을에서는 이 의식이 단지 운세를 보기 위한 수단으로 행해진다. 아제르바이잔주, 어스터러(Āstārā), 길런(Gīlān), 잔전(Zanjān), 가즈빈(Qazvīn), 서베(Sāveh), 어슈티연(Āshtīyān) 등과 같이 주로 이란의 북서부 및 북부 지역에서 유행한다.

아부 다르더 수프(āsh-e Abū Dardā)

챠허르산베 수리에서 식구 중 한 명이 오랫동안 앓아 온 집에서는 위에서 언급한 숟가락 두드리기나 구걸로 얻은 음식 재료로 수프를 만들어 환자에게 먹인다. 이웃들의 자선과 관용이 담긴 수프가 치료에 도움을 주리라는 기대감에서 비롯한 관습인데 주로 테헤란, 시라즈, 어슈티연 등지에서 유행한다. 이 수프에 이슬람 초기 예언자 무함마드 시대의 인물이었던 아부 다르더(Abū Dardā al-Ansārī, 652 사망)의 이름이 붙여진 이유는 분명하지 않지만 아마도 그의 유명한 다음과 같은 교훈에서 비롯된 것으로 보인다: "나는 사람들이 싫어하는 죽음, 가난, 질병 세 가지를 좋아한다. 죽음은 나의 주님을 만나게 해 주고, 가난은 주님 앞에서 나를 겸손하게 해 주고, 질병은 내 죄를 속죄해 주기 때문이다."

행운 풀기(bakht-goshā'ī) 혹은 매듭 풀기(gereh-goshā'ī)

미신적인 행운 풀기 의식은 주로 여성들이 행하는 의식이다. 아직 결혼을 못했거나 자녀가 없거나 남편에게 부당한 대우를 받아 자신의 운세가 "묶여 있다"고 믿는 여성들은 특히 시골 지역에서 차허르샨베 수리에서 다양한 의식을 치른다. 예를 들어, 미혼의 소녀는 목걸이 줄의 한 쪽 끝에 작은 자물쇠를 매달아 자신의 가슴 사이에 늘어뜨린다. 열쇠는 그녀의 오른발에 묶어 놓고 작은 거울을 그녀의 왼발에 묶어 놓는다. 그녀를 알아볼 수 없을 정도로 날이 어두워지면 그녀는 길을 가다가 교차로에서 멈춰 서서 길가는 사람들 중 가장 먼저 만난 남자에게 자물쇠를 열어 달라고 부탁한다. 남자는 열쇠를 받아 자물쇠를 열고 사라진다. 그녀는 거울을 들고 거울 속 자신의 얼굴을 살펴보고 집으로 돌아온다. 이러한 절차를 통해 자신의 운세가 열린다고 믿는 것이다.

또 다른 방법으로, 미혼 여성은 케블레(qebleh)를 향하고 있는 가게에서 알사탕과 일곱 개의 호두를 구입한다. 그녀는 그것들을 도예 작업장으로 가져간다. 도예 물레에 앉아 물레를 일곱 차례 돌리는데 한 번 돌릴 때마다 호두 하나를 깨뜨린다. 그 후 도예가에게 알사탕과 동전을 주고 돌아온다. 이 의식에서 돌아가는 물레는 운세를 상징하며 호두를 깨뜨림으로써 꽉 닫혀 있던 운세가 열린다고 믿는 것이다. 알사탕과 동전은 달콤한 미래와 부를 상징한다.

또 다른 유형으로 미혼 여성은 늦은 오후에 역시 게블레 방향으로 나 있는 약초 가게('aṭṭārī)에 들어가 별 가치도 없고 쓸모 없는 약초('āṭel o bāṭel)를 요구한다. 가게 주인이 그것을 가져오려고 돌아서자 마자 여성은 그냥 가게 밖으로 뛰쳐나온다. 그녀는 두 번째 가게에서도 이 절차를 반복한다. 마지막으로 그녀는 세 번째 가게에서 그 약초를 구매해 집으로 가져온다. 일몰 전에 아직 사춘기에 이르지 않은 7명의 소녀들로 하여금 이 약초를 절구에 빻아 가루로 만들게 한 후 이 가루를 그릇에 담아 옥상으로 가져가 가위를 벌려 놓고 그 사이에 놓아 둔다. 다음 날 동이 트기 전에 이 약초 가루를 가져와 식초에 탄 다음 이것을 얼굴에 문지르며 다음 구절을 낭송한다:

Har ke kardeh kār-e marā 'āṭel, man mī-konam jādū-ye ū bāṭel
(내 일을 헛되게 하는 자는 누구나, 내가 그의 마법을 무효로 만들 것이다.)

여기에서 쓸모없는 약초는 자신의 불행한 운명이며, 세 번째 가게에 가서야 약초를 구하는 것은 그녀의 얽힌 운명을 상징한다. 행운을 상징하는 7명의 소녀는 아직 운명이 결정되지 않은 사춘기 이전의 순수한 소녀들이며 이 소녀들이 약초를 다루며 그 얽힌 운명을 가위가 밤새도록 풀어 주기를 기원하는 것이다. 길런(Gilan)에서는 이 약초('āṭel o bāṭel)에 불행을 쫓는다고 믿는 운향의 씨앗이나 유향 및 소다가루를 섞기도 하며, 불운한 여성은 여섯 약초 가게를 뛰쳐나온 후 행운의 상징인 일곱 번째 가게에서 구매한다.

또 다른 의식에서는 해가 질 무렵 어머니가 타다 남아 그을림이 묻은 장작이나 빗자루를 휘둘러 미혼의 딸을 집에서 쫓아낸다. 딸은 대문이 게블레 방향으로 나 있는 집에서 피난처를 찾는다. 또는 행운(safīd-bakt)을 가진 여성, 즉 남편이 있는 기혼 여성이 실, 가위, 새 주전자를 가지고 미혼 여성을 개울 둑으로 데려가 미혼 여성의 두 엄지손가락을 실로 묶은 다음 주전자에 개울물을 채우고 가위를 소녀 옆의 바닥에 놓고 그곳을 떠난다. 이 여성을 목격한 행인이 가위로 실을 자르면 그녀는 주전자를 들고 집으로 돌아와 머리에 큰 통(taghār)을 뒤집어쓰고 집 마당을 일곱 바퀴 돌며 "내 운이 풀렸습니다"라고 소리친다.

길런과 호라산에서 미혼 여성은 작은 자물쇠를 차도르 끝에 부착하고 지역 모스크의 첨탑 아래에 앉는다. 그녀의 한 쪽에는 사탕 접시를 놓고 다른 쪽에는 자물쇠 열쇠를 놓는다. 지나가던 사람은 열쇠를 들어 자물쇠를 열고 "하나님이 당신의 행운을 열어 주기를 기원합니다!"라고 말한다.

잔전(Zanjān)에서는 미혼 여성들을 마을의 공동 저수조(āb-anbār)로 데려가 그녀의 드레스에 일곱 개의 매듭을 만들어 놓고 수도 꼭지 옆에 세워 놓는다. 그러면 어린 소년이 다가가 이 매듭들을 풀어낸다. 라슈트(Rasht)에서 이 의식은 도살장에서 진행된다.

시라즈 사람들, 특히 소녀들은 "행운 풀기"를 위해 13세기의 유명한 시라즈 출신 페르시아 시인 사으디(Sa'dī Shīrāzī, 1291 사망)의 영묘 지하 우물(Ḥawż-e Māhī)에서 목욕을 한다. 목욕으로 일년의 모든 악운을 씻어 낸다고 믿었다. 시라즈의 일부 사람들은 특별한 과자(ḥalvā)를 만들어 아티그 모스크(Masjed-e 'Atīq)에서 가난한 사람들에게 나누어 준다.

진주 대포(tūp-e morvārīd)

한때 테헤란에서 유행하던 관습은 차허르샨베 수리에서 이른바 "진주 대포"의 중재를 구하는 일이었다. 카자르 왕조의 파트흐알리 셔흐(Fatḥ-'Alī Shāh, 1797~1834 재위) 통치 시기에 에스파한 출신의 이스마일(Esmā'īl Eṣfahānī)이 1800년에 주조한 이 대포는 수많은 대중적 신화나 유명 소설의 중심 소재가 되었다. 1920년대까지는 테헤란 시민들이 차허르샨베 수리에 많이 모이는 아르그 광장(Meydān-e Arg)에 놓여 있었다. 노처녀들이나 자식이 없는 기혼녀 혹은 남편으로부터 학대를 받는 불행한 아내들이 대포 위로 올라가 앉거나 그 아래로 기어 통과하면 자신의 불행에서 벗어날 수 있다고 믿었으며, 심지어 어머니들은 자신의 말썽꾸러기 자녀들을 대포 아래로 통과시키면 얌전해진다고 믿었다. 이러한 관습은 1920년대에 이 진주 대포가 장교 클럽(Bāshgāh－e Afsarān)으로 옮겨진 후 사라졌다. 또 다른 진주 대포가 타브리즈에도 있었다. 소녀들이나 성인 여성들은 챠허르샨베 수리 날 밤에 자신의 소원이나 기도를 적은 종이나 천 조각(dakhīl)을 대포에 매달았는데, 일종의 매듭 신앙이다.

4. 특별한 장소들

이란의 일부 도시에는 차허르샨베 수리 의식을 위한 특별한 장소가 있었다. 앞에서 언급한 테헤란의 아르그 광장 외에도 야즈드(Yazd)에서 여성들은 전통 시장(bāzār) 교차로에 모여 종을 높이 매달아 놓고 그 종을 울리게 하기 위해 높이 뛰어오르기도 했다. 야즈드(Yazd)의 조로아스터교 신자들은 배화 사원(ātash－ka－deh)에서 조로아스터교 전통에 따라 의식을 치렀다. 시라즈에서 여성들은 셔흐 체러그(Shāh Cherāgh) 성소와 아티그 모스크(Masjed－e ʿAtīq) 마당에 모여 행운을 기원하거나 앞에서 언급했던 "행운 풀기"를 시도했다. 그들은 또한 전통 과자를 만들어 유리 공예가 거리에 있는 성자 사예드 아부 토러브(Sayyed Abū Torāb)의 집에 있는 고목 아래에 봉헌물로 남겨 두기도 했다. 에스파한 인근의 무르건(Mūrgān) 마을에서 미혼 여성들은 마을 근처의 바위에 있는 동굴로 기어올라가 자신의 배우자가 나타나기를 기원했다. 하마단(Hamadān)에서 미혼 여성들은 아마도 파르티아(Parthia) 시대부터 남겨진 사자 석상에 올라가 신랑감을 찾으면 머리에 기름을 바르겠다고 맹세한 후 지나가던 첫 번째 남자에게 자신이 석상에서 내려갈 수 있도록 도와줄 것을 요청했다. 아흐버즈(Ahvāz)에서 여성들은 압바시예(ʿAbbāsīyeh) 성소를 방문해 행운을 기원하며 성소를 방문한 사람들에게 파스타 수프를 요리해 나눠 주었다.

5. 음식

가족들은 관례적으로 저녁에는 간식을 먹고 차허르샨베 의식이 끝난 후에 만찬을 즐긴다. 일반적인 간식은 소금에 절인 헤이즐넛, 피스타치오, 아몬드 등의 견과류(khoshk–bār)와 자두, 살구, 건포도 등의 말린 과일(ājīl)이다. 저녁 식사는 현지에서 생산되는 식재료에 따라 다르다. 케르먼과 시라즈에서 메인 요리는 일반적으로 파스타 수프가 곁들여진 볶음밥(polou)이다. 파스타 가닥이 길수록 가족이 장수한다고 믿는다. 카스피 해 연안의 머잔다런(Māzandarān)과 길런 및 고르건(Gorgān) 지역에서는 야채 볶음밥(sabzī–¬polou)을 생선 요리와 함께 먹는다. 가즈빈(Qazvīn)과 가름서르(Garmsār)에서는 사막의 야생 허브로 향을 낸 야채 볶음밥을 먹는다. 호라산에서는 전통적으로 콩, 파스타, 향료 등을 섞은 다양한 볶음밥을 요리한다.

콜러흐 바라크(kolāh barak)

1. 놀이 방식

한 지역에서 유행했던 대부분의 놀이가 약간의 변형된 형태로 거의 이란 전 지역으로 퍼져 나갔지만 일부 놀이는 여전히 그 지역에만 한정되어 전해져 내려오고 있다. 그중 대표적인 것이 이란 중부의 에스파한 지역 몇몇 마을에서 유행하던 "콜러흐 바라크" 게임이다. 이란의 또 다른 전통놀이 중 하나인 카마르 반드(kamar-bandī)와는 모자와 허리띠를 사용한다는 점만 다를 뿐 그 경기 방식이 매우 유사하다.

① 경기장 한가운데에 큰 원을 그린 후 참가자들을 두 팀으로 나눈다.

② 공격 팀과 수비 팀을 정한 후 수비 팀은 원 안에 들어가 앉고 공격 팀은 원 밖에서 주위를 돌며 수비 팀이 머리에 쓰고 있는 모자를 벗겨 도망칠 기회를 엿본다.

③ 공격 팀이 모자를 뺏는데 성공하면 수비 팀 눈을 속여 가며 이 모자가 누구의 수중에 있는지 알지 못하도록 자신의 팀원들 사이에 돌린다.

④ 공격 팀은 지정된 장소로 달려가 뺏은 모자를 떨어뜨려야 하는데 수비 팀 역시 지정된 장소에 모자가 도달하기 전에 그들을 따라잡아 모자를 뺏어야 한다.

⑤ 공격 팀이 무사히 지정된 장소로 모자를 운반하면 승점을 얻지만 실패하면 승점이 없다.

⑥ 공수를 교대하며 각 팀이 5회씩 공격해 승점이 많은 팀이 승리한다.

⑦ 양 팀이 동점일 경우 연장전을 치러 먼저 승점을 얻는 팀이 승리한다.

목적	협동심 배양과 순발력 및 민첩성 향상
참가자	여성 ■ 남성 ■ 어린이 ■ 성인 ■
유형 및 인원	팀 ■ 개인 □ (팀 당 3 ~ 10명)
장소	실내 □ 실외 ■
준비물	모자

2. 놀이의 변형

이 놀이는 팀을 나누어 팀 경기로 치러지는 것이 보통이지만, 인원이 적을 경우 다음과 같이 술래를 정해 개인 경기로도 게임을 즐길 수 있다:

① 마당에 큰 원을 그리고 참가자들 사이에서 추첨으로 1명의 술래를 정한다.

② 술래는 원의 중앙에 자신의 모자를 놓은 채 원을 벗어나지 않고 자신의 모자를 지켜야 한다.

③ 술래가 모자를 뺏기 위해 원 안에 들어온 공격자 중 한 명을 발로 차는데 성공하면 차인 사람으로 술래가 교체되며 새로운 술래는 자신의 모자를 원 중앙에 놓고 다시 경기가 속개된다.

④ 술래는 모자를 뺏기지 않은 채 공격자들을 발로 차려고 시도하며, 공격자들은 모자를 원 밖으로 차내려고 시도한다.

⑤ 만일 공격자들 중 한 명이 모자를 원 밖으로 차내는데 성공하면 모든 공격자들이 모자를 향해 달려가 발로 차서 모자가 술래로부터 멀리 떨어지게 한다.

⑥ 모자를 빼앗긴 술래는 모자를 쫓아가 잡아야 한다.

⑦ 술래가 모자를 되찾으면 그 모자로 공격수들 중 한 명을 때릴 수 있으며 맞은 사람이 새로운 술래가 되어 새로운 경기가 속개된다.

목적	협동심 배양과 순발력 및 민첩성 향상
참가자	여성 ■ 남성 ■ 어린이 ■ 성인 ■
유형 및 인원	팀 □ 개인 ■ (6명 이상)
장소	실내 □ 실외 ■
준비물	모자

3. 유사한 놀이들

카마르 반디(kamar-bandī)

카마르 반디 놀이는 흥미로운 경기 방법으로 60~70년대까지 이란의 각 지역에서 유행한 놀이이지만 오늘날 점차 잊혀 가고 있다. 허리띠를 사용하는 놀이이기 때문에 허리띠 놀이를 의미하는 카마르 반디 버지(kamar-bandī bāzī)라고 부르지만, 지역에 따라 채찍을 이용한다고 해서 채찍 놀이라는 의미의 샬럭 버지(shallāq bāzī) 혹은 기시 굿디(qīsh gūtdī) 등의 다양한 이름으로 불린다. 게임 방식이 위에서 언급한 콜러흐 바라크와 유사해 카마르 반디도 여기에 함께 소개한다.

놀이 방식:

① 먼저 운동장에 지름 4~6 미터 정도의 원을 그린 후 참가자들을 두 팀으로 나눈다.

② 합의나 추첨을 통해 두 팀 사이에서 공격 팀과 수비 팀을 정한다.

③ 수비 팀은 원 안으로 들어가 허리띠(혹은 줄)를 한쪽 끝이 원의 중심으로, 다른 한 쪽 끝이 둘레선으로 향하도록 땅 위에 늘어놓는다.

④ 원 밖에 있는 공격 팀 선수들은 원 안에서 수비 팀 선수들이 지키고 있는 허리띠를 끌어내려고 시도한다.

⑤ 원 안에 있는 수비수들은 허리띠가 원 밖으로 끌려 나가지 않도록 수비해야 한다.

⑥ 수비수의 발이 공격수의 몸을 터치하면 그 공격수는 경기에서 퇴장해야 한다.

⑦ 공격수들은 수비수의 발차기 공격을 피해 허리띠를 모두 빼내야 한다.

⑧ 공격 팀 선수들이 허리띠를 모두 빼내면 공격에 성공한 것으로 간주되어 승점을 얻은 후 공격 팀으로 새로운 경기를 다시 시작할 수 있다.

⑨ 공격수들이 허리띠를 모두 빼내기 전에 수비수의 발차기 공격을 당해 모두 퇴장했다면 공격에 실패한 것으로 간주되어 승점을 얻지 못하고 공수가 교대된다.

목적	협동심 함양, 기동성 및 민첩성 향상, 집중력 및 자신감 고취
참가자	여성 □ 남성 ■ 어린이 ■ 성인 ■
유형 및 인원	팀 ■ 개인 □ (4명 이상)
장소	실내 □ 실외 ■
준비물	허리띠 혹은 약 2m 길이의 굵은 줄(한 팀의 인원 수에 맞춰 준비)

Ata-tal tūta matal / atak matak(술래잡기)

"내 늑대는 공중에"라는 의미의 고르감 베하버(gorgam be-havā) 놀이의 또 다른 이름은 "높은 곳"을 의미하는 벌러 볼란디(bālā bolandī)이다. 여기서 늑대(gorg)는 우리 놀이의 '술래'를 지칭하며 '높은 곳'이란 높은 곳에 있으면 늑대로부터 안전하다는 이 놀이의 규칙에서 비롯된 용어이다. 이 놀이는 고대부터 전 세계 모든 지역에서 다양한 형태로 즐겨 왔던 일종의 술래잡기 놀이이다.

놀이 방식:

① 여러 명이 야외에서 즐기는 놀이이며 가능한 한 높낮이가 다양한 장소를 선택하는 것이 이 놀이를 더욱 흥미롭게 즐기는 요소 중 하나이다.

② 먼저 참가자들 중 간단한 놀이를 통해 혹은 제비 뽑기 등으로 '늑대(술래)'를 뽑는다.

③ '늑대'가 마당 중간에서 천천히 열을 셀 때까지 나머지 참가자들은 뿔뿔이 흩어져 '늑대'에 잡히지 않도록 대비한다.

④ 열을 센 후 늑대는 다른 사람들을 쫓아가 몸을 터치해야 한다. 이때 '늑대'는 자신보다 높은 곳(20cm 이상)에 있는 사람은 잡을 수 없다.

⑤ 높은 곳에 피신한 사람은 그 자리에 10초 이상 머무를 수 없으며 '늑대' 역시 높은 곳에 피신한 사람으로부터 5m 이상 떨어져 있어야 한다.

⑥ 이러한 방식으로 추격과 도피를 계속하다가 결국 '늑대'에 의해 터치를 당한 사람이 새로운 '늑대'가 되어 놀이는 계속된다.

목적	자신의 존재감 함양, 순발력 및 민첩성 향상
참가자	여성 ■ 남성 ■ 어린이 ■ 성인 □
유형 및 인원	팀 □ 개인 ■ (3명 이상)
장소	실내 □ 실외 ■
준비물	없음

Gāv, gūsāleh fīngelī(소냐, 송아지냐, 갓난 송아지냐?)

이 놀이는 술래 정하기와 숨바꼭질을 결합한 놀이로 "꽃이냐, 비어 있나?(gol yāpūch)" 놀이와 비슷하다. 다양한 수의 사람들이 함께 즐길 수 있으며 지도자가 놀이를 이끄는 것이 보통이지만 별도의 지도자가 없을 때는 참가자 중 한 명을 지도자로 뽑아 놀이 진행을 맡길 수 있다. 준비된 3개의 돌에는 큰 것부터 각각 "거브(gāv '소')", "구설레(gūsāleh '송아지')", "핑겔리(fīngelī '갓난 송아지')"라는 이름을 붙인다.

놀이 방식:

① 지도자는 3개의 돌 중 하나를 손 안에 숨긴 후 앞으로 내밀며 참가자 각자에게 "거브냐, 구설레냐, 핑겔리냐?"라고 묻는다.

② 답을 맞춘 사람은 한 쪽으로 나와서 대기하고 한 사람이 남을 때까지 질문을 계속한다. 마지막 남은 사람이 술래가 된다.

③ 지도자는 자신의 손이나 손수건으로 술래의 눈을 가리고 나머지 사람들은 뿔뿔이 흩어져 어딘가에 숨는다.

④ 지도자는 각 숨어 있는 참가자들의 이름을 하나씩 부르면 호명 받은 사람은 손뼉을 치거나 휘파람을 불어 소리를 내야 한다. 눈이 가려진 상태의 술래는 그 소리로 숨어 있는 곳을 추측해야 한다.

⑤ 지도자는 술래의 눈을 뜨게 하고 사람들이 어디에 숨어 있는지 묻는다. 술래가 한 사람이라도 찾으면 그는 술래에서 벗어나고 놀이는 처음부터 같은 방식으로 다시 진행된다.

⑥ 술래가 아무도 찾지 못했을 경우 다양한 방식으로 술래에게 벌을 가하는데, 예를 들면 한 사람씩 눈을 감고 엎드린 술래의 등을 짚고 넘은 후 술래의 신체 중 한 부분을 가리키면 술래가 그 부분을 맞추는 형식이다. 혹은 참가자 중 1명이 눈을 감고 엎드려 있는 술래의 등을 때리면 술래는 누가 때렸는지 맞추는 형식이다. 이러한 벌칙은 술래가 맞출 때까지 계속된다.

목적	자신의 존재감 함양, 순발력 및 민첩성 향상
참가자	여성 ■　남성 ■　어린이 ■　성인 □
유형 및 인원	팀 □　개인 ■ (지도자 및 다수)
장소	실내 ■　실외 ■ (숨을 곳이 많은 넓은 장소)
준비물	크기가 다른 작은 돌 3개

Qāyem mūshak(혹은 bāshak(숨바꼭질))

이 놀이는 전세계에서 가장 광범위하게 즐기는 숨바꼭질이다. 거옘 무샤크(qāyem mūshak)는 "숨은 생쥐"를 의미하며 이 놀이의 또 다른 이름 차슘 기라크(chashm gīrak)는 "눈 가리기"를 의미한다. 아프가니스탄에서는 차슘 포타컨

(chashm potakān)이라고 부른다. 술래의 눈을 가리고 나머지 참가자들이 생쥐처럼 숨는 행동을 상징적으로 나타낸 용어이다. 이 놀이는 주로 야외에서 진행되며 참여 인원에 제한이 없다.

놀이 방식:

① 먼저 참가자 중 한 명을 추첨이나 간단한 놀이를 통해 술래로 뽑는다.

② 술래는 "눈가리기 장소(jāygāh-e chashm-gozārī)"라고 불리는 정해진 장소에서 눈을 가리고 50 혹은 100까지 센다. 이것을 "눈 가리기(chashm gozāshtan)"라고 부른다.

③ 그 사이에 다른 참가자들은 사방으로 흩어져 자신의 몸을 숨긴다.

④ 숫자 세기, 즉 "눈 가리기"가 끝난 술래는 숨은 사람들을 찾아 나선다.

⑤ 술래가 숨은 사람을 찾으면 그가 은신처에서 나오도록 그의 이름과 은신처를 소리친 후 발각된 사람보다 먼저 "눈 가리기 장소"로 돌아와 "사크 사크(sak sak)"라고 외쳐야 한다. 여기까지 술래가 성공적으로 수행하면 발각된 사람은 패자가 되어 "눈 가리기 장소"에서 대기해야 한다.

⑥ 그러나 만일 은신처가 발각된 사람이 술래보다 먼저 "눈 가리기 장소"에 도착해 "사크 사크, 모두 자유다(sak sak, hameh āzād)"라고 소리치면 자신뿐만 아니라 그 이전에 발각되어 대기 중이던 모든 사람이 풀려나고 놀이는 처음부터 다시 시작된다.

⑦ 술래가 은신자의 이름과 은신처를 잘못 외치면 은신자는 나오지 않아도 되며 놀이는 그대로 계속된다.

놀이의 종료 방식:

놀이의 한 라운드가 종료되는 방법으로는 다음 두 가지 경우가 있다:

① 술래가 숨은 사람 모두를 찾아내 "눈 가리기 장소"에 잡아 두는 데에 성공했을 때. 이 경우 가장 먼저 발각되어 잡혀 온 사람이 새로운 술래가 되어 다음 라운드가 시작된다.

② 앞서 언급한 것처럼 발각된 사람이 술래보다 먼저 “눈 가리기 장소”에 도착해 “사크 사크, 모두 자유다”라고 소리치는 데에 성공했을 때. 이 경우 기존의 술래가 그대로 다시 술래가 되어 새로운 라운드가 시작된다.

목적	순발력, 민첩성, 협동심 향상
참가자	여성 ■ 남성 ■ 어린이 ■ 성인 □ (7 ~ 15세)
유형 및 인원	팀 □ 개인 ■ (4명 이상)
장소	실내 □ 실외 ■ (숨을 곳이 많은 넓은 장소)
준비물	없음

줄다리기(Tanāb-keshī)

1. 줄다리기의 의미

줄다리기는 세계의 어느 특정 지역에서 비롯된 고유의 놀이는 아니었을 것이다. 아마도 인류가 밧줄이라는 도구를 발명하면서 줄다리기 놀이도 시작되었을 것이다. 직접 몸을 서로 맞대거나 부딪치지 않고도 밧줄이라는 도구를 이용해 힘을 겨루는 지능적인 방법을 선택한 것이다. 줄다리기는 고대부터 현대에 이르기까지 세계 거의 전 지역에서 즐기는 놀이였다. 이집트, 버마, 인도, 브루나이, 일본, 한국, 하와이, 남아프리카와 같은 세계 여러 지역에서 고대 축제와 의식으로 줄다리기 놀이를 즐긴 기록이 남아 있다. 밧줄 만들기 역시 고대부터 지역마다 다양한 방식으로 이루어졌다. 아프가니스탄에서는 밧줄 대신 통나무를 사용했고 한반도에서는 아이들이 서로의 허리를 팔로 감싸 인간 밧줄을 만들어 놀이를 즐겼다. 캐나다에서 원주민들은 여전히 아르사라그(arsarag)라고 하는 일대일 줄다리기 놀이를 즐기는데 두 사람이 서로 마주 앉아 짧은 줄을 당겨 상대방의 앉은 자세를 허물어뜨리는 방식이다.

이란에서도 전 지역의 다양한 민족들이 마을과 도시에서 나이와 성별에 제한 없이 다양한 계층에서 행해지는 가장 열정적이고 활기찬 지역 놀이이자 스포츠 중 하나이다. 이 놀이의 기원은 고대 세시 풍습에서 혹은 다양한 종교 및 축하 의식에서 비롯되었다. 두 공동체 사이의 경쟁으로 치러지는 놀이이기는 하지만 명절이나 축하 행사에서 공동체의 단결과 친목을 도모하는 목적으로 치러진다. 이란에서도 국제적인 조류에 맞춰 줄다리기 연맹이 결성되고 국제 대회에 참가하는 전문 선수도 육성하고 있지만 대부분의 경우 비전문 선수들이 아닌 일반인들이 마을이나 학교에서 이 놀이를 즐긴다. 공식 경기나 대회가 아니기 때문에 자체적으로 규정을 정해 자유롭게 경기를 진행한다.

줄다리기는 민속 놀이 차원을 넘어 체력을 겨루는 정식 스포츠 경기로 발전했다. 고대 올림픽 게임의 발상지인 그리스에서는 기원전 500년경 올림픽 참가 선수들이 경기가 아니라 체력 강화를 위한 훈련 수단으로 줄다리기를 실시했다. 근대 올림픽이 시작된 이후 줄다리기는 1900년부터 1920년까지 올림픽 게임의 종목으로 채택된 바 있다. 그러나 국제올림픽위원회(IOC)는 1920년부터 올림픽 참가 인원을 줄이기로 결정했고, 그 결과 줄다리기를 포함한 일부 단체 종목이 폐지되었다. 1999년 세계 줄다리기 연맹(TWIF)은 국제올림픽위원회로부터 줄다리기의 임시 종목 채택을 재승인 받았고, 이에 따라 2002년에는 올림픽 헌장 제29조에 의거해 줄다리기 종목이 공식 승인을 받았다.

이란 줄다리기 협회(Anjoman-e Tanāb-keshī-ye Irān)는 2000년 압바스 알리 아크바리('Abbās 'Alī Akbarī)에 의해 결성되었으며 2001년 정부 체육교육기관의 승인을 받아 스포츠 협회 연합(Federation of Sports Associations)의 산하에서 공식 활동을 시작했다. 이란 줄다리기 협회는 국제줄다리기연맹과 아시아줄다리기연맹의 정회원이며, 이란 줄다리기 협회 창설자 아크바리는 이란 최초의 줄다리기 국제 심판으로 많은 세계 및 아시아 경기의 심판을 맡아 왔다. 현재 그는 아시아연맹 기술위원회 위원장이다.

목적	협동심 함양, 체력 강화
참가자	여성 ■ 남성 ■ 어린이 ■ 성인 ■ (10세 이상)
유형 및 인원	팀 ■ 개인 □ (8명 이상)
장소	실내 □ 실외 ■ (길이 30m, 폭 2m 이상의 평평한 마당)
준비물	길이 33m, 굵기 8~12cm 꼬아 만든 밧줄

2. 놀이 조건

밧줄

길이 약 33m, 지름 약 8~12cm의 꼬아 만든 밧줄을 준비하고 심판의 판정을 돕기 위해 밧줄 중앙에 빨간 리본을, 중앙에서 양쪽으로 3~4m 떨어진 곳에 노란색 리본을, 중앙에서 양쪽으로 5m 떨어진 곳에 검은 색 리본을 묶는다.

경기장

길이 30m, 폭 2m이상의 평평한 운동장, 잔디, 모래사장 등의 실외에서 경기를 진행한다. 경기장의 중앙에 중앙선을 긋고 중앙선에서 양쪽으로 2m 간격에 경계선을 그어 트랙션 존(traction zone 견인 구역)을 표시한다. 밧줄에서 빨간 리본이 묶인 부분이 중앙선에 위치하도록 밧줄을 놓는다.

팀 구성

한 팀의 주전 선수는 8명이며 1~2명의 후보 선수가 대기한다. 1명의 감독 혹은 코치가 팀을 지휘한다.

체중 균형

각 팀 출전 선수 8명의 체중 합계는 480kg 이상이며 700kg을 넘어서는 안 된다.

3. 놀이 방식

① 공식 경기에서 각 팀의 참가자 수는 8명이지만 일반 축제나 놀이에서 참가자 수의 제한은 없다. 각 팀은 1인의 감독을 선정한다.

② 각 팀 선수들의 몸무게 합이 인원 수에 따라 일정 수준을 넘지 말아야 한다. 체중 측정 시 선수들은 적절한 운동복과 맨발로 체중을 측정해야 하며 체중 측정은 대회 하루 전에 한다.

③ 양 팀 선수들은 일렬로 서서 밧줄을 겨드랑이에 낀 채 양 손으로 잡는다. 이때 각 팀의 맨 앞에 서는 선수는 검은 색 리본이 묶여 있는 부분 안쪽으로 밧줄을 잡아서는 안 된다. 선수들은 심판의 경기 개시 신호와 함께 밧줄을 당긴다.

④ 밧줄 중앙의 붉은 리본이 트랙션 존의 경계선을 넘으면 승패가 결정된다.

⑤ 3라운드에 걸쳐 경기를 치르며 먼저 2승을 거둔 팀이 승리한다. 첫 라운드가 끝나면 2분의 휴식 시간이 주어지며, 두 번째 라운드에 승부가 나지 않아 마지막 라운드에 돌입하기 전에는 3분의 휴식 시간이 주어진다.

⑥ 선수 교체는 최소한 한 라운드가 끝난 후에만 가능하다.

⑦ 양 팀이 팽팽하게 경기를 하고 있어서 주심이 라운드를 계속하는 것이 무의미하다고 판단할 경우 무승부를 선언하면 그 라운드는 종료된다.

⑧ 경기 도중 밧줄이 끊어지면 그 라운드의 경기는 처음부터 다시 시작한다.

⑨ 팀이 고의적이든 비고의적이든 세 번의 반칙을 저지르면 그 라운드에서 상대 팀에게 승리가 선언된다.

4. 놀이 규칙 위반

규칙 위반 시 주심은 위반의 종류와 반복 여부에 따라 적절한 판정을 내린다. 다음 사항들이 주요 반칙 행위에 해당된다:

① 선수들이 경기 중 앉는 행위: 발을 제외한 신체의 어느 부분도 지면과 접촉해서는 안 된다.

② 선수들이 장갑을 끼거나 헝겊을 손에 두르는 행위

③ 밧줄을 자신의 몸에 두르거나 가슴에 묶는 행위

④ 밧줄을 묶어 매듭을 만드는 행위

⑤ 자신의 팀 동료를 붙잡는 행위

⑥ 경기장을 벗어나는 행위

⑦ 코치 혹은 감독이 경기장 폭 2m 이내에 들어오는 행위

⑧ 선수들이 밧줄의 양쪽에 나누어 서서 밧줄을 잡는 행위: 선수들은 밧줄의 오른쪽이나 왼쪽 한쪽 방향에 서서 밧줄을 잡아야 한다.

⑨ 선수들이 잘못된 위치에 서있는 행위: 선수들은 일직선으로 서 있어야 하며 왼쪽이나 오른쪽으로 기울어지지 않아야 한다.

하프트 상(haft-sang)

1. 하프트 상의 의미와 역사

페르시아어로 "7개의 돌(七石)"을 의미하는 하프트 상은 "핏투 가람(pittu garam)"이라는 이름으로 인도아대륙 북부 지역에서도 유행한 전통놀이이다. 하프트 상은 협동심을 기르고 책임감을 고양시키며 협동하지 않으면 항상 패자가 되고 한 사람의 실수가 집단의 모든 노력을 수포로 돌려놓는다는 것을 가르치는 놀이이다. 하프트 상은 무너지면 다시 쌓을 수 있다는 교훈을 주기도 한다. 다시 말해 삶의 역경을 이겨 내는 의지를 키워 주며 사회생활의 연습이다.

몇몇 오래된 문헌과 자료에 따르면, 하프트 상은 과거 이란 사람들이 가장 좋아하는 놀이 중 하나였다. 이 놀이는 이란 고유의 놀이이며 협력과 화합을 기반으로 한 이란 문화와 사회에 적합하게 설계되었다. 하프트 상은 이란의 문화적 민족적 다양성을 초월해 지난 수 세기 동안 남녀노소 구별 없이 모두가 즐기는 가장 인기 있는 놀이이자 오락 중 하나였다.

이란의 전통문화와 관습에서 7이라는 숫자는 행운을 나타내는 특별한 의미를 갖는다. 고대 메소포타미아의 천문학에서 7개의 별을 특별한 행성으로 정하고 그에 따라 1주일이라는 시간 단위를 만들었다. 1년과 1달이 자연의 변화에 근거한 시간 단위이지만 1주일은 순수한 인위적 단위인 것이다. 메소포타미아 문명을 이어받은 고대 페르시아 시대부터 이란 민족은 7에 특별한 의미를 부여했으며 역시 메소포타미아 문명의 후계자인 이슬람에서도 천국을 7단계로 나누었고 지구도

7 기후대로 구분했다. 이란 민족에게 7은 완성이나 전체를 의미하는 숫자이다. 그래서 페르시아어 속담 및 관용어구 혹은 지명에서도 7이라는 숫자는 흔히 발견되고 있으며 아기가 출생하고 7일 후 잔치를 치르거나 유아용품을 7개씩 준비하는 등 7이라는 수에 의미를 부여하고 있다. 이 숫자는 놀이 문화에도 적용되었다.

목적	협동심 배양과 순발력 신장
참가자	여성 ■ 남성 ■ 어린이 ■ 성인 ■
유형 및 인원	팀 ■ 개인 □ (팀당 2~8명)
장소	실내 □ 실외 ■
준비물	테니스 공 혹은 플라스틱 공, 7개의 돌

2. 놀이 방식

하프트 상은 규칙이 특별히 복잡하지 않아 누구나 즐길 수 있는 매우 간단한 게임이다. 이 게임을 하려면 테니스 공이나 작은 플라스틱 공과 같이 강하게 던져 돌을 쓰러뜨릴 수 있는 작은 공과 쉽게 쌓아 올릴 수 있는 다양한 크기의 7개의 돌이 필요하다. 게임 참여자는 8~16명을 동수의 두 팀으로 나누고 각 팀은 주장 한 사람을 뽑는다. 이 게임은 팀당 최소 2명이 경기할 수 있지만 가장 효율적인 참여자 수는 팀당 4~5명이다.

먼저 양 팀의 합의나 추첨으로 공격 팀과 수비 팀을 가린 후, 공격 팀은 7개의 돌로 쌓은 후 이 돌탑에서 일정한 거리에 그려진 투구 라인 뒤에 자리를 잡는다. 수비 팀은 돌탑의 반대편에 설정된 반원형의 "수비 아치" 안에 자리를 잡는다. 단, 공격 팀이 던진 공을 가장 먼저 잡는 임무를 부여받은 수비수는 수비 아치를 벗어날 수 있다. 공격 팀 선수들은 차례로 공격 기회를 갖고 공을 던져 돌탑을 쓰러뜨려야 하고, 수비 팀은 공격 팀이 던진 공을 잡아 패스를 하거나 직접 던져 공격 팀 선수들을 맞춰야 한다. 공격수가 공을 던져 탑을 무너뜨리는 데 성공하면 공격 팀의 다음 목표는 탑을 다시 쌓는 것이며 수비 팀의 모든 선수들은 탑을 다시 쌓으려고 시도하는 공격 팀 선수들을 공으로 맞춰 경기장 밖으로 내보내야 한다. 따라서 공격수들은 수비 팀이 던지는 공을 피해가며 돌탑을 쌓도록 시도해야 한다.

공격 팀이 무너진 돌탑을 재건하기 전에 수비 팀이 공격수들을 맞춰 모두 내보내는 데 성공하면 수비에 성공한 것으로 판정되어 다음 공격수 차례로 경기가 이어진다. 그러나 수비 팀이 이를 실패하고 공격 팀이 탑을 재건하는 데 성공하면 공격 팀은 승점 1점을 얻고 다음 공격으로 이어진다. 공격 팀 모든 선수들의 차례가 종료되면 팀의 역할을 바꾼다. 이와 같이 양 팀이 공격과 수비를 한 차례씩 끝내면 승점이 많은 팀이 승리하게 된다.

3. 놀이 규칙

① 공격 팀의 각 선수에게는 탑을 무너뜨리기 위한 투구 기회가 세 차례 주어진다. 세 차례 공을 던져 탑을 무너뜨리는 데 모두 실패하면 공격 기회를 잃고 다음 공격수로 차례가 돌아간다.

② 공격 팀이 승점을 얻는 데 성공하면 그 경기에서 공을 던졌던 공격수에게 공격 기회가 계속 부여되며 1명의 공격수에게 이와 같은 공격 기회는 3회로 한정된다.

③ 공격수가 탑을 성공적으로 무너뜨렸지만 수비 팀 선수가 공이 땅에 바운드 되기 전에 공을 바로 잡은 경우, 그 공격수의 공격 기회는 종료되며 다음 공격수의 차례로 넘어간다.

4. 놀이 규칙 위반

① 공을 던지는 선수가 투구 라인을 밟으면 위반이며 공격 기회를 잃게 된다. 이때 투구 라인을 밟은 채 던진 공이 돌탑을 무너뜨렸다면 다시 쌓는다.

② 공격수가 경기장 밖으로 벗어나 볼을 피하는 것은 위반이며, 위반한 선수

는 경기장 밖으로 퇴장해야 한다.

③ 수비수는 공격수의 이동을 막아서는 안된다. 수비수들은 공을 패스하다가 공으로 공격수를 맞출 수 있다. 그렇지 않으면 위반자는 경기장에서 퇴장해야 한다.

④ 공을 던져서 공격수를 맞추는 것은 위반이 아니지만, 공으로 공격 팀 선수의 몸을 터치하는 것은 위반이다. 위반한 선수는 경기장 밖으로 퇴장해야 한다.

⑤ 수비 아치에서 수비수의 한 발이 완전히 밖으로 벗어나면 위반으로 간주되며, 이 경우 상대 공격수에게 추가로 공을 던질 수 있는 공격 기회 1회가 주어진다. 수비수가 라인을 밟는 것은 위반이 아니다.

⑥ 공격수가 공을 던져 탑을 무너뜨린 후 튀어나온 공을 잡은 수비수가 수비 아치에 공을 패스할 때까지 공격수들은 투구 라인 뒤에 위치하고 있어야 한다.

5. 간단한 도구를 사용하는 유사 놀이들

Qāb-bāzī(발목뼈 던지기)

양의 발목뼈(nuckle bones)를 이용해 즐기는 놀이이기 때문에 주로 유목 문화권에서 성행한 놀이이다. 이란 고원의 유목민들도 여가 생활의 오락으로 이 발목뼈(qāb)를 이용한 놀이를 즐겼는데, 이 놀이가 도시에서 도박으로 발전해 사회적 물의를 일으키기도 했다. 양의 발목에 있는 네모난 뼈의 각 면마다 다양한 이름을 붙여 놀이에 응용했다. 즉, 발목 뼈의 각 면에는 부크(būk), 지크(jīk), 아습(asb), 카르(ḵar)라는 특별한 이름이 있으며 이 뼈의 곡면에도 마찬가지로 셔흐(shākh), 콤(kom), 구즈(qūz), 디버레(dīvāreh)라는 이름이 붙어 있다.

발목 뼈는 두 가지 유형으로 더 나눌 수 있는데 뼈를 그대로 사용한 서데(sādeh '단순한')와 뼈 안을 겉에서는 보이지 않게 납이나 은으로 채워 넣은 버르더르(bārdār '무거운') 혹은 포르(por '채운')가 그것이다.

놀이는 최소 2명에서 최대 10명까지 참여할 수 있다. 게임의 이름은 겁(qab)

의 수에 따라 se－qāb(가장 일반적인 놀이로 3개의 뼈를 사용), chār－qāb(4개), panj－qāb(5개) 등이다. 주사위 놀이처럼 던진 위치에 따라 수치가 결정된다. 뼈를 던진 후 그 결과에 따라 6가지의 승리 위치와 5가지의 패배 위치가 있는 등 규칙이 복잡하다. 그러나 이러한 복잡한 규칙은 도박으로 발전한 후 생긴 것이며 그 이전에 주로 아이들이 즐긴 놀이는 훨씬 단순했으며 여기에서는 순수한 아이들의 놀이만 소개한다.

각 발목 뼈에는 4개의 면이 있으며 각 면에는 놀이의 종류에 따라 다양한 이름이 정해져 있다. 예를 들어, "왕－재상(pādshā－vazīrak)" 놀이에서 뼈의 움푹 패인 오목한 면은 "도둑(dozd)", 튀어나온 볼록한 면은 "연인('āsheq)"이라고 부른다. 만일 뼈를 땅에 던져 오목한 면이 땅을 향하고 갈라진 부분이 앞을 향했다면 왼쪽을 "왕", 오른쪽을 "재상"이라고 부른다. 일종의 재미로 보는 점술 게임에서도 같은 이름이 사용된다. 그러나 3개의 뼈를 사용하는 가장 일반적인 놀이인 세겁(se－qāb)에서 왕에 해당하는 면은 "말(asb)", 재상의 면은 "당나귀(khar)", 연인의 면은 "포크(pok), 도둑의 면은 "제크(jek)"라고 부른다. 포크는 얼굴을 의미하는 보크(bok), 제크는 새의 지저귐을 의미하는 지크(jīk)의 변형이다.

목적	사회의 질서 및 도덕 의식 함양
참가자	여성 ■ 남성 ■ 어린이 ■ 성인 □
유형 및 인원	팀 □ 개인 ■ (2~10명)
장소	실내 □ 실외 ■
준비물	유리 구슬

놀이 방식: "왕-재상(pādshā-vazīrak)" 놀이

① 참가자들은 둥글게 둘러앉아 각자 자신이 준비한 뼈를 주사위처럼 한가운데에 던진다. 누군가 "왕(pādshā)"으로 선정될 때까지 번갈아 가며 던진다. "왕"으로 선정된 사람은 이 놀이의 리더가 된다.

② 동일한 방식으로 “재상(vazīr)”을 선출하면 본격적인 놀이가 시작된다.

③ “왕”과 “재상” 두 사람을 제외한 나머지 사람들은 “도둑(dozd)”이 선정될 때까지 차례로 뼈를 던진다.

④ “도둑”이 선정되면 다음과 같은 대화를 나눈다:
재상: 전하, 제가 도둑을 잡았습니다.
왕(도둑을 향해): 왜 도둑질을 했느냐?
도둑: 쓸 돈이 없습니다.
왕(화난 어조로): 도둑질은 범죄이니라. 벌을 받을 줄 몰랐느냐?

⑤ 도둑이 침묵을 지키면 왕이 형벌을 내리고 재상은 형을 집행한다.

⑥ “왕”은 주변 환경에 맞게 다양한 형벌을 내릴 수 있다. 예를 들어, “도둑”은 근처에 있는 수로나 호수에 가서 손을 씻고 오라는 명령을 받는다. 형 집행이 시작되면 “재상”은 손수건이나 모자 등과 같은 도구로 “도둑”의 등을 때리며 재촉한다. “도둑”도 “재상”의 구타를 피하며 최대한 빨리 왕의 명령을 수행하고 제자리로 돌아오려고 노력한다. 가끔 “왕”은 재미있는 형벌을 내려 참가자들을 즐겁게 하기도 한다. 예를 들어, “도둑”에게 명령을 내려 어느 이웃집 문을 두드려 안에서 사람이 나오면 무언가를 묻고 그 대답을 듣고 오라고 명령한다.

⑦ “도둑”이 자신에게 주어진 형벌을 완수하고 돌아오면 다음 라운드의 놀이를 시작한다.

Tīleh-bāzī(구슬치기)

틸레(tīleh)는 페르시아어로 유리나 사기 혹은 대리석으로 만든 구슬을 의미하며 틸레 버지(tīleh bāzī)는 구슬 놀이를 의미한다. 즉, 우리의 “구슬 놀이” 혹은 “구슬치기”와 유사하며 영어로는 마블즈(marbles)이다. 이란의 각 지역과 아프가니스탄 및 중앙아시아와 같은 페르시아 문화권에서 다양한 명칭을 갖고 있다. 아프가니스탄에서는 굴레 버지(gūleh-bāzī), 호라산(Khorasan) 지역에서는 투슐레 버지(Tūshleh-bāzī)라고 부른다. 한편 이란 남서부의 후제스탄(Khūzestān) 지역에서는 펭 버지(Feng-bāzī) 또는 골룰레 버지(golūleh-bāzī)라고 부른다. 유리 구슬을 땅에 굴리거나 다른 사람의 구슬을 치면서 진행되는 놀이이다. 일반적으로 두 명이 겨루는 이 놀이에는 다양한 놀이 방식이 있다. 물론 이 놀이도 지역에 따라 이름이 다양하지만 지름 10cm, 깊이 5cm의 작은 구멍 2개 이상을 만들고 시작하는 놀이이다. 일부 지역에서는 다수가 참가한 가운데 혹은 팀으로 나누어 진행된다. 유리가 귀했던 옛날에는 돌을 갈아서 직경 1~2.5cm정도의 구슬을 만들어 사용했다. 나중에 유리 구슬이 대중에 널리 보급되었을 때에도 유리 구슬 가격이 여전히 높아 놀이의 승자가 상대방이 사용했던 구슬을 차지하는 일종의 도박으로 발전하기도 했다.

목적	집중력, 경쟁력, 운동 신경 향상
참가자	여성 □ 남성 ■ 어린이 ■ 성인 □ (간혹 여자 어린이도 가능)
유형 및 인원	팀 ■ 개인 ■ (2명 이상)
장소	실내 □ 실외 ■
준비물	유리 구슬

놀이의 종류:

이란에서 이 놀이는 다양한 방식으로 진행되는데 놀이 방식에 따라 다음과 같이 크게 구분할 수 있다:

① 사흐러이(sahrā'ī)

② 비헤 디버리(bikh－e dīvārī)

③ 커슈티(kāshtī)

놀이 방식:

(1) 사흐러이

'사막' 혹은 '광야'를 의미하는 사흐러(sahrā)에서 명칭이 유래되었으며 아무런 도구 없이 구슬만 가지고 야외의 맨 땅에서 두 사람이 겨루는 가장 기본적인 놀이 방식이다. 놀이 방식에는 다음 두 가지가 있다.

– 첫 번째 방식

이 놀이를 위해서는 먼저 구슬이 굴러 들어갈 수 있는 구드(gūd) 혹은 굴루(gūlū)라고 불리는 직경 10cm와 깊이 5cm의 작은 구멍을 땅에 만들어야 하는데 보통 5~6보 간격으로 2~3개 혹은 그 이상을 만든다. 두 명 혹은 그 이상의 경기자들은 순번을 정한 후 자신의 구슬을 구멍을 향해 던지거나 굴린다. 각 경기자의 목표는 구슬을 구멍에 넣는 것이며 구슬을 구멍에 넣어 더 많은 구멍을 차지하는 사람이 해당 라운드에서 승자가 된다. 한 사람이 먼저 구멍을 차지하게 되면 다른 사람은 그 구멍에 구슬을 넣어서는 안 된다. 하나의 구멍을 차지한 후에는 구 멍 밖으로 나와 다른 구멍을 목표로 삼아야 한다. 모든 구멍의 주인이 결정되면 다음 라운드가 속개된다.

– 두 번째 방식

구멍을 파기 어려운 딱딱한 바닥이나 시멘트 및 아스팔트 골목에서도 즐길 수 있는 놀이 방식이다. 경기자들은 먼저 하나의 구슬을 특정한다. 이 구슬을 "목적구(gū–ye hadaf)"라고 부른다. 순번이 정해지면 첫 번째 경기자가 먼저 목적구를 자신이 원하는 방향으로 던지는데 보통은 2m 거리 이상 던져야 한다. 그 다음 순서대로 자신의 구슬을 이 목적구에 가깝게 던진다. 앞서 던진 사람의 구슬이 목적구에 가까이 있다면 상대방의 구슬을 자신의 구슬로 쳐내어 자신의 구슬을 목적구에 더 가까이 보내는 시도도 가능하다. 최종적으로 목적구에 가장 가까이 던진 사람이 승자가 된다.

(2) 비헤 디버리

비헤 디버리(bikh–e dīvārī)는 "벽의 밑둥"을 의미한다. 그 명칭에서 알 수 있듯이 이 놀이 방식에는 벽이 있어야 한다. 경기자들은 순번을 정한 후 벽에서 약 2m 떨어진 거리에서 각자가 벽을 향해 자신의 구슬을 던진다. 벽에 가장 가까이 던진 사람이 승자가 된다. 이 경기 방식에서도 필요하다면 다른 사람의 구슬을 고의로 맞출 수 있다.

(3) 커슈티

커슈티(kāshtī)는 "(밭에 농작물) 심기"를 의미하는데, 사각형 안에 놓아둔 구슬들이 밭에 심어 놓은 농작물을 연상시킨 데에서 유래한 명칭이다. 먼저 땅에 길이 10cm 폭 30cm 정도의 직사각형을 그린다. 경기자들이 합의해 일정수의 구슬들을 각출해 이 사각형 안에 배열한다. 이것을 "구슬을 심는다"고 표현한다. 그 다음에 이 사각형에서 약 5~10m 거리에 구슬을 던지는 투구선을 그린다. 경기자들은 처음에 던지는 사람이 유리하기 때문에 추첨 혹은 가위바위보로 순번을 정한 후 자신의 구슬을 던져 사각형 안에 있는 구슬을 밖으로 쳐낸다. 사각형 안에 있는 구슬을 모두 밖으로 쳐낼 때까지 경기는 계속되며 가장 많이 쳐낸 사람이 승자가 된다.

Tokhm-e morgh-bāzī(삶은 달걀 깨뜨리기)

주로 이란의 설날인 노우루즈(Nourūz) 기간에 즐기는 놀이로 각자 삶은 달걀을 쥐고 서로 부딪쳐 승패를 가리는 놀이이다. 이란인들은 설날을 맞이해 여러 가지 상징적 식품이나 물품들을 탁자 위에 차려 놓고 아름답게 장식하는데 이를 "하프트 신 탁자(sofre-ye haft-sīn)"라고 부른다. 이 탁자 위의 물품 중 하나가 표면에 아름다운 문양을 그려 넣은 삶은 달걀이다. 13일 동안의 설날 축제가 끝나면 식탁을 치우는데 이때 식탁 위를 장식했던 달걀로 놀이를 하는 것이다. 이 놀이 이름도 지역에 따라 다양한데, 예를 들면 어버데(Abādeh)에서는 줄여서 토흠 버지(tokhm bāzī), 시스탄(Sīstān) 지역에서는 타르모그 버지(tarmogh bāzī)라고 부른다.

다양한 연령대에서 이 놀이를 즐기지만 특히 어린이들에게 인기가 있다. 그러나 남녀노소를 막론하고 이 놀이에서 이기려는 승부욕은 대단했던 것으로 보인다. 사파비 왕조 시대에 수도 이스파한에서는 특히 호라산 지역의 사브제버르(Sabzevār) 암탉이 낳은 달걀이 인기가 있었는데 껍질이 단단하고 충격에 강하다고 믿었기 때문이다. 어떤 사람들은 달걀 속을 비우고 석고로 채우는 등의 속임수도 썼다. 이란 북동부의 투르크멘족들 사이에서는 이슬람의 2대 축제 중 하나인 "희생제('Eid-e Qorbān)" 기간에 이 놀이를 즐기는데, 특히 투르크메니스탄의 수도 아스타라바드(Astarabad) 사람들이 즐기던 투계(鬪鷄)의 암탉이 낳은 달걀이 인기가 있었다. 이란 문화에서 달걀은 창조와 번영의 상징이며, 달걀의 둥근 형태는 하늘과 우주의 아치를 상징한다.

목적	단순 오락
참가자	여성 ■ 남성 ■ 어린이 ■ 성인 ■
유형 및 인원	팀 □ 개인 ■ (2 명)
장소	실내 ■ 실외 ■
준비물	삶은 달걀

놀이 방식이나 승패를 가르는 방식은 지극히 간단하다. 삶은 달걀을 손으로 쥐고 한쪽 끝을 밖으로 내민 상태에서 서로 부딪친다. 달걀이 깨졌으면 패자가 된다.

Ye qol Do qol(공기놀이)

우리의 공기놀이와 유사하며 전 세계 거의 모든 지역에서 고대부터 주로 여자 아이들이 즐기던 놀이이다. 이란 전역에서 유행하는 놀이이기 때문에 민족별, 지역별로 놀이 이름도 다양하다. 가장 광범위한 이름은 예골 도골(ye qol do qol, '한 돌 두 돌')이지만, 또 다른 페르시아어로는 우리처럼 5개의 공깃돌을 사용하기 때문에 판즈 상(panj sang '다섯 돌') 혹은 판즈 판즈(panj panj '다섯 다섯')라고 부른다. 그 밖에 투르크어로 베시 더시(besh dash '다섯 돌'), 쿠르드어로 투펄 곰천(tūpāl ghomchān), 로르족의 일족인 라크족의 언어로는 거르춘(qārchūn)이라고 부른다. 이처럼 다양한 지역에서 즐기는 놀이인 만큼 놀이 규칙이나 방식이 조금씩 다르지만 연령과 성별에는 제한을 받지 않는다. 놀이는 일반적으로 2명이 대결을 벌이지만 인원이 많을 경우 팀으로 나누어 경기할 수도 있다.

목적	손 동작의 섬세함 발전, 순발력 향상, 책임감 고취 제고, 협동심 함양
참가자	여성 ■ 남성 ■ 어린이 ■ 성인 ■

유형 및 인원	팀 □ 개인 ■ (2~6명)
장소	실내 ■ 실외 ■
준비물	공기 돌(qol) 5개

1) 놀이의 목적

성장기 아이들에게 손동작의 섬세함을 키우고 순발력을 향상시키는 등 운동 지능 발전에 도움을 준다. 또한 주어진 짧은 시간 안에 완수되는 미션 수행을 통해 책임감도 함양할 수 있다.

2) 놀이 방식

놀이 방식의 대부분이 우리의 공기놀이와 유사하지만 방대한 영토와 수많은 민족으로 구성된 이란에서는 더욱 다양한 방식의 놀이가 발전했으며 어떤 지역에서는 20단계까지 발전했다. 각 단계가 거듭될수록 난이도도 높아진다. 이란에서 가장 일반적으로 즐기는 놀이 단계는 다음과 같다:

게임이 시작되기 전에 참가자들은 5개의 골(qol)을 한 손에 잡고 공중에 던진 다음 이 골들을 손 등에 안착시킨다. 가장 많은 골을 손 등에 얹은 순서대로 게임 순서를 정한다. 한 단계에서 미션 수행에 실패하면 당사자는 그 단계에 머문 채 그 다음 참가자에게 순서를 넘겨야 한다.

(1) 제1단계(ye qol '한 돌')

경기자는 5개의 골(qol, 공기돌)을 바닥에 떨어뜨려 퍼트린 후 그중 하나를 위로 던져 그것이 하강하는 동안 바닥에 있는 다른 골을 집어 든 후 같은 손으로 떨어지는 골을 잡는다. 같은 방법으로 바닥에 있는 나머지 골을 모두 성공적으로 집어 들면 1단계 미션이 완성된다. 바닥의 골을 집어 올리다가 옆의 것을 건드리거나, 떨어지는 골을 놓치면 상대 경기자에게 차례가 넘어간다. 우리 공기놀이에서 '초집기' 혹은 '첫집기'에 해당한다.

(2) 제2단계(do qol '두 돌')

제1단계와 방식은 동일하지만 바닥에 있는 4개의 골을 2개씩 집어 든다는 점만 다르다. 우리 공기놀이의 '두집기'에 해당한다.

(3) 제3단계(se qol '세 돌')

이 단계에서 바닥에 있는 4개의 골 가운데 처음에는 3개, 다음에는 1개의 골을 집어 든다. 우리 공기놀이의 '세집기'에 해당된다.

(4) 제4단계(char qol '네 돌')

이 단계에서는 바닥에 있는 골 4개를 한꺼번에 한 동작으로 집어 든다. 우리 공기놀이의 '네집기'에 해당된다.

(5) 제5단계(qartak)

5개의 골을 모두 한 손에 쥔 후 그중 1개를 공중에 던지고 나머지 골을 손에 쥔 채 검지 손가락으로 땅을 찍은 다음 떨어지는 골을 잡는다. 이것을 우리 공기놀이에서는 '고추장 찍기'라고 부른다.

(6) 제6단계

바닥에 5개의 골을 펼친 후 그중 1개를 집어 공중에 던진다. 이 골이 내려오는 동안 다시 바닥에 있는 골 하나를 집어 든 후 떨어지는 골을 잡는다. 그 다음 손에 있는 2개의 골 중 하나를 다시 공중에 던지고 손에 남아 있는 골은 바닥에 있는 골 하나와 바꾸어 든 후 떨어지는 골을 잡는다. 이러한 방식으로 모든 골을 교체하면 5단계의 미션은 완수된다.

(7) 제7단계(be-shekan)

이 단계는 첫 번째 단계와 완전히 동일하지만 다음과 같이 한 가지 차이점이 있다: 공중에 던진 골을 잡을 때 바닥에서 집어 올려 손 안에 있는 돌과 부딪쳐 소리가 나도록 해야 한다. 이와 동일한 조건으로 나머지 돌들도 손 안에 모아야 미션이 끝난다. 골이 서로 부딪쳐 깨지는 소리가 나기 때문에 이 단계를 "베셰칸(be-shekan '깨뜨려라')"이라고 부른다.

(8) 제8단계(na-shekan)

제7단계와 동일하지만 방식은 정반대이다. 즉, 돌이 부딪치지 않도록, 그래서 소리가 나지 않게 잡아야 한다. 돌이 서로 부딪치지 않기 때문에 이 단계를 "나셰칸(na-shekan '깨뜨리지 마라')"이라고 부른다. 제7단계와 제8단계가 제1단계와 차이라면 제1단계에서는 이러한 조건들과 무관하게 자유롭게 돌을 잡는다는 점이다.

(9) 제9단계

5개의 골을 한꺼번에 공중에 던진 후 두 손을 모아 이 골들을 받아낸다. 그 다음에 두 손 안에 있는 골들을 다시 공중에 던진 후 손을 뒤집어 검지가 맞닿도록 모은 다음 손등으로 골들을 받는다. 5개 중 하나라도 떨어뜨리면 미션은 실패한 것으로 간주된다.

상기와 같은 기본적인 단계 이외에도 다음과 같은 고난도 단계들을 추가할 수 있다.

① 벽(dīvār)

5개의 골을 바닥에 퍼뜨린 후 그 한쪽에 왼손으로(왼손잡이는 오른손으로) 바닥에 수직으로 세워 벽을 만든다. 오른손으로 골 1개를 집어 공중에 던진 후 바닥에 있는 골을 하나씩 벽 반대편으로 옮긴다.

② 다리(pol)

왼손의 엄지와 중지를 바닥에 대고 다리를 만든다. 오른 손으로 5개의 골을 왼손으로 만든 다리 앞에 뿌린다. 이때 상대방이 공중에 던질 골과 다리를 통과시킬 골들의 순서를 지정해 준다. 경기자가 미션을 수행하기 어렵게 지정하는 것이 좋다. 경기자는 상대가 지정한 골을 공중에 던진 후 오른손 손가락으로 바닥에 있는 골을 튀겨 다리 밑으로 통과하게 한 다음 떨어지는 골을 잡는다. 미션이 어려운 만큼 1개의 골을 통과시킬 때마다 3회의 기회를 부여한다. 이런 방식으로 바닥에 있는 4개의 골을 상대방이 지정해 준 순서대로 다리 밑을 통과시키면 미션은 완료된다.

Alak-Dolak(자치기)

알라크 돌라크는 우리의 자치기 및 서양의 팁캐트(tip-cat) 놀이와 유사하다. 긴 막대기로 작은 막대기를 쳐서 멀리 날려 보내며 즐기는 놀이로서 작은 막대기는 알라크(alak), 긴 막대기는 돌라크(dolak)라고 부르며 여기에서 놀이의 명칭이 유래되었다. 페르시아 문화권에서 전통적으로 러베(lābeh), 철리크(chālīk), 알러베(alāveh), 쿠레슈트(kūresht) 등의 다양한 이름으로 알려져 왔다. 13세기 아나톨리아에서 활약한 수피 시인 루미(Rūmī 1273 사망)는 자신이 지은 2개의 시에서 이 놀이를 철리크라고 부르며 다음과 같이 노래했다:

طفلی است سخن گفتن، مردی است خمش کردن   تو رستم چالاکی، نی کودک چالیکی

(조잘대는 것은 아이이고 침묵하는 것은 어른이다. 그대는 기민한 영웅 로스탐이지 철리크 놀이를 하는 아이가 아니다.)

گه تاج سلطانان شوم، گه مکر شیطانان شوم   گه عقل چالاکی شوم، گه طفل چالیکی شوم

(나는 때로는 술탄의 왕관이 되고, 때로는 악마의 교활함이 될 것이다. 나는 때로는 기민한 이성을 가질 것이며, 때로는 철리크 놀이를 하는 아이가 될 것이다.)

일부 역사 자료에 따르면 아라비아 반도에서 이 어린이들의 놀이가 존재했다. 12세기 작가 자마크샤리(Zamakhsharī 1143 사망)는 이슬람의 예언자 무함마드가 어린 시절 이 놀이를 즐기곤 했다고 언급하며 주로 밤에 하는 이 놀이에서 하얀 동물 뼈를 어둠 속에 던지면 아이들이 이것을 찾아내는 형식으로 놀이가 진행되었다고 기록하고 있다.

1) 다양한 명칭

알라크 돌라크는 두 팀으로 나누어 겨루는 이란의 전통놀이로서 아프가니스탄 및 중앙아시아 등지에서도 즐기는 놀이이다. 이란 전역에서 다음과 같은 다양한 이름을 가진 이 놀이의 기원은 약 5,000년 전 고대 페르시아로 거슬러 올라간다.

이름	도시	위치
찰로크모스테 (chalok－mosteh)	시라즈(Shīrāz)	이란 남부
펠조프타크(pel－joftak) 혹은 펠로조프테 (pel－o－jofteh)	이스파한(Isfahān)	이란 중부
차프테 버지 (chafteh bāzī)	케르만(Kermān)	이란 동부
아르체홀루프 (arche－kholūf)	마잔다란(Māzandarān)	이란 북부 카스피해 연안
퍼티머르 버지 (pātīmār－bāzī)	길란(Gīlān)	이란 북부 카스피해 연안
알레추(aleh－chū)	보루제르드(Borūjerd) 및 하마단(Hamadān)	이란 서부
루촌베(lū－chonbeh)	마슈하드(Mashhad)	이란 북동부
알라크 버지(alak－bāzī)	비르잔드(Bīrjand)	이란 북동부
걸추브(gāl－chūb)	니샤푸르(Nīshāpūr)	이란 북동부
할러쿠테(halākūteh)	셈난(Semnān)	이란 북부
필다스테(pīl－dasteh)	타브리즈(Tabrīz)	이란 북서부
알루컨(alū－kān)	사난다즈(Sanandaj)	이란 서부 쿠르드 지역
아미비(amī－bī)	베흐바한((Behbahān)	이란 남서부
알러촌베시 (alā－chonbesh)	가즈빈(Qazvīn)	이란 북부
알컨추차컨 (alkān－chūchakān),	카불(Kabul)	아프가니스탄
걸촌베(gāl－chonbeh)	헤라트(Herat)	아프가니스탄
칠리(chīlī), 철라크(chālak), 칠라 버지(chīla－bāzī)	타슈켄트(Tashkent), 부하라(Bukhara), 사마르칸드(Samarkand)	우즈베키스탄

목적	집중력 및 협동심 함양, 팔다리 운동 능력 향상
참가자	여성 ■ 남성 ■ 어린이 ■ 성인 ■ (10세 이상)
유형 및 인원	팀 ■ 개인 □ (팀당 최소 6명)
장소	실내 □ 실외 ■ (넓고 평평한 운동장)
준비물	길이 70cm와 길이 15cm의 막대기(직경 3cm) 각각 1개, 벽돌 혹은 벽돌 크기의 돌 2개

2) 놀이의 준비

참가자들 중 2명을 뽑아 각 팀의 주장을 맡긴다. 주장들은 순번을 정한 후 나머지 참가자들 중에서 순발력과 체력을 고려해 자신의 팀원을 뽑는다. 경기장의 한쪽 끝에 벽돌 2개를 놓고 그 위에 작은 막대기를 걸쳐 놓는다. 그 다음에 양 팀이 합의 혹은 추첨을 통해 공격과 수비 팀을 결정한다.

3) 놀이 방식

① 공격 팀의 첫 번째 공격수는 도라크(긴 막대기)를 돌 위에 걸쳐 놓은 알라크(짧은 막대기) 밑의 공간에 넣어 알라크를 쳐올려 공중에 띄운 후 떨어지는 알라크를 수비 팀을 향해 돌라크로 힘껏 후려친다.

② 수비 팀은 공중으로 날아오른 알라크를 잡으려고 시도한다. 만일 알라크가 땅에 떨어지기 전에 수비 팀 중 한 명이 이것을 공중에서 바로 잡으면 공격 팀의 공격은 실패로 간주되어 공수가 교대된다.

③ 수비 팀이 알라크를 잡지 못하고 땅에 떨어졌다면 공격수 중 1명이 알라크가 떨어진 장소로 가서 알라크를 집어 들고 땅에 그 자리를 표시해 둔다. 그다음에 공중에 알라크를 띄운 후 떨어지는 알라크를 돌라크로 맞춰 멀리 날려 보낸다. 이때 돌라크로 알라크를 맞추지 못하면 해당 선수는 아웃되고 공격 팀 중의 다른 선수로 교체되어 같은 방법으로 경기가 속개된다.

④ 알라크가 돌라크에 맞아 날아가 다른 곳에 떨어지면 원래 표시해 둔 장소, 다시 말해 알라크가 처음 떨어졌던 장소부터 다시 날아가 떨어진 장소까지의 거리를 돌라크로 재어 그 숫자만큼 점수를 얻는다. 이런 방식으

로 공격 팀의 모든 선수들이 공격을 마치면 점수를 합산해 기록한 후 공수가 교대된다.

⑤ 양 팀이 서로 공격을 주고받으면서 사전에 합의된 점수에 먼저 도달한 팀이 승리한다.

4) 변형 규칙

① 시라즈를 비롯한 일부 지역에서는 첫 번째 공격수가 벽돌에 걸쳐 있는 알라크를 공중에 띄워 돌라크로 쳐낼 때 3회까지 기회를 부여하며 3회 모두 헛치면 해당 선수는 아웃이 되고 두 번째 공격수로 교체된다. 일부 지역에서는 이후의 타격에도 3회의 기회가 주어진다.

② 일부 지역에서는 벽돌이 놓인 장소를 중심으로 반경 2m의 원을 그려 놓고 돌라크로 쳐낸 알라크가 원을 벗어나지 못하면 “구메 쇼데(qūme shodeh, ‘부족’)”가 선언되어 실패로 간주된다.

Gerdū-bāzī(호두 놀이)

이 놀이는 위에서 언급한 “구슬치기(tīleh bāzī)”와 유사하며 유리 구슬 대신에 호두를 사용한다는 점이 다르다. 다시 말해 유리가 귀했던 옛날부터 이란에서 주로 남자아이들이 야외에서 즐기던 놀이였다. “페르시아 문학의 아버지”라고 불리는 10세기의 유명한 시인 루다키(Rūdakī 941 사망)는 아이들이 거리에서 호두 굴리기 놀이를 하며 외치던 “데굴 데굴 굴러간다. 구멍 밑으로(galatan galatan tā bon-e gū)” 노래 소리를 듣고 로버이(robā'ī) 시형의 운율을 창안해 냈다고 전해진다.

목적	집중력, 경쟁력, 운동 신경 향상
참가자	여성 □ 남성 ■ 어린이 ■ 성인 □ (간혹 여자 어린이도 가능)
유형 및 인원	팀 ■ 개인 ■ (2명 이상)
장소	실내 □ 실외 ■
준비물	호두

1) 놀이 방식

① 먼저 땅에 작은 원을 그린다.

② 각자 자신이 가지고 있던 호두를 원 안에 배열한다. 이때 사전 합의에 의해 몇 개씩 놓을지 결정하는데, 보통 참가자의 수에 따라 적당한 수를 결정한다. 다시 말해 참가자가 많으면 하나씩 놓지만 참가자가 적을수록 여러 개의 호두를 놓는다.

③ 이때 주의해야 할 점은 각자 바닥에 내려놓은 호두보다 더 큰 호두 하나를 갖고 있어야 하는데 이 호두를 "샤게(shaqeh)"라고 부른다.

④ 호두가 놓여 있는 원에서 4~5미터 떨어진 지점에서 놀이를 시작한다.

⑤ 추첨을 통해 순번을 정한 후 차례로 원 안에 있는 호두를 향해 자신의 샤게를 던진다.

⑥ 원 밖으로 호두를 쳐내는 데 성공하면 원 밖으로 나온 모든 호두를 차지할 수 있다.

⑦ 원 안의 호두가 없어지면 동일한 방식으로 다음 라운드를 시작한다.

Dāl Palān(돌팔매)

돌팔매 놀이의 일종인 덜 팔런(Dāl Palān)의 다른 이름은 덜 파런(Dāl Parān) 혹은 덜 팔루(Dāl Palū)이다. 유목 문화권이었던 이란 서부 산악 지대, 특히 일럼(Ilām) 지역의 쿠르드(Kurd)족 및 로르(Lor)족 사이에서 유행하던 투석(投石) 경기로 돌을 던져 덜(dāl)이라고 불리는 표적을 맞춰 쓰러뜨리는 경기이다. 이동 생활로 자연 이외에 놀이 도구가 없었던 유목민들이 봄이 되면 들판에 나와 자연의 소생을 만끽하며 남녀노소가 즐기던 놀이였다.

1) 놀이의 준비

여러 사람이 두 팀으로 나뉘며 한 팀은 일반적으로 5명으로 구성된다. 이 중 3명은 주전 선수, 2명은 후보 선수가 된다. 각 선수는 자신이 던질 돌을 여러 개 준비한다. 돌의 선택은 자유이지만 보통 자신의 몸무게에 맞는 공 모양 혹은 둥글고 납작한 모양을 선택한다. 너무 가벼운 돌은 석판(dāl)을 쓰러뜨리기 어렵고 너무 무거운 돌은 힘에 부쳐 정확도가 떨어질 수 있다. 양 팀은 각각 3개의 석판을 준비한다. 덜(dāl)이라고 불리는 이 석판이 각 선수가 던지는 돌팔매질의 표적이 된다. 그 크기는 지역에 따라 다르지만 보통 높이가 25cm, 폭이 15cm이며 양팀의 크기는 동일해야 한다.

목적	팔 근육 단련, 집중력 및 협동심 강화
참가자	여성 ■ 남성 ■ 어린이 ■ 성인 ■
유형 및 인원	팀 ■ 개인 □ (팀당 최소 3명)
장소	실내 □ 실외 ■
준비물	투석용 돌 여러 개, 석판(25 × 15 cm) 6개

2) 놀이 방식

① 양 팀은 서로 10~20m 거리에서 마주보고 선다.

② 양 팀은 자신들이 서 있는 자리 앞에 표적 석판(dāl) 3개를 1m 간격으로 수직으로 세운다.

③ 경기 준비가 끝났으면 양팀은 상대 팀을 향해 현지의 방언으로 다음과 같이 소리친다: "Dāl－e－dasem gāyel bastem (표적은 소(牛)도 묶었던 내 손에 있다)"

④ 양 팀에 1명씩 교대로 나와 석판을 향해 돌을 던진다. 돌을 던질 기회는 1인당 1회뿐이다. 그러나 석판을 쓰러뜨리는 데 성공했다면 기회는 계속 주어진다.

⑤ 각 팀에서 3명씩 교대로 나와 던지면 그것이 한 라운드(marreh)가 된다. 승패를 결정하는 방식은 다음 두 가지가 있다: 첫 번째는 사전에 합의에 의해 몇 라운드까지 진행할 것인지 결정하는데 보통은 5라운드로 진행하며 먼저 3라운드를 승리하면 최종 승자가 되고 무승부일 때는 연장 라운드에서 승패를 결정한다. 두 번째는 최종 목표 점수를 설정해 놓고 그 점수에 먼저 도달하는 팀이 승리하는 방식이다. 다시 말해, 보통은 9점을

설정하는데 석판을 하나 쓰러뜨릴 때마다 1점을 취득하며 라운드를 반복하며 9점을 먼저 얻는 팀이 최종 승자가 된다.

Bāzī-ye Jūrābīn(양말 놀이)

이란 서부의 쿠르드족 주요 거주 지역인 쿠르디스탄(Kurdistan)에서 유행하던 전통놀이였으며 나중에는 그 북쪽으로 전래되어 아제르바이잔주의 아제르 투르크족들 사이에서도 성행했다. 주로 기나긴 겨울 밤이나 이슬람의 단식 기간인 이슬람력 9월인 라마단 기간의 밤에 즐기던 이 놀이는 쿠르드어로 구르바(Gūrvā), 구레비(Gūrevī), 구러(Gūrā) 등으로 불린다. 부족 성향이 강한 쿠르드족이나 아제르 투르크족의 젊은이들은 심지어 부족과 부족, 마을과 마을을 서로 방문하며 이 놀이를 즐겼다.

목적	집중력 및 협동심 강화
참가자	여성 ■ 남성 ■ 어린이 ■ 성인 ■
유형 및 인원	팀 ■ 개인 □ (팀당 최소 2명 이상)
장소	실내 ■ 실외 □
준비물	머루즈(mārūj)라고 불리는 밤톨, 목이 긴 5개의 색색의 양말

1) 놀이 방식

① 우선, 참가자들은 두 팀으로 나뉘어 서로 마주 보고 앉는다.

② 양 팀은 목이 긴 5개의 색색의 양말을 앞에 놓는다.

③ 추첨을 통해 먼저 공격할 팀을 정한다.

④ 먼저 공격 팀 팀원 중 한 명이 머루즈(mārūj)라고 불리는 밤톨(머루즈가 없으면 구슬이나 작은 돌로 대신)을 상대 팀에게 보여 준 후 손 안에 감추고 5개의 양말 안에 손을 넣다가 그중 하나 안에 머루즈를 숨긴다.

⑤ 수비 팀 팀원들은 서로 상의해 어떤 양말에 머루즈가 있는지 맞춰야 한다. 놀이를 진행하는 또 다른 방법은 매 라운드마다 각 팀에서 한 명씩

나와 동일한 방식으로 겨루는 것이다.

⑥ 첫 번째 시도에서 맞추지 못하면 그 양말은 한 쪽으로 제쳐 놓고 나머지 4개의 양말 중에서 맞춰야 하며 두 번째 시도에서도 맞추지 못하면 마찬가지로 옆으로 제쳐 놓고 나머지 3개의 양말 중에 다시 맞춰야 한다. 이런 방식으로 머루즈의 위치를 맞출 때까지 계속되며 최종적으로 옆으로 제쳐 놓은 양말의 수가 공격 팀의 점수가 된다.

⑦ 사전에 합의한 라운드까지 공수를 교대로 반복한 후 최종 점수로 승패를 결정한다.

베신 퍼쇼우(Beshīn Pā-shou)

1. 놀이 개요

페르시아어로 베신(beshīn)은 "앉아"라는 의미의 명령문이며 퍼쇼우(pāshou)는 "일어서"를 의미하는 명령문이다. 이 놀이에서 가장 흔하게 사용하는 지시어 두 가지를 결합해 만들어진 놀이 이름이다. 이 놀이는 시간이나 장소에 구애 받지 않고 아무 도구도 필요 없을 뿐 아니라, 교육 효과와 체력 증진 효과도 커서 이란의 유치원이나 초등학교 저학년 어린이들을 대상으로 가장 흔하게 행해지는 놀이이다.

목적	다리 근육 강화, 집중력 및 민첩성 향상
참가자	여성 ■ 남성 ■ 어린이 ■ 성인 □ (저학년 아동들)
유형 및 인원	팀 □ 개인 ■ (인원 제한 없음)
장소	실내 ■ 실외 ■ (바닥이 평평한 10 × 10m)
준비물	없음

2. 놀이 방식

① 게임 참가자는 일렬로 나란히 서고 놀이 지도자가 그 앞에 선다.

② 지도자는 앉아, 일어서, 앉아, 일어서와 같은 단어들로 지시를 내리면 참가자들은 그 지시에 따라 동작을 취한다.

③ 이러한 지시를 몇 차례 반복하며 동작이 늦거나 잘못된 동작을 취한 참가자는 게임에서 열외가 된다.

④ 그 다음 단계에서 지도자는 "앉아"에 이어 "앉아 있어"를, "일어서" 다음에 "서 있어" 등과 같이 내용을 살짝 변경해 지시를 내린다.

⑤ 그 다음 단계에서 지도자는 "앉지 마" "일어서지 마" 등과 같이 부정 명령형으로 지시를 내린다. 마찬가지로 지시를 위반한 참가자는 열외가 된다.

⑥ 그 다음 단계에서는 지도자의 지시 내용에 반대 동작을 취하게 한다. 예를 들어 지도자가 "앉아"라고 지시하면 참가자들은 일어서야 하며 "일어서"라고 지시하면 앉아야 한다.

⑦ 이와 같은 방식으로 놀이를 계속해 마지막까지 남은 참가자에게 상을 내린다.

이 놀이는 사회 공동체에 협력하고 화합하는 적응력을 키우며 실수 없이 대응하는 경쟁력도 향상시키는 효과를 가지고 있다.

3. 저학년 어린이들을 위한 유사 놀이들

kalāg̱ par(까마귀 날기)

페르시아어로 칼러그 파르(kalāgh par)는 "까마귀 날기"를 의미한다. 동물의 특성을 인지하기 시작한 5세 이하의 어린이들을 대상으로 하는 이 놀이는 이란의 오래된 전통놀이 중 하나이다. 이 놀이를 지도하는 스승을 조로아스터교 경전인 아베스타(Avesta)라고 불렀던 것으로 보아 이슬람 이전의 조로아스터교 시대부터 전해져 내려온 놀이임을 알 수 있다. 어린이들에게 날 수 있는 동물과 날 수 없는 동물을 인지시켜 줄 뿐만 아니라 아이들의 새에 대한 친숙감도 높여 줄 수 있다.

목적	동물 특성 인지, 집중력 alc 기초적 언어 능력 강화
참가자	여성 ■ 남성 ■ 어린이 ■ 성인 □ (5세 이하)
유형 및 인원	팀 □ 개인 ■
장소	실내 ■ 실외 □
준비물	없음

1) 경기 방식

놀이 방식으로는,

① 성인 지도자가 아이들과 함께 바닥에 앉는다.

② 지도자는 자신의 검지손가락을 바닥에 찍으며 아이들에게도 따라하게 한다.

③ 지도자는 검지손가락을 들어 공중에 저으며 "까마귀 날기(kalāgh par)"라고 외친다. 아이들도 지도자의 행동을 따라한다.

④ 지도자는 다시 검지를 바닥에 댄 후 다시 쳐들며 "참새 날기(gojeshk par)" 라고 외친다. 역시 아이들도 따라한다.

⑤ 계속해서 몇몇 새들의 이름을 부르고 아이들도 따라하지만, 간혹 날지 못하는 동물이나 사물의 이름을 외친다. 이때 지도자를 따라서 검지를 들고 공중을 저은 아이는 탈락한다.

⑥ 동일한 방식으로 놀이를 계속해 마지막으로 남은 아이에게 상을 내린다.

바사티(vasatī)

1. 바사티의 개요

페르시아어로 바사트(vasat)는 "중간" 혹은 "가운데"를 의미하며 바사티 놀이는 가운데에 서서 상대방이 던지는 공이나 다른 도구를 피하는 놀이를 일컫는다. 몸을 빠르게 움직여 공을 피하는 경기라고 해서 영어로 닷지볼(dodge ball), 우리말로 피구(避球)라고 부르는 놀이와 동일하다. 이 놀이는 동서고금을 막론하고 전 세계에서 즐기던 전통놀이이다. 공이 발명되기 전에는 갈대 잎이나 헝겊 등을 돌돌 말아서 공 모양으로 만든 도구를 사용했고 한반도에서는 헝겊 주머니 안에 콩이나 모래를 채운 오재미 혹은 오자미라고 불리는 도구를 사용했기에 오재미 놀이라고 부른다. 이란에서도 오랜 역사를 가지고 있는 바사티 놀이는 투르크족이 주로 거주하는 이란 북서부 지역에서는 투르크어로 "가운데 있는 사람을 때린다"라는 의미에서 아라다부르디(arada－vurdi)라고 부른다. 바사티 게임은 땅에 직사각형이나 원을 그리고 경기하는 두 가지 방법이 있다. 이란에서는 사각형 혹은 원 안에 들어가 공을 피하는 수비수들을 특히 "중간의 곰(khers vasat)" 혹은 줄여서 "곰(khers)"이라고 부르며 이 경기를 곰 잡는 경기에 비유했다. 중간의 곰을 의미하는 헤르스 바사트는 축구에서 파생된 별도의 놀이 명칭이 되기도 했다(아래 참조). 바사티 놀이가 공을 피하는 경기라면 아래에 소개한 헤르스 바사트(khers vasat) 및 다스트 레슈테(dast reshteh) 경기는 공을 서로 차지하려는 경기여서 서로 대조를 이룬다.

목적	몸의 민첩성 및 유연성 향상, 행동의 조심성 및 집단의 협동심 함양
참가자	여성 ■　남성 ■　어린이 ■　성인 ■
유형 및 인원	팀 ■　개인 □ (팀당 2~20명)
장소	실내 ■　실외 ■ (평평한 실외 운동장 혹은 넓은 실내 공간)
준비물	공

2. 놀이 방식 및 규칙

① 참가자들을 두 팀으로 나눈 후 합의나 추첨에 의해 공격 팀과 수비 팀을 정한다.

② 땅 위에 길이 15m, 폭 10m의 직사각형을 그린다(참가자 수에 따라 크기는 적당히 조절할 수 있다).

③ 공격 팀은 둘로 나뉘어 선 밖의 양쪽에 도열하고, 수비 팀은 사각형 안으로 들어간다.

④ 공격 팀은 맞은 편에 있는 자기 팀 선수들에게 공을 높이 던져 패스하다가 기회가 오면 직접 공을 던져 사각형 안에 있는 수비 팀 선수들을 맞춘다.

⑤ 수비 팀 선수들은 공에 맞지 않도록 피하지만 공에 맞은 수비수는 사각형 밖으로 퇴장해야 한다. 단, 공이 땅에 바운드된 뒤에 맞으면 공격이 무효가 되기 때문에 퇴장하지 않는다.

⑥ 수비수가 땅에 바운드 되지 않고 날아온 공을 직접 받으면 퇴장했던 수비 팀 선수 중 1명이 사각형 안으로 들어와 다시 경기를 할 수 있다.

⑦ 사각형 안의 수비수들이 모두 퇴장당하면 공수가 교대되어 새로운 경기가 속개된다.

⑧ 수비 팀 중에 아직 퇴장당한 수비수가 없는 상태에서 수비수가 공을 받았다면 예비 포인트로 적립했다가 차후에 퇴장당할 수비수와 상쇄할 수 있다.

⑨ 수비수가 땅에 바운드된 공을 잡으면 그 선수는 퇴장해야 한다.

⑩ 수비 팀의 모든 선수들이 퇴장당하고 한 명만 남은 상태에서는 해당 수비 수가 최대 10회까지 공격을 피한다면 팀원들을 모두 소생시키고 경기를 계속할 수 있다.

3. 바사티 노래

공을 잡은 선수는 보통 다음과 같은 노래를 부르며 자신과 팀원들의 사기를 높이고 상대 팀의 사기를 꺾기도 한다:

내가 볼을 잡았네(ye bol dāram)

나는 공을 좋아한다네(dūsash dāram),

나는 두 번째 공을 기다린다네(montazer–e dovvomīsham).

그 외에도 "원형 바사티"라고 불리는 또 다른 유형의 게임은 땅에 직사각형 대신에 원을 그리고 공격수들이 일정한 간격을 두고 원 주위에 배치된다.

4. 유사한 놀이들

앞서 언급한 바와 같이 다음 놀이들은 바사티와 유사하지만 서로 공을 차지하려고 경쟁한다는 점에서 바사티와 대조된다.

다스트 레슈테(dast reshteh)

"손에 넣기"를 의미하는 다스트 레슈테(dast–reshteh)는 다른 말로 "그의 손에 주기"라는 의미의 다스타시 데흐(dastash deh)라고도 한다. 이 놀이는 평평한 실외나 넓은 실내에서 할 수 있는 주로 어린이들의 놀이이지만 농구나 핸드볼과 같이 공의 패스가 중요한 구기 종목에서 훈련의 일환으로 실시할 수도 있다. 공 대신에 가볍고 안전한 장난감을 사용할 수도 있다. 이 놀이는 가능한 한 공을 피하거나 공에서 멀어지려는 바사티와 반대로 서로 공을 잡거나 빼앗으려고 노력하는 경기이다. 이 놀이의 경기 방식을 응용해 공을 던지는 대신에 발로 패스하는 놀이가 헤르스 바사트(khers vasat)이다.

1) 놀이 방식

① 먼저 추첨을 통해 참가자들 중 한 명을 헤르스 바사트(khers vasat)로 뽑는다. 헤르스 바사트는 "가운데에 있는 곰"을 의미하는데 우리 놀이 문화의 술래에 해당된다.

② 술래가 중앙에 서고 다른 경기자들은 흩어져 술래가 잡을 수 없도록 공을 던져 서로 패스한다.

③ 술래가 중간에서 공을 가로채면 공을 던진 사람이 새로운 술래가 된다.

④ 던져진 공이 받는 사람에게 도달하지 못하고 땅에 떨어졌다면 술래가 공을 잡지 못했어도 던진 사람의 실수로 간주되어 새로운 술래가 된다.

⑤ 공이 무사히 받는 사람에게 도달했지만 받지 못하고 땅에 떨어뜨렸다면 받는 사람의 실수로 간주되어 새로운 술래가 된다.

⑥ 공을 가진 사람이 다른 사람에게 패스하기 전에 공을 가진 채 술래에 의해 몸을 터치 당했다면 공을 가진 사람이 새로운 술래가 된다.

⑦ 이러한 방식으로 경기를 진행할 수도 있지만, 5분 혹은 10분 등과 같이 미리 정해 놓은 시간 내에 술래가 공을 가로채지 못하고 나머지 경기자들이 패스에 성공했다면 술래가 경기에서 탈락하고 나머지 경기자들 사이에서 새로운 술래를 정해 경기를 속개하는 방식으로도 진행할 수 있다. 이 경우 최후에 남은 2명이 승자가 된다.

2) 기타 사항

① 경기장은 최대한 평평해야 하며 인원이 적다면 넓은 실내에서도 가능하다. 실내에서는 경기자들을 방해하는 시설이나 장애물이 없어야 한다.

② 공 대신에 안전하고 가벼운 장난감으로 대체할 수도 있다.

③ 인원이 많을 경우 헤르스 바사트, 즉 술래를 여러 명 선정할 수 있다.

헤르스 바사트(khers vasat)

페르시아어로 헤르스 바사트는 "가운데의 곰"이라는 의미이다. 이것은 원래 위에 언급한 바사티 놀이나 다스트 레슈테 놀이에서 가운데에 서서 공을 피하거나 공을 차지하려는 경기자들을 지칭하는 용어였지만 나중에 별도의 놀이로 발전했다. 헤르스 바사트는 영어로 론도 게임(rondo game)이라고 부르며 서구에서 축구 훈련의 일환으로 발전한 게임이다. 효과적인 기술 훈련이나 흥미를 더하기 위해 너무 넓지 않은 한정된 공간을 선택하는 것이 좋다.

1) 놀이 방식

① 먼저 참가자들 중 한 명 혹은 인원이 많을 경우 여러 명의 "곰(khers)"을 선정한다.

② "곰"은 중앙에 배치되고 나머지는 경기장에 흩어져 분포한다.

③ 손을 제외한 발이나 머리, 다시 말해 축구 경기에서 허용되는 신체 부위를 이용해 공을 패스하면 "곰"은 이 공을 차단하거나 가로채려고 시도한다.

④ 공을 잘못 패스하거나 패스된 공을 잘못 받은 경기자가 새로운 "곰"이 되어 경기를 계속한다.

샤므으 골 파르버네(sham'-gok- parvāneh)

1. 놀이 개요 및 방식

전 세계 모든 민족과 모든 지역에서 보편적으로 즐기던 전통놀이로서 우리의 줄넘기 놀이와 거의 동일하다. 페르시아어로 샤므으(sham')는 촛불, 골(gol)은 장미, 파르버네(parvāneh)는 나비를 의미하는데, 이 놀이에서 참가자들이 줄넘기를 하면서 부르는 노래에서 이 놀이의 이름이 유래되었다. 이 놀이의 또 다른 이름은 글자 그대로 "줄 놀이"라는 의미의 타너브 버지(tanāb bāzī)이다. 보통은 3명이 하는 놀이이지만 그 이상의 인원도 참가할 수 있고 인원이 많으면 팀으로 나누어 즐길 수도 있다. 체력을 단련하는 기본적인 목적 이외에도 줄이 상징하는 수많은 역경과 장애를 뛰어넘는다는 의미에서 특히 아동과 청소년들에게 권장되는 놀이이다.

목적	협동심 배양, 체력 및 순발력 신장, 장애와 역경을 이겨 내는 인내심 향상
참가자	여성 ■ 남성 ■ 어린이 ■ 성인 □
유형 및 인원	팀 ■ 개인 ■ (3명 이상)
장소	실내 □ 실외 ■
준비물	밧줄 혹은 굵은 줄

① 3명의 참가자는 각자 샤므으, 골, 파르버네 중 하나를 자신의 이름으로 정한다. 참가자가 더 많을 때는 수산(sūsan, 백합), 손볼(sonbol, 히야신스), 아프서네(afsāneh) 등을 자신의 이름으로 정한다.

② 밧줄 중간에 설 1명을 정한 후 나머지 두 명은 밧줄을 양쪽 끝에서 잡는다.

③ 밧줄을 잡은 두 사람은 밧줄의 중앙 부분이 땅에 살짝 닿도록 밧줄을 돌린다.

④ 밧줄 중앙에 있는 사람은 밧줄이 발에 걸리지 않도록 뛰어 넘으며 밧줄을 한 차례 돌릴 때 마다 참가자들 각자가 선택한 이름들을 나열하며 노래한다:

"샤므으, 골, 파르버네, 수산, 손볼, 아프서네 …."

(sham, gol, parvāneh, sūsan, sonbol, afsāneh ….)

⑤ 중앙에서 줄을 뛰어넘다가 발이 줄에 걸리면 걸릴 당시에 부르던 이름의 당사자로 교체된다. 예를 들어 "아프서네"라고 외칠 때 줄에 걸렸다면 아프서네를 이름으로 선택한 참가자가 밧줄 중앙에 서서 다시 경기를 시작한다.

2. 놀이의 응용

① 참가자가 여러 명일 때는 줄을 돌리는 사람 이외의 모든 인원이 줄 안에 들어가 뛰어넘다가 자신이 정한 이름이 외쳐질 때마다 밖으로 한 명씩 뛰쳐나온다. 모두가 줄에 걸리지 않고 뛰쳐나왔다면, 계속해서 자신의 이름이 호명될 때 줄 안으로 한 명씩 들어간다.

② 참가자가 더 많을 때는 팀 단위로 놀이를 즐길 수 있다. 이때도 팀 별로 이름을 정해 놀이를 진행한다.

3. 동요나 대화를 동반한 유사 놀이들

Āftāb mahtāb che range(햇빛과 달빛은 무슨 색?)

역사가 오래된 이란의 전통놀이이며 우리에게도 익숙한 놀이이다. 아무런 도구 없이 간단하게 즐기는 놀이이기 때문에 옛날부터 전 세계에서 어린이들 사이에서 널리 유행해 왔지만 이란에서는 이 놀이와 함께 다양한 노래를 부른다는 것이 특징이다.

목적	신체의 유연성 향상, 우정 및 감성 함양
참가자	여성 ■ 남성 ■ 어린이 ■ 성인 □ (7~13세)
유형 및 인원	팀 □ 개인 ■ (신장과 체중이 비슷한 2명)
장소	실내 ■ 실외 ■ (바닥이 평평한 실내 및 실외)
준비물	없음

1) 놀이 방식

① 두 명의 어린이가 등을 맞대고 서서 등 뒤로 서로 팔짱을 낀다.

② 한 명이 허리를 구부려 파트너를 등 위에 태우고 다음과 같이 노래한다:
"햇빛과 달빛은 무슨 색인가요?(āftāb mahtāb che range?)"

③ 다른 한 명은 파트너의 등에 몸을 맡긴 채 하늘을 바라보며 다음과 같이 대답한다:

"빨강과 하양 두 가지 색이랍니다(sorkh-o-sefīd do range)"

④ 두 어린이가 자세를 바꿔 이번에는 허리를 구부린 아이가 다음과 같이 노래한다:

"우리의 세상은 아름답답니다(donyā-ye mā qashange)"

⑤ 하늘을 바라보는 아이가 다음과 같이 대답한다:

"그곳의 사람들은 각양각색이랍니다(ādamhāsh rangārange)"

2) 놀이 동요

이 놀이와 함께 아이들이 부르는 동요는 지역마다 다양하다. 예를 들어 투르크족이 주로 거주하는 이란 서부의 아제르바이잔주에서 이 놀이의 이름은 투르크어로 “구이데 네 바르(gūyde ne vār)”, 즉 “하늘에 무엇이 있나요?”를 의미하는데, 노래도 투르크어로 다음과 같이 서로 주고받는다:

하늘에 무엇이 있나요?(gūyde ne vār)
하늘의 구슬이 있습니다(gūy mīnjīqī)
땅에는 무엇이 있나요?(parde ne vār)
땅의 구슬이 있습니다(par mīnjīqī)
당신의 이름은 무엇인가요?(ādūn nedī)
공장(工場)입니다(karkhānā)
그러면 나를 지붕 위로 데려가 주세요(gūtī manī mīndīr dāmā)

또한 쿠르드 족이 주로 거주하는 이란 서부의 케르먼샤흐(Kermānshāh) 지역에서는 다음과 같이 쿠르드어로 노래한다:

빵도 마르고, 내 등도 말랐습니다(nāfe rafe, posht raqe)
오 노란 착차게 꽃이여!(āy chaqchaqe, āy chaqchaqe)
오늘 밤은 달빛 비추는 밤입니다(emshav shave, māngāh shave)
케이호스로우의 딸이 결혼하는 밤입니다(sūr dūtiye keikhosrave)

Atal matal tūtūleh(아탈 마탈 투틀레)

옛날부터 이란에서 전해 내려오는 어린이들의 전통놀이이지만, 우리에게도 익숙한 놀이이다. 바로 앞에서 언급한 “어프텁 마흐텁 체 랑게”와 마찬가지로 동요를 부르며 즐기는 놀이인데 동요의 가사 첫 부분에서 이 놀이의 이름이 유래되었다. 하지만 “아탈 마탈 투틀레”에는 별다른 의미가 없으며 단지 흥겨운 리듬감을 나타내기 위해 만들어진 구절이다.

목적	우정 및 감성 함양
참가자	여성 ■ 남성 ■ 어린이 ■ 성인 □ (4~13세)
유형 및 인원	팀 □ 개인 ■ (3명 이상)
장소	실내 ■ 실외 □
준비물	없음

1) 놀이 방식

① 참가한 아이들은 나란히 다리를 앞으로 뻗고 앉는다.

② 게임 지도자가 그 앞에 앉는다.

③ 함께 동요 "아탈 마탈 투틀레"를 부르는 동안 지도자는 동요의 박자에 맞춰 아이들의 발을 차례로 가리킨다.

④ 동요가 끝나는 시점에서 마지막 박자 "접으세요(varchīn)"에서 지적된 아이는 그 발을 뒤로 접는다.

⑤ 마지막으로 한 아이의 한 발이 남을 때까지 동일한 방식으로 놀이를 계속한다.

⑥ 마지막으로 남은 아이가 술래가 된다.

⑦ 술래에게는 "반죽 치기(tap tap－e khamīr)"라고 불리는 벌칙이 가해진다. 술래가 눈을 가리면 나머지 아이들 중 한 명이 손을 든다. 술래는 누가 손을 들었는지 맞춘다. 세 번 주어진 기회를 모두 틀리면 모든 아이들은 밀가루를 반죽하듯이 엎드린 술래의 등을 두드리거나 간지럼을 태우며 놀이를 마무리한다.

2) 놀이의 동요

이 놀이에 사용되는 동요는 이란의 동요들 대부분이 그렇듯이 각운이 잘 맞춰져 있으며, 전체적으로는 페르시아어 문장으로 되어 있지만 중간 중간에 투르크어 단어들이 들어 있는 것으로 보아 이 동요는 투르크족이 많이 거주하는 이란 북서부 지역에서 유래된 것으로 보인다. 동요의 내용은 다음과 같다:

아탈 마탈 투틀레(atal matal tutleh)

하산의 소는 어떤 종류인가요?(gāv－e Hasan che jūre)

젖도 젖통도 없답니다(na shīr dare na pastūn)

그의 우유를 인도로 가져갔답니다(shīrashū bordan Hendestūn)

쿠르드족 여인 한 명을 붙잡으세요(yek zan－e Kordī besetūn)

그녀의 이름을 사촌 누이라고 부르세요(esmashū bezār ʿam qezī)

그녀의 모자 테두리는 붉은 색이랍니다(dour－e kolāsh qermezī)

이것을 접으세요, 저것을 접으세요(hāchīn o māchīn)

당신의 다리 한 쪽을 접으세요(ye pā to varchīn)

Jom-jomak barg-e khazūn(낙엽이 살랑 살랑)

이란의 오래된 어린이 전통놀이 중 하나로 우리의 전통놀이와 유사하다. 아무 도구 없이 실내에서 동요를 부르며 간단히 즐길 수 있는 놀이이다. 어머니의 아름다운 머리 결을 주제로 한 동요의 가사 첫 구절에서 놀이의 이름이 유래되었다.

목적	우정 및 감성 함양, 기초적 지각 능력 강화
참가자	여성 ■ 남성 ■ 어린이 ■ 성인 □ (4~13세)
유형 및 인원	팀 □ 개인 ■ (3명 이상)
장소	실내 ■ 실외 □
준비물	없음

1) 놀이 방식

① 아이들은 빙 둘러서서 자신들의 주먹을 내밀고 서로 겹겹이 쌓아 탑을 만든다.

② "낙엽이 살랑 살랑(jom－jomak barg－e khazūn)"이라는 제목의 동요를 부르며 박자에 맞춰 주먹으로 만든 탑을 위 아래로 움직인다.

③ 처음에는 노래를 느리게 부르다가 박자를 점점 빠르게 맞추고 주먹의 동

작도 점점 빠르게 움직인다.

④ 가장 먼저 탑에서 주먹이 빠져나간 아이가 술래가 되며 위에서 언급한 "반죽 치기" 등의 다양한 벌칙을 부과한다.

2) 놀이의 동요

낙엽이 살랑 살랑(jom－jomak barg－e khazūn)
나의 어머니는 시민 여사(mādaram Sīmīn Khānom)
활처럼 고불고불 머릿결을 갖고 있지요(gīs dāre qadd－e kamūn)
활보다 더 길지요(az kamūn boland－tare)
석탄보다 더 검지요(az shabaq moshkī－tare)
그녀의 머리 결은 빗을 원한답니다(gīs－e ūn shūneh mī－khād)
튀르키예석 빗을 원한답니다(shūne－ye fīrūzeh mī－khād)
서른 날 동안 목욕을 원한답니다(hammām－e sī rūzeh mī－khād)
나는 여기를 찾고 저기를 찾았습니다(hā－jostam o mā－jostam)
연못 속에서 은을 찾았습니다(tū houz noqreh jostam)
은은 나의 소금 통이 되었답니다(noqreh namakdūnam shod)
허자리는 나의 희생양이 되었답니다(Hājarī be qorbūnam shod)

Līlī līlī ḥaużak(작은 연못의 리리)

이란의 전래 동화를 바탕으로 만들어진 이란 고유의 오래된 전통놀이 중 하나이다. 이 놀이는 이제 막 동물의 특성을 인지하기 시작한 어린 아이들에게 단순한 놀이로서의 재미뿐만 아니라 언어적 흥미도 부여한다. 또한 부모 혹은 교사와 아이의 손을 통한 신체적 접촉은 아이의 안정적 정서 함양에도 도움을 주어 오늘날 가정과 유치원 등에서 널리 행해지는 놀이가 되었다.

1) 전래 동화와 애니메이션

이 놀이는 이란 민족의 오래된 전래 동화에서 유래된 놀이인데, 이 동화의 내용을 요약하면 다음과 같다:

"알에서 깨어난 병아리 리리(Lī Lī)는 아직 삶에 대한 경험이 부족해 물을 마시러 왔다가 작은 연못에 빠진다. 이를 본 암탉과 수탉은 다른 동물들에게 도움을 요청하지만 모든 동물이 자신의 일에만 열중할 뿐이었다. 절망과 불안이 극에 달했을 때 구원의 손길이 펼쳐진다. 위기의 상황에서 구원에 나선 것은 다름 아닌 염소였다. 염소의 의로운 행동에 감동한 다른 동물들도 모두 나서서 배를 만들고, 병아리에 줄 음식과 옷을 준비하는 등, 노력을 펼친 끝에 결국 병아리를 구해 냈다."

이 전래 동화에서 수많은 동물 중 염소가 구세주로 등장한 것은 고대 이란 민족의 성스러운 상징인 산양과 전혀 무관하지 않은 것으로 보인다.

이 놀이와 관련된 전래 동화를 주제로 바지홀라 파르드 모가담(Vajīhollāh Fard Moqaddam)은 1992년 "작은 연못의 리리(Lī Lī houzak)"라는 제목의 교육용 애니메이션을 제작했다. 4분 분량의 4밀리미터로 제작된 이 만화 영화는 우리나라를 비롯한 세계 곳곳의 애니메이션 영화제에서 수많은 상을 수상한 바 있다.

목적	동물 특성 인지, 정의감 및 안정적 정서 함양, 기초적 언어 능력 강화
참가자	여성 ■ 남성 ■ 어린이 ■ 성인 □ (4~8세)
유형 및 인원	팀 □ 개인 ■ (성인과 유아)
장소	실내 ■ 실외 □
준비물	없음

2) 놀이 방식

① 성인 지도자(부모나 교사)와 아이가 마주 앉는다.

② 지도자는 아이의 손바닥을 펼쳐 잡은 후, 병아리를 상징하는 자신의 검지 손가락으로 연못을 상징하는 아이의 손바닥 한 가운데를 짚어 가며 다음과 같이 말한다: "작은 연못의 리리, 리리"(Lī Lī, Lī Lī houzak)

③ 그 다음 아이의 새끼 손가락을 접으며 다음과 같이 말한다: "물을 마시러 왔다가 작은 연못에 빠졌답니다."(jūjū ūmad āb be−khore, oftād tū houzak)

④ 그 다음 아이의 약지를 접으며 다음과 같이 말한다: "이 사람이 그 아이를 꺼내 주었답니다."(īn darash āvard)

⑤ 그 다음 아이의 중지를 접으며 다음과 같이 말한다: "이 사람이 그 아이를 말려 주었답니다."(īn khoshkash kard)

⑥ 그 다음 아이의 검지를 접으며 다음과 같이 말한다: "이 사람이 그 아이를 어루만져 주었답니다."(īn nāzash kard)

⑦ 엄지를 제외한 모든 손가락이 굽혀진 상태에서 지도자는 아이의 새끼 손가락을 가리키며 다음과 같이 묻는다: "누가 이 아이를 날게 했나요?"(kī parvāzash kard)

⑧ 아이는 엄지 손가락을 치켜 세우며 대답한다: "접니다. 힘이 센 접니다."(mane, mane kalleh gondeh)

3) 놀이의 응용

이 놀이에서 나누는 대화는 지역에 따라 다양하다. 또한 지도자 자신이 즉석에서 대화 내용을 창작할 수도 있다. 예를 들면 병아리 대신 참새나 비둘기로 바꾸어 아이들에게 새들에 대한 관심이나 친밀감을 유도할 수 있고 새를 구조하는 행동을 다양화 해서 아이들에게 어려움에 처한 사람을 도와주는 정의감을 심어 줄 수도 있다. 다음은 이란에서 사용되는 또 다른 버전의 대화 내용이다:

① 나쁜 행위를 응징하는 버전

작은 연못의 리리 리리(Līlī Līlī houzak)

(새끼 손가락을 접으며) 병아리가 물을 마시러 왔다가 작은 연못에 빠졌답니다

(jū jū ūmad āb be−khore, oftād tū houzak)

(약지를 접으며) 이 아이가 말합니다: 훔치러 가자(īn mī−ge berīm dozdī)

(중지를 접으며) 이 아이가 말합니다: 무엇 무엇을 훔칠 건데?(īn mī−ge chī

chī be−dozdīm)

(검지를 접으며) 이 아이가 말합니다: 왕의 금 대야(īn mī−ge tasht−e talā−ye pādshāh rū)

(지도자의 질문) 하나님의 벌을 누가 줄 거지?(javāb−e khodā kī mī−de)

(아이의 대답) 제가, 힘이 센 제가(mane mane kalleh gondeh)

② 참새 버전

작은 연못의 리리 리리(Līlī Līlī houzak)

(새끼 손가락을 접으며) 새끼 참새가 물을 마시러 왔다가 작은 연못에 빠졌답니다 (gonjeshke ūmad āb be−khore, oftād tū houzak)

(약지를 접으며) 이 사람이 그 아이를 꺼내 주었습니다(īn yekī darash āvard)

(중지를 접으며) 이 사람이 그에게 물을 주었습니다(īn yekī ābash dād)

(검지를 접으며) 이 사람이 그에게 빵을 주었습니다(īn yekī nūnash dād)

(지도자의 질문) 누가 그를 밀었지?(kī halash dād)

(아이의 대답) 제가, 힘이 센 제가(mane mane kalleh gondeh)

Amū zanjīrbāf(사슬 엮는 아저씨)

이란 민족 고유의 놀이인 "암무 잔지르버프('ammū zanjīr−bāf)는 주로 이란의 설날인 노우루즈(nourūz)에서 즐기는 봄맞이 놀이 중 하나이다. 이란의 설날은 춘분인 3월 21일이기 때문에 봄이 무르익는 시기이며 이 놀이에서는 봄의 도래를 상징하는 다음과 같은 다양한 요소들이 포함되어 있다:

① 사슬 엮는 아저씨

봄의 신을 상징한다. 그는 봄을 얽어 놓았던 겨울의 사슬을 풀어 그 사슬을 산등성이 뒤로 던짐으로써 만물이 소생하는 봄이 도래하도록 하는 역할을 담당한다. 겨울의 무거운 짐을 벗어던지는 것이다.

② 리더와 다른 참가자들

어떤 특별한 이름이나 지위를 갖지 않은 세상 사람들을 상징한다.

③ 아버지(bābā)

풍요와 생명을 가져오는 봄을 상징한다.

④ 동물 울음 소리

봄을 맞이해 겨울잠에서 깨어나는 만물의 소생을 상징한다.

목적	자연의 이치에 대한 인식 제고, 협동심 함양
참가자	여성 ■ 남성 ■ 어린이 ■ 성인 ■
유형 및 인원	팀 □ 개인 ■
장소	실내 ■ 실외 ■
준비물	없음

1) 놀이 방식

① 참가자들 중 체력, 키, 몸무게가 다른 사람들보다 큰 두 사람을 선택한다. 한 사람은 리더(sar) 역할을 하고, 다른 한 사람은 "사슬 엮는 아저씨(‘ammū zanjīr–bāf)" 역할을 한다.

② 참가자들은 서로 손을 맞잡아 "사슬"을 만들고 리더와 사슬 엮는 아저씨는 이 사슬의 양쪽 끝에 자리 잡아 활 모양의 호를 만들어 선다.

③ 리더는 사슬 엮는 아저씨와 동요 형식으로 된 다음과 같은 몇 가지 질문과 대답을 주고받는데, 이때 모든 참가자들도 함께 대답한다:

(리더가 먼저 말문을 열며 다음과 같은 대화가 이어진다.)

– 사슬 엮는 아저씨! (‘ammū zanjīr–bāf)

– 네! (baleh)

– 제 사슬을 엮었나요? (zanjīr–e manū bāftī)

– 네! (baleh)

– 산 뒤로 던졌나요? (posht–e kūh andākhtī)

– 네! (baleh)

– 아버지가 오셨네요! (bābā ūmadeh)

– 무엇을 가져오셨나요? (chī chī āvardeh)

– 콩과 자두 (nokhod o keshmesh)

– 먹고 오세요. (bekhor o biyā)

– 어떤 소리로? (bā sedā–ye chī)

– 고양이 소리로. (bā sedā–ye gorbeh)

④ 이와 같은 대화 끝에 사슬 엮는 아저씨가 동물 이름을 말하면 리더는 동물 울음소리를 흉내 내며 먹는 동작을 취한다. (사슬 엮는 아저씨는 매 게임마다 당나귀, 말, 소 등의 동물 이름을 바꿀 수 있다.)

⑤ 나머지 참가자들도 리더를 따라 같은 동물의 울음소리를 내며 먹는 동작을 취한다.

⑥ 리더를 선두로 손을 잡은 상태의 사슬을 유지한 채 사슬 엮는 아저씨"와 그 바로 앞 사람이 맞잡은 손 밑을 연이어 통과한다.

⑦ 이렇게 되면 사슬 엮는 아저씨 바로 앞 사람은 다른 사람과 반대 방향으로 서서 팔이 꼬인 채 옆 사람과 손을 잡은 상태가 되고 모든 참가자는 사슬의 원래 위치로 돌아가게 되며 동물 울음 이름과 울음소리만 바뀔 뿐 게임은 계속 이어진다.

⑧ 두 번째 게임에서는 팔이 꼬인 두 번째 사람과 세 번째 사람이 맞잡은 손 밑을 통과하고 이번에는 세 번째 사람의 팔이 꼬이게 된다. 이런 방식으로 게임을 계속할 때마다 한 사람 씩 팔이 꼬인 상태가 된다. 결국 마지막에는 사슬 엮는 아저씨를 제외하고 모두가 팔이 꼬여 사슬 모양이 된다.

⑨ 사슬이 완성되면 리더와 사슬 엮는 아저씨가 양쪽에서 사슬을 당긴다. 참가자들은 사슬이 끊어지지 않도록 더욱 굳세게 손을 잡지만, 결국 사슬이 끊어지면 손을 놓친 두 사람에게 벌칙이 주어진다.

Gorgam o galla mī-baram(나는 늑대다. 양 떼를 잡아가겠다)

우리의 놀이와 유사하지만, 역할극과 대사를 곁들인 어린이들의 놀이이다. 참가자들 중 1명은 늑대(gorg), 1명은 양치기(chūpūn), 나머지는 양 떼(galleh)의 역할을 분담한다. 몸의 형태, 걷는 모습, 목소리 등과 같은 각자의 역할에 따른 캐릭터의 특성을 놀이 중에 보여 주려고 노력해야 한다. 놀이 중의 대사인 "나는 늑대다. 양 떼들을 잡아가겠다"가 놀이의 명칭이 되었다.

목적	자신의 존재감 함양, 순발력 및 협동심 향상
참가자	여성 ■ 남성 ■ 어린이 ■ 성인 □ (7 ~ 12 세)
유형 및 인원	팀 ■ 개인 □ (3명 이상)
장소	실내 ■ 실외 ■ (평평하고 넓은 장소)
준비물	없음

1) 놀이 방식

① 어린 양들은 양치기 뒤에 일렬로 서서 양손으로 앞 사람의 허리를 잡고 열을 만든다. 늑대는 양들의 앞에 서서 늑대의 특성을 묘사하며 다음과 같은 대화를 나눈다:

늑대: (늑대처럼 손을 갈고리 모양으로 벌리며) 나는 늑대다. 양들을 잡아가겠다. (Gorgam va galleh mī–baram)

양떼들: 나에게는 양치기가 있다. 그렇게는 못한다. (chūpūn dāram. Nemī–zāram)

늑대: (자신의 이빨을 드러내며) 내 이빨이 더 날카롭다. (dandūn–e man tīztare)

양떼들: 내 꼬리가 더 맛있다. (dombe–ye man lazīztare)

늑대: 이모네 집은 어느 쪽이냐? (khūne–ye khāleh kodūm vare)

양떼들: (좌우로 움직이며) 이쪽저쪽. (azīn var o azūn vare)

② 늑대가 펄쩍펄쩍 뛰며 좌우로 공격을 시작하면 양치기는 어린 양들의 생명이 위험에 빠졌음을 알고 두 팔을 벌려 좌우로 움직이며 방어한다. 이러한 공격과 방어가 진행되는 과정에서 늑대의 "이모네 집은 어느 쪽이냐"라는 질문과 양들의 "이쪽, 저쪽"이라는 대답은 반복된다.

③ 허리를 잡고 열을 형성하고 있던 양떼가 늑대의 공격을 받아 열에서 떨어져 나오거나 늑대에 의해 잡힌 양들은 탈락된다. 이러한 방식으로 모든 양떼가 늑대에 의해 포획될 때까지 놀이는 계속된다.

2) 응용

① 일부 지역에서는 이 놀이의 에필로그가 추가되는데 어린이들에게 신앙심을 고취시키려는 목적이 담겨 있으며 다음과 같이 진행된다:
양 떼를 잃은 양치기는 슬픔에 잠겨 운다. 양의 역할을 맡았던 아이들 중 한 명이 그 옆을 지나가는 척하면서 양을 돌려주면 무엇을 주겠느냐고 묻는다.

② 양치기가 여러 가지를 대답하지만 모두 거절당한다.

③ 마지막으로 양치기는 "살라버트(ṣalavāt)"라고 대답하고 모든 양떼들이 풀려나 함께 기쁨을 나눈다. 살라버트는 하나님과 예언자 무함마드 및 그의 후손들에 대한 찬사 및 안부의 기도를 말한다.

호루스 장기(Khorūs jangī)

1. 놀이 개요

우리의 "닭싸움", 즉 실제 닭들을 싸우게 하는 투계(鬪鷄)가 아니라 사람이 한 발로만 서서 서로 겨루는 놀이와 유사하다. 다만 우리 문화에서는 단순한 오락거리로 즐기던 놀이였던 것에 비해, 이란에서 이 놀이는 엄격한 규칙을 정하고 심판 입회하에 진행되며 각 마을에서 대표팀이 구성되어 대회에 참여하는 등 일종의 스포츠 경기 종목처럼 발전했다. 알라흐타르(alakhtar), 알라흐타라크(alakhtarak), 알라흐투르(alakhtūr), 바르머저(varmāzā) 등 지역에 따라 다양한 이름으로 불려지며 호루스 장기(khorūs jangī)는 우리와 동일하게 "닭 싸움"을 의미한다. 또한 '한 발로 서기'라는 의미에서 예크 랑게 퍼(yek lange pā)라고도 부르는데, 그 때문에 소위 "외발 뛰기(lei lei)" 놀이들 중 하나이다.

이 놀이가 우리의 닭싸움과 다른 점은 한 발로 서는 방법이다. 우리의 닭싸움은 한 발을 완전히 접고 허리 부분까지 올려 두 손으로 잡는 반면에 이란의 닭싸움은 한 발을 등뒤로 돌려 한 손으로 발목 부위를 잡는다. 따라서 우리의 닭싸움은 두 손을 사용하지 못하고 다리나 어깨를 부딪쳐 겨루지만 이란의 닭싸움은 한 손을 사용할 수 있고 비교적 움직임도 자유롭다. 다소 격렬한 경기이기 때문에 넘어질 때의 부상을 방지하기 위해 주로 잔디 위에서 경기를 진행하며 경기장의 규격은 선수 인원에 따라 다양하게 조정될 수 있다. 한 팀이 5명의 선수로 구성될 경우 길이 20m 폭 10m, 한 팀이 7명 이상의 선수로 구성될 경우 길이 30m 폭 20m로 확대된다. 간단한 놀이로 즐길 때는 한 팀에 최소 2명만 있으면 된다. 강인한 체력이 요구되기 때문에 주로 남성들이 즐기는 놀이이다. 지역에 따라 혹은 대회에 따라 적용되는 규정은 조금씩 차이가 난다. 보통은 배구나 탁구처럼 3라운드까지 진행되며 매 라운드마다 점수를 많이 얻는 팀이 승리한다. 이처럼 단체전이 아니라 개인전으로 치를 수도 있는데 각 팀에서 한 명씩 나와 1:1로 경기를 해 승자는 경기장에 외발 상태를 유지한 채 상대 팀의 다음 선수와 역시 1:1로 겨룬다. 이와 같은 방식으로 최후까지 남는 팀이 승리한다.

목적	체력 향상, 협동심 및 희생 정신 함양
참가자	여성 □ 남성 ■ 어린이 ■ 성인 □ (저학년 아동들)
유형 및 인원	팀 ■ 개인 □ (한 팀 최소 2인, 보통은 5인조 혹은 7인조)
장소	실내 □ 실외 ■ (바닥이 평평한 잔디 10 × 20m 혹은 20 × 30m)
준비물	없음

놀이 종류

① 단체전: 일정한 규격의 경기장 안에서 선수 전원이 들어가 겨루는 방식

② 개인전: 각 팀에서 1명씩 나와 1:1로 경기. 승자는 남아 계속 경기하는 연승 방식

선수 구성

최소 2인조, 보통은 5인조(+ 후보 선수 1인) 혹은 7인조(+ 후보 선수 1~2인)

심판 구성

주심 1인, 부심 2인

놀이 시간

제한 없이 한 팀이 전원 탈락할 때까지 계속

놀이 장소 및 규격

평평한 잔디 혹은 흙 바닥

길이 20m 폭 10m(5인조) / 길이 30m 폭 20m(7인조)

참가자 복장

특별한 복장은 필요 없고 간편한 운동복 차림, 손으로 잡는 발의 운동화는 벗어도 무방하다.

2. 놀이 방식

경기 방식은 각 팀에서 1명씩 나와서 1:1로 맞대결을 치르는 개인전과 팀원 전체가 경기장에 나와 동시에 겨루는 단체전으로 나뉜다. 개인전의 경우 승자는 외발 상태(lei lei)를 유지한 채 상대팀의 다음 선수와 계속 경기하는 연승 대항전 형식이다. 개인전이 보편적인 경기 방식이며 단체전은 마을과 마을 혹은 부족과 부족의 강한 경쟁 의식을 가지고 치러지는 백병전이다.

개인전

① 주심이 경기장 중앙에 서고 부심 2인은 경기장 양쪽 끝에 1명씩 선다.

② 주심이 경기 개시를 선언하면 양 팀에서 한 사람이 경기장 양쪽 끝에서 입장해 맞대결을 펼친다.

③ 승패는 2가지 방법으로 결정된다. 첫 번째는 한 손이나 어깨로 서로 상대방을 공격해 먼저 균형을 잃고 넘어지거나 뒤로 잡은 다리를 놓치면 패자가 된다. 두 번째는 상대방의 라인 끝에 먼저 도달하면 승자가 된다.

④ 맞대결의 승자는 그대로 경기장에 남아 다음 상대를 기다린다. 이때 외발 상태를 계속 유지하고 있어야 한다.

⑤ 이처럼 한 사람이 여러 명에게 승리할 수 있는 연승 대항 방식이며 끝까지 승자로 남는 팀이 승리 팀이 된다.

⑥ 한 라운드의 단판 승부로 끝낼 수도 있지만, 사전 합의에 따라 혹은 대회인 경우 대회의 경기 규정에 따라 여러 라운드(보통 3라운드)를 치러 승패를 가린다.

단체전

① 주심이 경기장 중앙에 서고 부심은 양쪽 라인 끝에 1명씩 선다.

② 주심이 경기 개시를 선언하면 양팀의 모든 선수가 경기장에 나와 단체로 백병전을 치른다.

③ 승패는 2가지 방법으로 결정된다. 첫 번째는 한 팀의 모든 선수가 균형을 잃고 넘어지거나 뒤로 잡은 다리를 놓치는 경우 그 팀은 패한다. 두 번째는 한 선수가 상대방 라인의 끝까지 도달하면 그 팀은 승리한다.

④ 단체전도 한 라운드의 단판 승부로 끝날 수 있지만 여러 라운드의 경기로 승패를 가리는 경우가 보통이다.

3. 놀이 규칙 위반

다음 두 가지의 경우 반칙으로 간주되어 실격 처리된다. 개인전의 경우 바로 패배가 선언되어 다음 선수로 교체되고, 단체전인 경우 그 선수는 다른 선수에게 방해되지 않게 경기장에서 나와야 한다.

① 등 뒤로 돌려 잡은 한쪽 발을 손에서 놓쳤다가 다시 잡으면 실격 처리된다.

② 경기장 라인을 벗어난 경우 실격 처리된다.

4. 신체를 이용한 유사 놀이들

Ley ley(외발 뛰기)

페르시아어로 레이레이(ley ley)는 한 발로만 뛰는 동작을 의미한다. 격렬한 동작이 수반되고 강한 체력과 인내심이 요구되기 때문에 주로 남성들이 즐기는 놀이이며 두 팀으로 나누어 겨루는 단체 놀이이다. 이란에서는 옛날부터 경쟁의식이 강한 이웃 동네 간의 치열한 경기로 치러졌다. 일정한 사격형 혹은 원형의 공간을 한정해 놓고 그 안에서 공격자에게는 "외발 뛰기"라는 핸디캡을 부여해 수비자들을 공격하게 하는 놀이이다.

목적	균형 감각 향상 및 다리 근육 강화, 협동심과 희생 정신 함양
참가자	여성 □ 남성 ■ 어린이 ■ 성인 ■
유형 및 인원	팀 ■ 개인 □
장소	실내 □ 실외 ■ (바닥이 평평한 6×6m 공간)
준비물	선을 긋기 위한 석회 가루 혹은 목탄

1) 놀이 방식

① 참가자들 중 2명을 양 팀의 주장으로 임명한 후 각 팀 주장은 자신의 팀원을 번갈아 지명해 팀을 나눈다.

② 추첨이나 간단한 대결로 공격 팀과 수비 팀을 가린다.

③ 수비 팀은 경기장 안에 배치되고 공격 팀은 경기장 밖에 배치된다.

④ 공격 팀 주장이 자신의 팀원 중 1명을 지명하면 그는 한 발로 경기장 안으로 들어가 경기장 안의 수비 팀 선수를 공격한다. 공격자의 임무는 수비자들을 손으로 터치하고 경기장 밖으로 탈출하는 것이다. 이때 공격자는 한 발로 뛰는 자세를 유지해야 하며 수비 팀 선수들은 공격자의 손이 닿지 않도록 피해야 한다. 터치를 당한 수비 선수는 경기에서 아웃된다.

⑤ 공격자가 지쳐 균형을 잃고 나머지 한 발을 땅에 디디면 그 공격자도 아

웃이 되며, 공격 팀 주장은 다른 팀원을 지명해 공격을 계속한다.

⑥ 동일한 방식으로 공격을 계속해 수비 팀 선수들을 모두 아웃시켰다면 수비 팀의 점수는 0점이며, 공수를 바꿔 다음 라운드를 시작한다. 그러나 공격 팀의 마지막 공격에도 수비 팀 선수가 남아 있다면 수비 팀은 살아남은 선수의 수만큼 점수를 얻고 공수를 교대한다.

⑦ 동일한 방식으로 라운드를 계속해 미리 합의한 점수에 먼저 도달한 팀이 승리한다.

2) 변형 놀이

① 경기장을 사각형 대신에 원으로 그릴 수 있다.

② 경기 전에 합의를 통해 수비 팀 선수가 공격자의 손에 닿지 않고 공격자의 들고 있는 발을 당겨 균형을 잃게 하는 등의 역공이 가능한 규칙을 만들 수도 있다.

③ 공격 팀 주장의 작전에 따라 2명 이상의 공격자를 공격에 투입할 수도 있다.

3) 같은 이름의 또 다른 놀이 방식

이 놀이의 이름인 레이레이(ley ley)의 의미처럼 외발 뛰기를 한다는 점에서 상기의 놀이와 유사한 특성을 갖지만 상기의 놀이처럼 격렬하지 않고 차분한 분위기에서 스피드보다는 오히려 집중력이 요구되는 경기이다. 이 놀이의 또 다른 페르시아어 이름은 아케르 도케르(aker doker)이다. 우리의 “사방(四方)치기”와 유사하다. 이 놀이의 기본 원리는 바닥에 그려진 사각형의 칸을 외발로 뛰는 것이다. 각 칸에는 숫자가 있고, 참가자는 먼저 그중 한 숫자에 돌을 던진 다음 돌을 던진 칸을 제외한 모든 칸을 외발로 통과하고 돌을 주워 돌아오는 것이 기본 동작이다. 이러한 방식으로 모든 숫자의 칸에 돌을 던져 임무를 먼저 완수하면 승자가 된다.

목적	균형 감각 향상 및 다리 근육 강화, 집중력 향상
참가자	여성 ■ 남성 ■ 어린이 ■ 성인 □

유형 및 인원	팀 □ 개인 ■ (2명 이상)
장소	실내 □ 실외 ■ (바닥이 평평한 공간)
준비물	표면이 매끄러운 작은 돌, 선을 긋기 위한 석회 가루 혹은 목탄

Joftak chārkosh(등 짚고 뛰어넘기)

조프타크 처르코시(Joftak Chārkosh)는 우리의 등 짚고 뛰어넘기와 유사하며 영어로는 립프로그(leapfrog)라고 하는데 전세계에서 유행하는 보편적 놀이이다. 페르시아 문화권에서는 "포슈타크(poshtak)" 혹은 "하르 포슈타크(khar－Poshtak)" 및 "예페이 도페이(ye pei do Pei)" 등과 같이 지역에 따라 다양한 이름으로 불리지만 놀이 방식과 규칙은 거의 동일하다.

이 놀이의 기본적 방식은 양손을 양 무릎에 대고 허리를 직각으로 구부리고 서 있는 사람의 등을 짚고 다리를 벌려 뛰어넘는 동작이다. 허리를 구부리고 서 있는 사람을 "작은 당나귀"라는 의미의 하라크(kharak)라고 부르는데 이 용어는 기계체조의 안마(鞍馬)를 뜻하는 용어로도 사용된다. 별도의 놀이로 진행되지만 다른 놀이에서 패한 사람에 대한 벌칙으로, 혹은 단순한 운동으로도 즐기는 놀이이다. 그러나 경우에 따라서는 제대로 뛰어넘지 못하거나 뛰어넘은 후 넘어진 사람에게 역으로 벌칙을 부과하기도 한다.

바지를 주로 입는 소년들이 즐기는 놀이이지만, 특히 여성의 사회적 역할이 활발한 일부 지역에서는 소녀들도 바지를 입고 이 놀이를 즐긴다. 또한 어린이들의 놀이이지만 성인들도 즐긴다. 이 놀이에 참여하는 사람들의 수는 제한이 없으며 특히 다양한 방식으로 변형시켜 참가자의 수를 늘리거나 줄일 수도 있다. 그러나 일부 지역의 놀이 방식에는 참가자의 수가 미리 정해지는데 12명으로 한정된 마잔다란(Māzandarān) 지역의 "아스가르 눔, 가잘 허눔(asghar nūm, ghazal khānūm)"이나, 13명이 참가하는 미너브(Mīnāb) 지역의 "아브발리 아브발리 버르(avvalī avvalī bār)", 그리고 5명이 참가하는 차하르마할 바흐티야리(Chahārmah－al－Bakhtiārī) 지역의 "조스토 히자크(jost－o－khīzak)"가 대표적인 경우이다.

다양한 방식의 놀이가 있음에도 불구하고 대부분의 지역에서 특별한 도구나 장비가 사용되지 않는다. 일부 도시와 마을에서만 1라운드 이상 진행하면서 모자나 셔츠, 작은 공 등을 하라크(구부린 사람)의 등 뒤에 올려놓아 난이도를 높이기도 한다. 이 경우 뛰어넘는 동안 이러한 물건들을 떨어뜨리면 실패로 간주된다. 놀이 장소로 특별히 지정된 공간은 없으며, 참가자 수와 놀이 방식의 종류에 따라 놀이가 가능한 적합한 공간을 선택하면 된다. 다만 뛰어 넘는 동작이 주를 이루기 때문에 부상을 방지하기 위해 평평한 지면을 선택해야 한다.

목적	체력 단련, 순발력 및 협동심 향상
참가자	여성 □ 남성 ■ 어린이 ■ 성인 □ (7~15 세)
유형 및 인원	팀 ■ 개인 ■ (2명 이상)
장소	실내 ■ 실외 ■ (평평하고 넓은 장소 혹은 길거리)
준비물	없음

1) 놀이 방식

가장 광범위하게 즐기는 보편적 놀이 방식으로는 다음과 같은 것들이 있다:

(1) 첫 번째 방식

① 먼저 첫 번째 주자를 선택한 후 나머지 모든 참가자들은 1~1.5m 간격으로 벌려서 하타크(kharak) 자세를 취한다.

② 선택된 사람은 모든 사람들의 등을 차례로 짚고 뛰어넘은 후 마지막 사람과 역시 일정한 간격을 두고 하라크 자세를 취한다.

③ 이어 줄의 첫 번째 사람이 일어서서 같은 방법으로 다른 사람 둘을 차례로 뛰어넘은 후 줄 끝에서 간격을 두고 하라크 자세를 취한다.

④ 동일한 방식으로 모든 참가자들이 연속으로 하라크를 뛰어넘으며 놀이는 계속된다.

이 방식의 놀이는 최소 2명이 수행할 수도 있다. 뛰어넘는 데 실패한 사람은 즉시 줄 끝으로 가서 구부리고 설 수도 있고 승자를 가리는 놀이라면 열외가

되어 한쪽에서 끝날 때까지 대기한다. 일렬로 줄을 서서 수행하기 때문에 주로 테헤란을 중심으로 한 대도시의 거리에서 즐기는 놀이이다. 그래서 이 놀이는 길거리 놀이(joftak chārkosh－e khiyābānī)라고 부른다. 넓은 운동장에서 할 경우 큰 원을 형성하며 수행할 수도 있다.

(2) 두 번째 방식

① 참가자들을 두 팀으로 나눈 후 추첨을 통해 뛰어 넘을 팀과 하라크가 될 팀을 정한다.

② 하라크들은 일정한 간격을 벌리고 하라크 자세를 취한다.

③ 상대팀은 하라크를 연달아 뛰어넘는다. 팀 구성원 중 한 명이라도 실패하면 역할을 교대한다.

앞서 소개한 첫 번째 방식과 달리 하라크들의 위치가 앞으로 이동하지 않고 제자리에 고정되기 때문에 비교적 좁은 공간에서도 실행이 가능하다. 이란 남부의 커제룬(Kāzerūn)에서는 이러한 방식의 놀이를 “토요일의 첫 번째 神(avval khodā－ye shambeh)”이라고 부르며 참가자들은 뛰어넘으면서 짧은 구절의 동요를 부르기도 한다.

(3) 세 번째 방식

먼저 참가자들 중 1명을 추첨이나 다른 방법으로 선택한 다음 선택된 사람은 특정 지점에서 하라크 자세를 취한다. 나머지 사람들이 그 위를 뛰어넘어야 하는데 이 놀이 유형은 다음과 같이 두 가지로 나뉜다.

① 첫 번째 유형에서는 하라크 뒤에 착지 라인을 그려 놓는데, 하라크를 뛰어넘는 사람은 착지 라인을 넘어 착지해야 한다. 매 라운드 점프 후 하라크와 착지 라인 사이의 거리가 점점 길어진다. 보통 멀어지는 거리는 매 라운드마다 신발로 재서 정한다. 점프를 완료하지 못하거나 착지 라인을 넘지 못하면 해당 선수는 하라크와 역할을 교대한다.

② 두 번째 유형에서는 하라크 앞에 점프 라인을 그려 놓는데, 하라크를 뛰어넘는 사람은 점프 라인 이전에 점프를 시작해야 한다. 매 라운드 후에 마찬가지로 하라크와 점프 라인의 거리가 점점 길어진다. 일부 지역에서

는 하라크와 점프 라인 사이의 거리가 너무 멀어 한 번에 점프할 수 없을 때 한 발 뛰기 점프로 게임을 계속하기도 한다.

(4) 네 번째 방식

이 방식은 육체적 운동과 정신적 운동을 결합한 방식이다.

① 각 참가자들은 사전에 자신과 관련된 짧은 문장이나 어휘를 정한다.

② 순서대로 하라크를 뛰어넘은 후 각자 자신의 어휘나 문장을 외쳐야 한다.

③ 점프에 실패하거나 자신이 정한 어휘나 문장을 제대로 외치지 못하면 실수로 간주되어 하라크와 교체한다.

변형된 방식으로 참가자들 중에 지도자(ousā 혹은 ostād)를 선택한 후 그 지도자가 하라크 역할을 맡는다. 각 참가자들은 점프를 한 뒤 지도자가 외치는 문장을 한 글자도 틀리지 않게 따라 해야 한다.

(5) 다섯 번째 방식

아르다빌(Ardabīl) 지역의 놀이에서 시행하는 방식으로 다양한 점프 방식을 매 라운드마다 적용한다.

① 먼저 참가자들 중 한 사람을 심판(molā)으로 선출한다.

② 매 라운드마다 심판은 놀이 방식을 결정한다.

예를 들어, 기본적인 방식으로 1라운드와 2라운드를 마친 후 3라운드에서 하라크의 등을 때리며 뛰어넘기, 4라운드에서 하라크의 엉덩이 때리고 뛰어넘기, 5라운드에서 하라크의 등 위에 앉기, 6라운드에서 하라크의 등을 짚는 손을 제외하고 신체의 어느 부분도 건드리지 않고 뛰어넘기, 7라운드에서 한 손으로만 등을 짚고 뛰어넘기, 8라운드에서 하라크의 등 위에 놓여 있는 모자를 떨어뜨리지 않고 뛰어넘기 등이다.

때로는 각 라운드마다 하라크는 자신의 등을 조금씩 높여 난이도를 점차 증가시키기도 한다. 참가자들의 운동 능력이 뛰어난 경우에는 똑바로 서 있는 하라크를 뛰어넘기도 한다.

2) 유사 놀이 - 터저던 안잘리(tāzādān anzalī)

상기의 놀이와 기본 방식은 완전히 동일하다. 그러나 하라크 역할을 하는 1명과 뛰어넘는 사람 12명으로 인원이 한정되고 12명이 뛰어넘으며 실행하는 동작이 정해져 있다. 그 12단계의 동작은 다음과 같이 구성되어 있다:

① 처음 세 사람은 자신이 생각해 놓은 문장을 외치며 뛰어넘는다. 각 참가자는 가능한 한 재미 있는 문장을 말하려고 노력한다.

② 네 번째 사람은 문장을 외치고 하라크의 등을 때리며 뛰어넘는다.

③ 다섯 번째 사람은 뛰어넘으며 하라크의 등에 돌을 놓는다.

④ 여섯 번째 사람은 한 손으로 하라크의 등을 짚고 한 손으로는 등에 놓여 있던 돌을 잡고 뛰어넘는다.

⑤ 일곱 번째, 여덟 번째, 아홉 번째 사람들은 점프하는 동안 하라크의 등을 누르기, 등에 걸터 앉기, 등을 흔들기 등의 동작을 하며 뛰어넘는다.

⑥ 열 번째 사람은 뛰어넘으며 하라크의 등에 모자를 놓는다.

⑦ 열한 번째는 모자가 떨어지지 않게 뛰어넘는다.

⑧ 마지막 열두 번째는 뛰어넘으며 모자를 잡아 공중으로 던진다.

⑨ 이때부터 모두 현장에서 도망쳐야 한다.

⑩ 하라크는 모자를 잡고 제자리에서 세 바퀴를 돈 후 다른 사람들을 따라간다. 모자를 던져 맞추거나 모자로 직접 때릴 수 있다. 맞은 사람이 새로운 하라크가 되어 다음 라운드가 시작된다.

Nūn bīyār kabāb bebar(빵 가져와, 케밥 가져가)

남녀노소 할 것 없이 이란인들이 가장 보편적으로 즐기는 놀이 중 하나로 어떤 시설이나 도구 없이 시간과 장소에 구애 받지 않고 주변 사람과 2명이 할 수 있는 놀이이기 때문이다. 우리에게도 유사한 놀이가 있으며 영어로는 red hands라고 한다. 전 세계인이 즐기는 이 놀이에는 다소 고통스러운 결과가 뒤따른다. 한참 놀이에 몰두하다 보면 손이 붉어지고 서서히 통증이 오기 시작한다. 그럼에도 불구하고 긴장감과 흥분 때문에 고통도 잊은 채 놀이에 빠져든다.

목적	순발력 및 우정 향상
참가자	여성 ■ 남성 ■ 어린이 ■ 성인 ■
유형 및 인원	팀 □ 개인 ■ (2명)
장소	실내 ■ 실외 ■ (장소에 제한 없음)
준비물	없음

1) 놀이 방식

놀이 방식으로는,

① 두 사람 중 한 명(공격자)은 손바닥이 위를 향하도록 양손을 내민다.

② 다른 한 사람(수비자)은 손바닥이 아래로 향하게 하고 상대방의 손바닥 위에 자신의 양손을 올려놓는다.

③ 손이 아래에 있는 공격자는 두 손 중 한 손을 재빠르게 빼내어 능숙하게 상대방의 손등을 때린다.

④ 손이 위에 있는 수비자는 맞지 않도록 재빨리 피해야 한다.

⑤ 손등을 때리는 데 성공하면 공격은 계속되지만 실패하면 공수를 바꾼다.

게임 중에 공격자는 "빵 가져와(nūn biyār)"와 "케밥 가져가(kabāb bebar)"를 계속 외치며 공격한다. 이 놀이의 이름 중 "빵(nūn)"은 타격을 당하지 않은 손등을, "케밥(kabāb)"은 타격을 당해 붉게 익은 손등을 상징한다.

Asiyāb becharkh(맷돌아 돌아라)

참가자들이 큰 원을 만들고 빙글빙글 돌며 즐기는 모습이 마치 맷돌을 돌리는 모습과 유사하다는 데에서 착안해 "맷돌아 돌아라(asiyāb be-charkh)"라는 이름을 붙였으며 실제로 놀이 중에도 동일한 구호를 외치며 더 빠른 속도로 돌도록 촉구한다. 지도자의 구호 아래 진행되는 이 놀이 안에는 대화를 삽입해 공연 예술의 성격도 접목시켰으며 참가자가 많을수록 더욱 흥미를 느낄 수 있다. 특별한 도구 없이 평평한 실내 혹은 야외 공간만 있으면 누구나 즐길 수 있어서 이란 전역에서 오래 전부터 즐기던 놀이이다. 이 놀이는 주로 저학년 어린이들을 대상으로 지도자가 진행한다.

목적	지도자에 대한 존경심, 단체 행동을 통한 협동심 향상
참가자	여성 ■ 남성 ■ 어린이 ■ 성인 □ (저학년 아동들)
유형 및 인원	팀 ■ 개인 □ (지도자 포함 다수)
장소	실내 ■ 실외 ■ (바닥이 평평한 넓은 공간)
준비물	없음

1) 놀이 방식

놀이 방식으로는,

① 참가자들은 서로 손을 잡고 원을 그리고 서며, 지도자는 원 가운데 선다.

② 지도자가 놀이의 시작을 알리는 신호로 참가자들에게 다음과 같이 소리친다: "맷돌아 돌아라(asiyāb be-charkh)!"

③ 참가자들은 지도자의 신호에 맞춰 회전을 하며 다음과 같이 답한다: "돕니다(mī-charkham)."

④ 지도자가 "더 빨리 돌아라(tondtar be-charkh)"라고 촉구하면 참가자들은 "더 빨리 돕니다(tondtar mī-charkham)"라고 대답하며 더욱 빨리 돈다.

⑤ 이러한 대화를 반복하다가 참가자들이 균형을 잃고 원이 무너질 때쯤 지도자가 "맷돌아 앉아라(asiyāb be-shīn)"라고 소리치면 참가자들은 "앉습니다(mī-shīnam)"라고 대답하고 회전을 멈춘 후 제자리에 앉는다.

⑥ 지도자가 "맷돌아 일어서라(asiyāb pā shou)"라고 소리치면, 참가자들은 이번에는 "일어서지 않겠습니다(pā nemī-sham)"라고 소리치며 거절한다.

⑦ 지도자가 가족의 이름을 차례로 대며 계속 일어설 것을 촉구하면 참가자들은 계속 거절한다:

- 사랑하는 아빠를 위해 / 일어서지 않겠습니다(jūn bābā jūn / pā nemī- sham)
- 사랑하는 엄마를 위해 / 일어서지 않겠습니다(jūn māmān jūn / pā nemī- sham)
- 사랑하는 이모를 위해 / 일어서지 않겠습니다(jūn khāleh jūn / pā nemī- sham)

– 사랑하는 삼촌을 위해 / 일어서지 않겠습니다(jūn dāyi jūn / pā nemī– sham)

– 사랑하는 신을 위해 / 일어서겠습니다(jūn khodā jūn / pā mī–sham)

⑧ 이처럼 참가자들은 신의 이름으로 일어선다. 지도자가 참가자들에게 새로운 행동을 명령하면 그 행동을 따라한다. 예를 들어, "맷돌아 잠자라(asiyāb be–khāb)"라고 말하면 참가자들은 잠을 자는 척 행동하고, 지도자가 "맷돌아 웃어라(asiyāb be–khand)"라고 외치면 참가자들은 마음껏 웃는다.

⑨ 때로는 지도자가 몇 가지 동작을 연이어 명령하면 참가자들은 연결 동작으로 명령을 수행한다. 놀이를 더 연장하려면 동일한 명령을 처음부터 다시 반복하면 된다.

Tanūr Bāzī(화덕 놀이)

타누르(tanūr)는 화덕을 의미하며 이란 서부의 보루제르드(Borūjerd) 지역에서 로르(Lor)족 유목 민족 사이에서 유행하던 전통놀이였으며 이란 전역으로 퍼져 나갔다. 유목 민족의 빵을 굽는 둥근 화덕 모양에서 이 놀이가 창안된 것으로 보이며 다른 이름은 탄주르(tanjūr) 혹은 타누르 가르메(tanūr garme '화덕은 뜨겁다')이다. 주로 남자 어린이들 사이에 팀을 나누어 겨루는 단체 놀이이며 한 팀은 최소 4~5명으로 구성된다.

목적	체력 단련, 순발력 향상, 협동심 및 희생 정신 함양
참가자	여성 □ 남성 ■ 어린이 ■ 성인 □ (7세 이상)
유형 및 인원	팀 ■ 개인 □ (팀당 최소 4~5명)
장소	실내 ■ 실외 ■ (바닥이 평평한 공간)
준비물	없음 (혹은 밧줄)

1) 놀이 방식

① 먼저 경기장 한가운데에 지름 약 2m 정도의 원을 그린다.

② 참가자들을 두 팀으로 나누고 추첨을 통해 혹은 간단한 게임을 통해 공격 팀과 수비 팀을 결정한다.

③ 수비 팀 중에 1명을 "파수꾼(negahbān)"으로 뽑는다. "파수꾼"을 제외한 나머지 수비 팀 팀원들은 원 안으로 들어가 둥글게 원을 만들고 어깨동무를 한 채 허리를 굽힌다. 이렇게 만들어진 원은 곧 "화덕(tanūr)"이 되며 "파수꾼"은 이 "화덕"의 주위를 돌며 경비한다. "파수꾼"은 경기 내내 자신의 팀원들의 등에 손을 대고 있거나 팀원들과 연결된 줄을 한 손으로 잡고 있어야 하며 그러한 상태에서 한 손이나 한 발로만 방어해야 한다.

④ "파수꾼"이 화덕이 뜨거워졌다(tanūr garm būd)고 외치면서 경기가 시작된다.

⑤ 공격 팀은 원 밖에서 빙글빙글 돌며 안으로 뛰어 들어가 수비 팀의 등에 올라탈 기회를 엿본다. "파수꾼"은 공격 팀이 등에 올라타지 못하도록 경계한다.

⑥ "파수꾼은 원 안에 들어온 공격수를 발로 찰 수 있으며 발로 차는데 성공하면 바로 공수가 교대된다.

⑦ 공격수가 수비 팀의 화덕에 올라타는 데에 성공하면 "파수꾼"은 발로 찰 수 없다. 화덕을 형성한 수비 팀 팀원들은 몸을 흔들어 화덕에 올라탄 공격수를 떨어뜨리려고 시도한다.

⑧ 화덕에 올라탄 공격수는 떨어질 것 같으면 재빨리 뛰어내려 "파수꾼"의 발 공격을 피해 원 밖으로 벗어날 수 있다. 이 때문에 "파수꾼"은 화덕에 올라탄 공격수가 떨어지기를 기다려 공격할 수도 있다.

⑨ 여러 명의 공격수가 동시에 화덕에 올라탈 수도 있다. 공격을 버티지 못하고 화덕을 형성한 수비수 중 한 명이라도 무릎을 꿇게 되면 "화덕이 깨졌다(tanūr kharāb) shode)"라고 외치며 라운드가 종료되고 그 다음 라운드에서 공격 팀의 공격은 계속된다.

2) 놀이 규칙

① 공격수가 원 안에 들어와 땅에 발을 딛고 있을 때만 "파수꾼"의 발차기 공격이 유효하다.

② "파수꾼"의 한 손이 화덕에서 떨어진 채 혹은 화덕과 연결된 밧줄을 놓친 채 실행한 발차기 공격은 무효이다.

③ 화덕에 올라탄 공격수는 뛰어내렸다가 다시 화덕에 바로 올라탈 수 있다.

④ 공격수는 심지어 "파수꾼"의 등에도 올라타 그의 움직임을 둔화 시킬 수 있다.

3) 유사 놀이 - Jouzān(항복 놀이)

상기의 화덕 놀이와 유사하지만, 놀이 방식은 훨씬 간단한 놀이가 조우전(Jouzān)이다. 그 놀이 방식은 다음과 같다:

① 먼저 경기장에 직경 4~5m 가량의 선을 그린다.

② 참가자들을 두 팀으로 나눈 후 추첨이나 간단한 게임으로 공격 팀과 수비 팀을 정한다.

③ 수비 팀은 원 안으로 들어가 서로 등을 맞대고 앉는다.

④ 공격 팀은 원을 맴돌며 공격 기회를 엿보다가 수비 팀 1명을 원 밖으로 끌어내면 1점을 얻는다. 수비 팀 전원을 원 밖으로 끌어내는 데 성공하면 공수를 바꾸지 않고 다음 라운드로 들어간다.

⑤ 수비 팀은 공격에 저항하다가 공격수 1명을 잡은 후 그의 몸에 압박을 가해 그로부터 "조우즈(jouz '항복')"라는 소리를 받아 내면 바로 공수가 교대된다.

⑥ 동일한 방식으로 7라운드까지 경기를 치른 후 점수를 많이 얻은 팀이 승리한다.

폴로(Polo)

1. 폴로의 역사

폴로의 기원

폴로 경기의 정확한 기원은 알려지지 않았지만 중앙아시아의 이란 유목민이 하는 단순한 게임으로 시작되었을 가능성이 크다. 현재의 형식은 이란(페르시아)에서 시작되어 동서로 퍼져 나갔다. 시간이 지나면서 폴로는 귀족들 사이에 광범위하게 유행하며 페르시아 국가 스포츠가 되었다. 여자도 남자만큼 잘 뛰었다. 파르티아 제국(기원전 247~서기 224) 기간 동안 이 스포츠는 왕과 귀족 아래에서 큰 호응을 얻었다. The Oxford Dictionary of Late Antiquity에 따르면, 폴로(중세 페르시아어로 chowgān)는 페르시아 볼 게임이었으며 사산 제국(224~651)의 궁정에서 중요한 오락이었다. 그것은 또한 사산 지배 계급에 대한 왕실 교육의 일부였다. 황제 샤푸르 2세는 서기 316년 7살 때 폴로를 배웠다. 현대 페르시아어로 chowgan이라고 부르는 폴로는 오늘날에도 이란에서 경기가 치러지고 있다.

중세 및 현대 초기

기병 훈련에 유용한 이 경기는 콘스탄티노플에서도 진행되었으며, 테오도시우스 2세가 5세기 초에 폴로 경기장을 건설했고 중세에 일본으로 건너갔다. 이 경기는 또한 남쪽으로 아라비아, 인도, 티베트로 퍼졌다. 압바스 칼리파 조의 수도 바그다드는 성벽 바깥쪽에 큰 폴로 경기장을 갖고 있었고, 13세기 초 도시의 성문 중 하나인 Bab al Halba는 인근 폴로 경기장의 이름을 따서 명명되었다. 폴로는 13세기의 몽골 통치자들과 사파비 왕조의 페르시아 통치자들의 지속적인 후원을 받았다. 17세기에 에스파한의 Naqsh-i Jahan 광장은 샤 압바스 I세에 의해 폴로 경기장으로 지어졌다.

폴로는 초기에 이웃한 비잔틴 제국에서도 익혔다. 폴로 경기장은 콘스탄티노플의 대궁전 안에 황제 테오도시우스 2 세(408-450 재위)에 의해 세워졌다. 바실 1세(Basil I, 867-886 재위)는 이 분야에서 탁월했다. 알렉산드로스(912-913 재위)는 경기 중 피로로 사망했고, 비잔틴 제국의 트레비존드(Trebizond) 공국의 요한 1세(John I, 1235-1238 재위)는 경기 중 치명적인 부상으로 사망했다.

이집트와 레반트를 지배한 아유브 왕조(Ayyubid)와 맘루크(Mameluke) 왕조의 엘리트들은 다른 모든 스포츠보다 폴로를 선호했다. 살라딘(Saladin)과 바이바르스(Baybars)와 같은 주목할 만한 술탄은 폴로 경기를 하고 그들의 궁정에서 그것을 장려한 것으로 알려져 있다. 폴로 스틱은 현대 카드 놀이의 전신인 맘루크 카드에에도 등장했다.

폴로는 늦어도 15~16 세기 이후 길기트(Gilgit), 치트랄(Chitral), 훈자(Hunza), 발티스탄(Baltistan)과 같은 현재의 파키스탄 북서부 지역으로 퍼져 갔다. 폴로라는 이름은 공을 의미하는 발티(Balti)어 "풀루(pulu)"에서 유래되었다고 알려져 있다.

중앙아시아 출신의 투르크 용병 쿠트브 알딘 아이바크(Qutb al-Din Aibak)는 1206년부터 1210년까지 인도 북부에서 델리 술탄국을 통치했으며 폴로 경기에서 말이 쓰러져 안장의 날카로운 부분에 찔려 사망했다. 폴로는 실크로드를 따라 중국으로 전해졌다. 당나라 수도 장안에서 인기를 누렸으며, 남성 복장을 한 여성들도 경기했다. 여성 선수들이 많은 당나라 고분에는 폴로 경기를 하는 여성들의 벽화를 간직하고 있다. The Oxford Dictionary of Late Antiquity에 따르면 당나라에서 폴로의 인기는 "의심할 바 없이 사산 페르시아 귀족들의 망명으로 더욱 붐을 일으켰다."

폴로에 열광한 귀족 여성이 878년 10월 6일 중국 시안에서 당나귀와 함께 묻혔다. 지역적으로 buzkashi 또는 kokpar라고 불리는 고풍스러운 변형 폴로가 여전히 아시아 일부 지역에서 유행하고 있다.

2. 서구 학자들의 폴로 연구

오늘날에는 폴로에 대해 다양한 시각에서 다양한 주제로 수많은 연구 결과가 나와 있어서 그 연구 결과물들을 일일이 소개하기는 어렵지만, 근대에 들어와 폴로가 서양에 다시 알려지기 시작한 18세기 이후 서양 학자들에 의한 몇 가지 연구 자료에 대해 주목할 필요는 있다.

폴로에 대한 최초의 주목할 만한 연구 결과는 프랑스의 동양학자 Étienne Marc Quatremè(1782~1857)에 의해 이루어졌다. 그는 15세기 맘루크 술탄국의 역사가 마크리지(Ahmad b. Ali Maqrizi 1364~1442)가 쓴 『諸王의 정부 이해론(al-Sulūk li-ma'rifat duwal al-mulūk)』을 프랑스어로 번역해 1838-1845년에 파리에서 출판했다. 그는 이 책에서 맘루크 술탄국 왕자의 폴로 경기를 언급한 부분에서 폴로에 대한 상세하고 유용한 설명을 추가하고 있다. 영국의 인도 식민 통치 시절 바르넬(Varnel)이 편찬한 사전 『영어-힌디어 구어 사전』에서는 폴로 용어와 그 역사에 대한 학술적 연구가 실려 있다. 또한 영국군 장군 출신이자 작가였던 사이크스(Percy Sykes 1867~1945)가 1902년에 펴낸 그의 페르시아 기행문 『페르시아에서 1만 마일(Ten Thousand Miles In Persia)』에서는 2개의 미니어처와 함께 폴로의 흥미로운 역사가 소개되고 있다. 그는 페르시아 문학의 유명한 서사시 『샤나메(Shāhnāmeh)』에 등장하는 영웅 시야바쉬(Siyāvash)의 폴로 경기, 네저미 간자비(Nezāmī Ganjavī)의 로맨스 작품 『호스로우와 시린(Khosrou o Shīrīn)』의 폴로 경기, 교훈적 일화로 가득 찬 『카부스나메(Qābūsnāmeh)』에서 언급되고 있는 폴로 규칙 등, 페르시아 문학 작품 속에 나타난 폴로에 대한 묘사를 찾아내 설명했으며, 폴로를 묘사한 오마르 하얌(Omar Khayyām)과 하페즈(Hāfez)를 비롯한 몇몇 시인의 시를 요약해 영어로 번역했다. 그는 또한 1897년 처음으로 폴로 공과 스틱을 테헤란으로 가져가 2세기 만에 이란에서 폴로를 부활시켰다.

한편 구소련 역사학자 이노스트란체프(Konstantin Inostrantsev 1876~1941)는 자신의 한 논문에서 사산 페르시아 제국의 전쟁 전술에 대한 주제를 서술하면서 폴로가 오락과 스포츠 기능 외에도 승마, 검술, 전투 능력을 향상시키는 데 유용했다고 설명하고 있다. 그는 한 역사서 내용을 인용해 사산 제국의 호스로우 2세(Khosrou II 590~628 재위)와 비잔틴 황제가 교환한 선물 중에는 폴로 채와 공이 포함되어 있었다고 설명하고 있는데 이러한 사실은 페르시아 출신의 역사가 이븐 쿠타이바(Ibn Qutaibah 828~889)의 저서 『정보의 샘('Uyūn al-Akhbār)』에도 언급되고 있다. 폴로에 대한 마지막 중요한 자료는 앙리 마스(Henry Mass)가 이슬람 백과사전에 쓴 "폴로" 항목인데 여기에서 그는 과거에 사용된 용어를 수정하고, 공과 폴로가 은유적으로 사용된 『공과 폴로 채(Gūy o Chougān)』라는 제목의 시문학 작품을 설명하고 있다.

페르시아 보드게임

1. 고대의 보드게임

체스와 주사위 놀이의 고대 페르시아 전래와 그 역할에 대한 문헌 자료들은 풍부한 반면에, 다른 보드게임에 대한 우리의 지식은 여전히 부족하다. 고대 놀이에 대한 연구는 고고학적 자료에 의존하며 이것을 비문 및 벽화 자료들이 보완하지만, 대부분의 경우 직접적인 증거가 부족하다. 이것은 보드게임과 관련된 공예품을 만드는 데 사용된 재료들이 직물, 가죽, 나무와 같은 부패하기 쉬운 특성을 가지고 있는 데다가 고대의 보드게임이 단순히 바닥에 그려지는 경우가 많았기 때문이다. 고대의 놀이들 중 오늘날에도 여전히 많은 놀이들을 즐기고 있기 때문에 민속학 분야도 일부 놀이를 재구성하는 데 도움이 될 수 있다. 큰 인기를 누렸음에도 불구하고 고대 놀이의 이름과 규칙은 아직 알려지지 않은 경우가 많다. 아래에서 다시 자세히 설명하겠지만, 고대의 보드게임을 이름이 알려지지 않은 경우 "20칸 게임" 혹은 "58 구멍 게임" 등으로 표현할 수밖에 없다.

고대 놀이 연구의 또 다른 중요한 문제는 놀이 재료를 식별하는 것이다. 보드 게임의 몰이판은 일반적으로 구멍이나 칸의 줄 혹은 격자형 선 등과 같은 기하학적 패턴으로 구성되며, 그 위에 말을 놓고 주사위, 막대기, 조개껍데기 등에 의해 무작위로 선택되는 수에 따라 이동한다. 수학적 계산에 사용되는 주판이나 점술에 사용되는 특정의 판도 마찬가지 구조이다. 이로 인해 고고학적 발굴로 출토된 유물이 보드게임에 사용된 것인지 아니면 주판이나 점술판으로 사용된 것인지 식별하기 어렵다. 실제로 판의 기능은 다양했다. 예를 들어, 그리스의 "5줄 게임" 판은 계산에도 사용되었던 것으로 보인다.

"20칸 게임"(game of 20 fields)

정확한 이름이 알려지지 않은 소위 "20칸 게임"은 주사위 놀이의 원시적 형태로 고대 이란, 메소포타미아 및 이집트에서 가장 인기 있던 주사위 놀이 중 하나였음이 분명하다. 현재까지 발견된 가장 오래된 "20칸 게임" 놀이판은 이란 동부 아프가니스탄과의 접경 지역에 위치한 샤흐레 수흐테(Shahr－e Sukhte) 유적지에서 발굴된 것으로 2개의 주사위와 60여 개의 말과 함께 출토되었다. 기원전 약 3200년경으로 거슬러 올라가는 이 샤흐레 수흐테의 고대 문명은 여전히 신비에 싸여 있는데, 이곳에서 발견된 수많은 유물들이 당대 수준 높은 문명이 이곳에서 번성했음을 증언해 주고 있어서 유네스코 문화유산으로 지정된 곳이기도 하다. 중앙에 8개의 사각형 칸이 배열되어 있고 이 줄의 한쪽 끝에 양쪽으로 4개의 칸을 덧붙이고 다른 쪽 끝에도 양쪽으로 2개의 칸을 덧붙였다. 이렇게 해서 도합 20칸으로 구성되어 있어서 "20칸 게임" 놀이판의 원조가 되었다. 이 주사위 놀이판에는 뱀이 기어가고 있는 모습이 양각으로 조각되어 있다.

소위 "우르의 왕실 게임(Royal Game of Ur)"이라고 알려진 메소포타미아의 보드 게임 역시 "20칸 게임" 계열의 놀이였다. 기원전 2600년으로 거슬러 올라가는 이 "우르의 왕실 게임" 놀이판은 사실 샤흐레 수흐테 놀이판이 발견되기 전까지는 인류 최초의 주사위 놀이판이라는 명성을 누렸다. 이후 메소포타미아 지역에서는 유사한 형태의 수많은 주사위 놀이판이 출토되었다. 이 "20칸 게임"의 규칙을 설명하는 기원전 177년의 바빌로니아 점토판도 발견되어, 비록 시대에 따라 게임 규칙도 상당히 바뀌었겠지만, 우리에게 당대의 자세한 게임 정보를 전해주고 있다.

"20칸 게임"은 메소포타미아를 거쳐 이집트에 전래된 것으로 보인다. 세네트(Senet)라고 불리는 보드게임의 상자가 발굴되었는데, 이집트에 존재했던 것으로 알려진 주사위판의 유형은 칸의 배열에서 우르 및 샤흐레 수흐테에서 발굴된 것과 다르다. 중앙에는 더 긴 12칸의 줄이 있고 이 줄의 한쪽 끝에만 양쪽으로 4개의 칸을 덧붙였다. 따라서 이집트의 주사위 판도 20칸으로 구성되어 있다. 이집트, 메소포타미아, 페르시아 주사위판의 대부분에는 말이 움직이는 경로에 따라 4의 배수인 4, 8, 12, 16번째 칸의 중앙에 십자가 또는 다른 기호가 표시되어 있다.

"20칸 게임"의 또 다른 유형 중 가장 오래된 주사위 놀이판은 이란 남동부 케르만(Kermān) 지방의 지로프트(Jiroft) 석판이다. 그것은 21개의 칸을 가지고 있으며, 이전의 샤흐레 수흐테 주사위 놀이판과 유사하지만 칸들이 꼬불꼬불 구부러진 뱀처럼 배열되어 있다. 그중 마지막 21번째 칸은 뱀의 꼬리 부분에 배치되어 있다. 이 유형의 또 다른 3개의 주사위 놀이판이 이란 남서부 수사(Susa)에서 조각의 형태로 발굴되어 현재 파리의 루브르 박물관(Louvre Museum)에 소장되어 있다. 수사의 도시 신인 인슈시나크(Inshushinak) 신의 성소에 봉헌물로 바쳐진 이 주사위 놀이판은 그 연대가 기원전 1300－1200년으로 거슬러 올라간다.

기원전 177－176년의 후기 바빌로니아 설형 문자 점토판에는 "20칸 게임" 규칙에 대한 의미 있는 설명이 언급되어 있다. 게임 이름은 "개의 무리(바빌로니아어 illat kalbi)"로, 게임의 원래 이름을 보존하고 있으며, 다른 한편으로는 양쪽에 5개의 말에 새들의 이름이 붙여져 있다. 이 주사위 판의 말들은 양의 발목뼈로 만든 2개의 주사위를 던져 그 결과에 따라 이동하는데, 새의 이름이 붙은 말의 종류에 따라 이동 방식이 달라진다. 따라서 학자들은 말의 종류에 따라 이동 방식이 달라지는 이 규칙이 체스로 발전하는 초기 형태로 보고 있다. 바빌로니아 주사위판에는 천체의 궁도(zodiac)가 그려져 있어 주사위 놀이와 점성술의 관련성에도 이목을 끌고 있다.

백개먼(backgammon/nard) 유형

지로프트에서 발견된 놀이판 중 지금까지 알려지지 않은 또 다른 유형의 놀이판이 밝혀졌다. 샤흐레 수흐테의 "20칸 게임" 주사위 판과 달리 4마리의 구불구불한 뱀을 묘사한 판 위에 6개씩 2줄로 12개의 원형 칸이 평행하게 3줄로 배열되어 있다. 칸의 배열은 오늘날 유행하는 백개먼(backgammon) 주사위 놀이판의 배열과 유사하지만, 백개먼 주사위 놀이판은 양쪽에 12칸이 2줄로 배열되어 있는 반면에, 지로프트 놀이판에는 3줄로 배열되어 있으며 이 줄은 중간에서 끊어져 양쪽에 6칸씩 2개의 구역을 형성한다. 이처럼 줄이 끊어져 두 구역으로 나뉘는 것이 백개먼 주사위 놀이판의 공통적인 특징이다. 이후 유럽 각지에서 유행하던 주사위 판도 동일한 배열의 칸을 갖고 있다. 이러한 유형의 놀이판이 앞에서 언급한 "20칸 게임"의 놀이판과 동시대에 존재했다는 사실은 백개먼 주사위 놀이가 "20칸 게임"이나 이집트의 "세네트(senet)" 놀이와 "20칸 게임"이 합쳐진 훨씬 후대의 이집트 주사위 놀이에서 파생되지 않았음을 시사한다. 백개먼 계열의 주사위 놀이는 기원전 2000년경 고대 페르시아에서 시작된 것이 분명한, 페르시아 고유의 주사위 놀이였다.

다양한 변형 놀이판

이란 남서부 후제스탄(Khūzestān)의 신석기 시대 유적지인 초가 사피드(Choghā Safīd)에서 깊이 약 1cm, 지름 1cm의 구멍이 최대 13개가 있는 석고판이 발견되었다. 그것이 놀이판이라면, 기원전 7000년부터 알려진 또 다른 레반트 놀이판과 함께 중근동에서 가장 초기의 예 중 하나가 될 것이다. 게임 세트는 완전한 형태로 발굴되는 경우가 거의 없으므로 용도의 식별 문제가 발생한다. 놀이판을 계산에 사용되는 일종의 주판으로 오인될 수 있으며 그 반대의 경우도 발생할 수 있다. 이란 북서부 오르미예(Ormiyeh) 분지의 하프타번 테페(Haftavān Tepe)에서 발견된, 표면에 3×8개의 점이 있는 점토판(기원전 1900－1550)은 이 두 가지 용도로 해석되고 있다. 3×7개의 정사각형 칸이 있는 몰이판이 이란 서부의 로레스탄(Lorestan) 북동부의 바바전 테페(Bābā Jān Tepe)에서 발견되었다. 원래 정사각형 칸의 수는 30개였던 것으로 보인다.

수사(Susa)에서는 여러 시기에 걸쳐 20개, 30개, 36개의 정사각형 칸이 있는 변형 놀이판이 발견되었다. 그중 2개는 기원전 8－7세기 엘람(Elam) 시대 말기의 것이다. 그것들은 3×12개의 구멍이 뚫린 사각형 칸의 벽돌 형태로 되어 있다. 이 중 4번째와 9번째 줄의 사각형은 점선으로 채워져 있다. 당대에 사용되던 주사위의 한 면에 동일한 점선 문양이 있다는 사실로 미루어 볼 때 이 판이 주사위 놀이판으로 사용되었다는 것을 쉽게 추측하게 해 준다. 수사에서 발견된 또 다른 판에는 3 × 10개의 정사각형 칸이 있으며 측면에 3개의 구멍이 있는데, 이것은 아마도 계산에 사용된 주판이었던 것으로 추측된다.

"58 구멍 게임"(The game of 58 holes)

이 게임은 29개의 구멍이 대칭으로 배열되어 있어 총 58개의 구멍을 모두 통과하도록 구성되어 있다. 각각 5개의 말을 가지고 경기에 임하는 경기자는 그림 123에서 A와 A'로 표시된 지점에서 시작해 H로 표시된 공통의 목표 지점으로 이어지는 각각의 경로를 따라 말을 이동시켜야 한다. 이 30번째 구멍은 때때로 추가 구멍으로 둘러싸인 경우도 있다. 경로 중의 특정 구멍은 색상이나 장미 문양 혹은 글자 표시로 말의 전진이나 후퇴를 지정한다. 다시 말해, 경기자는 이 특정의 구멍에 자신의 말이 도달하면 경기 규칙에 따라 특정의 구멍으로 전진시키거나 반대로 후퇴를 강요당할 수 있다.

기원전 2000년부터 기원전 1000년까지 중근동 전역에서 "58구멍 게임"이 널리 유행했다. 이란의 다양한 지역에서 현재까지 10개의 놀이판이 발견되었다: 이란 중부 카샨(Kāshān)의 시알크(Siālk), 수사, 이란 서부 로레스탄(그림 1 및 그림 2). 이 놀이판들 중 수사와 시알크에서 발굴된 놀이판들은 양의 발목뼈들과 함께 발견되었지만, 이집트와 달리 놀이에 말로 사용된 핀은 발견되지 않았다. 이집트에서는 동물 모양의 핀이 많이 발견되었는데, 이 때문에 이 게임을 "사냥개와 자칼(Hounds and Jackals)"이라고 불렀다. 나무로 만든 핀의 대부분은 부패되어 소멸되었다. 상아 또는 금속으로 만들어진 핀들은 "인슈시나크 신전"에서 발견된 핀처럼 무사히 전래되었지만 이러한 핀들은 발굴자들의 놀이 문화에 대한 지식 부족으로 단순히 동물 장식 핀으로 분류되는 경우가 많다.

게임 도구들은 가장 선호했던 장례 부장품이었던 것으로 보인다. 마잔다란(Māzandarān)의 고하르 테페(Gohar Tepe)에서 발견된 기원전 1000년경의 한 여성 무덤에서는 놀이에 사용된 수많은 동물 뼈 조각들이 함께 발굴되었다. 시알크의 철기 시대 무덤에서는 "58구멍 게임"의 테라코타판이 발굴되었는데, 이 게임의 도구를 모방한 도자기 펜던트들도 함께 발견되어 당시의 게임 도구들이 어떤 형태로 되어 있었는지를 알게 해 준다. 일부 학자는는 수사에서 발견된 "58 구멍 게임" 놀이 도구의 의인화된 모양이 부활을 믿는 윤회 사상을 의미한다고 주장한다. 경기자들은 부활을 보장받기 위해 놀이판에서 말을 이동시켜야 했다. 엘람 인들의 주요 신인 인슈시나크는 이 놀이 도구들을 봉헌으로 받고 죽은 자의 부활 판정을 내린다고 믿었다.

하슈트퍼이(Hashtpāy)

정확히 알려지지 않은 사산 페르시아 시대의 보드게임이다. 중세 페르시아어로는 아슈타파드(ashtapād)이며 현대 페르시아어로는 하슈트퍼이(hasht–pāy)로 발음하는데 "8개의 발(八足)"을 의미한다. 이 게임은 중세 페르시아어 문자인 파흘라비(Pahlavī)) 문자로 기록된 문헌『호스로우와 시동(侍童: 시중 드는 아이, Xusraw Kawādān ud Rēdag)』의 15장에서 다른 놀이들과 함께 다음과 같이 언급되고 있다:

> chatrang ud nēw–ardaxshīr ud ashtapād kardan az hamahlān fraztar hom
> "나는 체스와 주사위 놀이와 하슈트퍼이경기에서 모든 사람들보다 우월하다."

사산 제국 황제인 호스로우 1세(Khosrou Anūshīrvān 531–579 재위)가 자신의 시동과 대화를 나누는 과정에서 시동이 자신의 게임 능력을 뽐내며 하는 말인데, 3가지 보드 게임 중 체스(shatrang, 현대 페르시아어 shatranj)와 주사위 놀이(nēw–ardaxshīr, 현대 페르시아어 nard)는 지금도 중동뿐만 아니라 유럽에서 유행하는 보드게임이다. 하슈트퍼이만이 오늘날 전해지지 않기 때문에 그 자세한 실체는 알려져 있지 않다. 체스의 페르시아어 샤트란즈가 산스크리트어 차투랑가(chatur–anga > chatrang > shatranj)에 어원을 두고 있듯이 하슈트퍼이 역시 산스크리트어 아스타파다(aṣṭāpada > ashtapād > hasht–pāy)의 차용어로 보인다. 8×8의 칸이 그려진 놀이판을 사용했기 때문에 "8개의 발(hasht–pāy)"이라고 불렀다. 이러한 판을 이용해 다양한 형식과 규칙의 게임을 즐겼던 것으로 보이는데, 그중 하나는 흰 색과 붉은 색의 말을 한 쌍의 주사위를 이용해 이동시키는 방식이었다. 여러 문헌에서 하슈트퍼이는 체스나 혹은 주사위 놀이의 하나로 언급되고 있지만 위에서 언급한 구절에서 알 수 있듯이 사산 페르시아 시대에 즐겼던 하슈트퍼이는 분명히 체스 및 주사위 놀이와는 구별되었다. 하지만 8×8칸의 체스판도 존재한 것으로 보아 하슈트퍼이는 체스와 유사한 형식의 놀이였던 것으로 보인다.

하슈트퍼이는 최근에 파이켄드(Paikend)에서 발굴된, 8개의 칸이 3줄로 그려져 있는 놀이판과 관계가 있는 것으로 보이며 사산 시대 후기의 은잔에 새겨진 놀이판 모양의 그림 역시 모양은 약간 다르지만 분명히 하슈트퍼이와 연관이 있다.

나르드(Nard, Backgammon)

오늘날 중동 및 일부 유럽 지역에서 널리 유행하는 백개먼(backgamon, 페르시아어 nard) 주사위 놀이의 기원과 역사는 아직 제대로 밝혀지지 않았지만, 페르시아가 주사위 놀이의 초기 발전에 중요한 역할을 했다는 것은 분명하다. 오늘날의 주사위 놀이판에서 6칸씩 4부분으로 나뉘어 배열된 형태가 이미 기원전 2000년경 지로프트(Jiroft) 문명권에서 유행했다는 사실은 위에서 살펴보았다.

그러나 페르시아어로 나르드(nard)라고 불리는 주사위 놀이에 대한 언급은 사산 페르시아 제국 시대에 처음 등장한다. 방대한 페르사어 대사전인 데흐호더사전(Loghat－nāme－ye Dehkhodā)에 따르면 나르드(nard)는 나르드시르(nardshīr)의 축약어이다. 중세 페르시아어 작품인 『퍼파컨의 아들 아르다흐셰르의 업적(Kār－nāmag－ī Ardaxshēr－ī Pāpakān)』에서는 나르드 게임의 발명자가 사산 제국의 창건자인 아르다시르 1세(Ardashīr I, 224~242 재위)라고 언급하고 있다. 반면에 역시 또 다른 중세 페르시아어 문헌인 『체스의 해설과 주사위 놀이의 발명(Vichārishn－ī chatrang ud nihishn－ī nēw－ardaxshēr)』에서는 호스로우 1세(Khosrou Anūshīravān, 531~579 재위)의 재상이었던 보조르그메흐르(Bozorg－mehr, 중세 페르시아어 Wuzurgmihr)가 나르드 게임을 발명했다고 기록하고 있다. 이 문헌에서는 인도 왕 데위사름(Dewisarm)이 사신 타흐리토스(Taxritos)를 페르시아에 보내 체스 게임 문제로 페르시아인들의 지혜를 시험하자 보조르그메흐르가 이 문제를 풀어

낸 후 나르드 게임을 발명해 역으로 인도로 보내 인도의 지혜를 시험했다고 설명하고 있다(구체적인 내용은 아래 체스 편 참조). 같은 이야기가 페르도우시(Ferdousī Tūsī, 1019 혹은 1025 사망)가 약 1000년경에 완성한 페르시아 민족 대서사시 『王書(Shāh-nāmeh)』에도 등장한다. 그러나 이 이야기들은 모두 체스와 연관시켜 극적인 흥미를 높이기 위해 꾸며 낸 픽션이라는 것이 학자들의 일반적인 견해이며 고고학적 발굴은 이 놀이의 기원이 훨씬 오래되었음을 증명해 주고 있다.

간단히 줄여 『체스(Chatrang-nāmag)』라고도 불리는 상기의 문헌 『체스의 해설과 주사위 놀이의 발명』에서 나르드 게임은 조로아스터교의 우주론적 관점에서 해석되고 있다. 놀이판은 지구(Spandarmad)를 상징하고, 흑백의 말은 낮과 밤, 주사위는 행성의 운행을 상징한다. 주사위의 한 면과 반대편 면의 숫자 합은 7(1+6, 2+5, 3+4)이 되는데 7은 7개의 별(해, 달, 화성, 수성, 목성, 금성, 토성)을 상징하며 따라서 일주일의 시간 단위가 되며, 주사위 놀이판의 한쪽에 있는 12칸은 12궁도(zodiac)를 상징하며 12개월의 시간 단위가 된다. 말의 주사위판 진입과 이동, 말이 잡힌 후의 재진입 등은 인간의 탄생과 죽음 그리고 부활을 상징한다.

이처럼 유구한 역사를 가진 주사위 놀이는 세계 각지로 퍼져 나갔으며 오늘날에는 특히 중동과 동유럽 지역에서 여전히 큰 인기를 끌고 있다. 그러나 주사위 놀이는 이슬람 율법학자들에 의해 이슬람에서 하람(금지)으로 간주되어 수난을 당하기도 했다. 이러한 금지는 일반적으로 도박, 특히 주사위 놀이에 관한 이슬람의 예언자 무함마드의 다음과 같은 말을 기반으로 한다: "주사위 놀이를 하는 사람은 돼지고기와 돼지의 피에 손을 담그는 것과 같다." 시아파 이슬람교의 저명한 종교지도자 중 한 명인 이라크의 시스타니('Alī al-Sīstānī 1930 출생)는 체스와 주사위 놀이에 대해 "내기를 하지 않고도 절대 금지"라는 판결을 내렸다.

2. 동아시아 전래

주사위 놀이는 중국에서 한동안 인기를 얻었으며 "쌍륙(雙陸)"이라고 불렀다. 남송(南宋 1127-1279) 시대에 쓰여진 문헌 『보쌍(譜雙)』에는 10가지 변형 주사위 놀이가 소개되고 있다. 시간이 지남에 따라 상기(象棋 우리의 將棋)와 같은 다른 게임으로 대체되었다.

일본에서 우리와 마찬가지로 수고로쿠(Sugoroku 雙六)라고 불리는 주사위 놀이는 6세기에 중국에서 도입된 것으로 보이지만 현존하는 일본에서 가장 오래된 주사위 놀이판은 삼국 시대에 한반도에서 전래된 것으로 알려져 있다. 일본에서 주사위 놀이는 도박 게임으로 간주되어 여러 차례 불법화되었다. 에도 시대 초기에 초한(cho－han 丁半)이라는 새로운 주사위 놀이가 도입되면서 수고로쿠는 급격히 인기를 상실해 나갔다. 13세기에는 원래 귀족들만 즐기던 바둑이 대중들 사이에서 인기를 얻었다.

3. 주사위 놀이와 우주 철학

① 주사위 판의 한쪽에 있는 말이 이동하는 경로의 12칸: 12개월, 즉 1년을 상징.

② 4구역(qesmat): 말이 이동하는 경로가 4개의 구역으로 나뉜 것은 4계절을 상징.

③ 30개의 말(mohre): 15개의 검은 말과 15개의 흰 말은 30일, 즉 1달을 상징.

④ 주사위 양면의 합: 주사위 한 면의 숫자와 그 반대편의 면에 있는 숫자의 합은 7(1+6, 2+5, 3+4). 7개의 행성(일월화수목금토) 및 일주일을 상징.

⑤ 흰 말과 검은 말: 낮과 밤을 상징.

⑥ 24칸(khāneh): 말이 이동하는 경로의 24칸(6칸×4구역)은 24시간, 즉 하루를 상징.

주사위의 수

① 유일신

② 하늘과 땅

③ 조로아스터교의 3가지 덕목: 좋은 생각(pandār－e nīk) / 좋은 말(goftār－e nīk) / 좋은 행동(kardār－e nīk)

④ 4방위: 북(abākhtar) / 남(nīmrūz) / 동(khāvar) / 서(bākhtar)

⑤ 이란 민족의 고대 주요 신: 해(khorshīd) / 달(māh) / 별(setāreh) / 불(ātash) / 천둥(ra'd)

⑥ 6일간의 천지창조(āfarīnash)

4. 차트랑(Chatrang / Shatranj, 체스)

차트랑의 명칭 변화

산스크리트어 – "4개의 (군사) 집단"을 의미하는 catur–aṅga

중세 페르시아어 - chatrang

현대 페르시아어 – shatrang / shatranj

아랍어 – al–shatranj 앗샤트란즈

스페인어 – ajedrez 아헤드레즈

중세 프랑스어 – eschez 에셰즈

현대 프랑스어 – échecs 에셰크

영어 – chess

러시아어 – шахматы (shakhmaty)

이탈리아어 – scacchi / 독일어 Schach(샤하) – 페르시아어 shāh에서 파생

페르시아 차트랑의 역사

차트랑 게임은 페르시아에서 오랜 역사를 가지고 있다. 그 기원은 불분명하지만, 그 명칭이나 말의 구성으로 볼 때나, 아스타파다(aṣṭāpada; 중세 및 현대 페르시아어 hasht–pāy)와 같은 다양한 고대 인도에서 페르시아로 전래된 보드게임들로 볼 때나, 차트랑은 인도에 기원을 둔 것으로 보인다. 인도에서 차트랑은 기원전 2세기에 이미 파탕잘리(Patañjali)라는 명칭으로 알려졌지만 차트랑의 어원이 된 차투르 앙가(catur–aṅga)라는 명칭은 이보다 상당히 늦은 6세기에 가서야 처음으로 언급되었으며, 그 시기에 차트랑은 이미 페르시아에 전래된 것으로 보인다.

중세 페르시아어 문자인 파흘라비(Pahlavī) 문자로 남겨진 다음 세 문헌에서 사산 페르시아 시대에 유행했던 차트랑을 비롯한 다양한 놀이가 언급되고 있다:

1) 『아르타흐시르 파파칸의 업적(Kār-nāmak-ī Artaxshēr-ī Pāpakān)』

사산 페르시아 제국의 창건자 아르다시르 1세(Ardashīr I, 224~242 재위)의 업적을 기록한 이 문헌에서 아르다시르 1세는 "신의 도움으로 폴로, 기마, 차트랑, 주사위 놀이 및 기타 다른 예술에서 다른 모든 사람들보다 더 우월하고 경험이 풍부해졌다"고 언급되어 있다.

2) 『후스라우와 侍童(Xusrau u rētak)』

사산 페르시아 제국의 마지막 전성기 황제 호스로우 2세(Khosrou Parvīz, 590~628 재위)와 그의 시동(侍童)이 나누는 대화를 기록한 비교적 짧은 분량의 이 문헌에서 시동은 "차트랑과 주사위 놀이와 하슈트 파이(hasht pāy)에서 자신이 누구보다 뛰어나다"고 자랑하고 있다.

3) 『차트랑에 대한 설명과 주사위 놀이의 발명(Vichārishn-ī chatrang u nihishn-ī nēv-artaxšēr)』

이 문헌의 저자는 인도의 왕 디브사름(Dēvsarm)이 사신 타흐타리투스(Taxtarītūs)를 통해 사산 페르시아 제국 제2 전성기의 황제 호스로우 1세(Khosrou Anūshīravān, 531~579 재위)에게 차트랑 게임을 수수께끼로 보낸 사실과 당시 사산 제국의 재상 보조르그메흐르(Bozorgmehr, 580 사망)가 이 수수께끼를 풀어낸 사실을 설명하며 보조르그메흐르는 그 답례로 주사위 놀이를 발명해 인도에 수수께끼 문제로 보냈다고 언급하고 있다.

그러나 이 세 문헌에는 차트랑이 언제 페르시아에 도입되었는지 그 구체적인 시기는 언급되지 않고 있다. 이 문헌들이 각각 3세기와 6~7세기의 페르시아 황제들을 지칭하고 있지만, 차트랑에 대한 언급은 다분히 전설적인 이야기이며 이 세 문헌이 모두 사산 제국 후기 혹은 사산 시대 이후에 재편집되었기 때문에 그 역사적 신빙성을 더욱 떨어뜨리고 있다. 위에서 언급한 마지막 문헌에서 전해지는 이야기는 분명히 전설적이며 역사적 사실로 받아들이기 어렵지만, 흥미로운 것은 이 이야기가 8세기 초 벽화의 주제로 등장한다는 사실이다. 소그드 족의 고향이었던 판지켄트(Panjikent)에서 발굴된 벽화에는 두 남자가 왕 앞에서 차트랑으로 보이는 보드게임을 하고 있는 모습이 그려져 있는데, 그들 중 한 명은 인도 의상과 머리 스타일을 하고 있으며 상대의 기량에 감동한 듯 집게 손가락으로 입술을 가리키는 전통적인 페르시아 제스처를 취하고 있다.

이 문헌들은 사산 시대에 페르시아에서 차트랑이 유행했다는 사실을 시사해 주고 있지만, 가장 오래된 확실한 증거는 이슬람 시대 이후이다. 『차트랑에 대한 설명과 주사위 놀이의 발명』에서 언급된 이야기는 사알레비(Tha'ālebī, 961~1038)의 아랍어 산문 작품 『傳記集의 긍지(Ghurar al-sīyar)』와 페르도우시(Ferdousī, 940~1019)의 페르시아 문학 대서사시 『王書(Shāh-nāmeh)』에서 다시 언급되고 있다. 후자의 작품에서는 차트랑의 인도 기원에 대해 비교적 자세히 설명하고 있다. 인도의 두 왕자 가브(Gav)와 탈한드(Ṭalkhand)는 어머니는 같지만 아버지가 다른 동복이부(同腹異父)의 형제였다. 한 명은 인도 왕 잠후르(Jamhhur)의 아들이고 다른 한 명은 잠후르의 동생이자 왕위 계승자인 마이(May)의 아들이었다. 두 왕자는 마이가 죽은 후 왕위 승계를 놓고 전쟁을 시작했다. 전쟁 중 탈한드는 진퇴양난에 갇힌 채 황금 안장에서 불가사의하게 사망했다. 가브는 이 사건의 자초지종을 어머니에게 알리기 위해 차트랑 게임을 발명했다.

차트랑에 대한 다양한 전설이 초기 아랍어 자료에 등장한다. 예를 들어 마스우디(Mas'ūdī, 약 956 사망)는 고대 인도의 학식 있는 왕들이 어떻게 다양한 예술과 과학을 도입했는지 설명하고 있다. 바르하만(Barhaman, 즉 Brahman)은 그 최초의 인물이었다. 그의 아들 바흐부드(Bāhbud) 치하에서 주사위 놀이가 발명되었고, 몇 세대 후에 다브샬렘(Dabshalem) 왕은 그 유명한 동물 우화집 『칼릴라와 딤나(Kalīla wa Dimna)』를 저술했다. 그의 아들 발히트(Balhīt) 통치 시기에 차트랑 게임이 발명되었으며 차트랑의 수학적 특성, 특히 1에서 64까지의 제곱합의 계산과 우주론적 해석이 연구되었다. 마스우디는 또한 그의 시대에 유행했던 6가지 다른 형태의 게임에 대해 언급한다. 비루니(Bīrūnī, 973~1050)는 인도에 관한 그의 저서 『인도 연구(Tahqīq al-Hind)』에서 한 면에 8칸의 4각형이 있는 판에서 4명이 한 쌍의 주사위를 가지고 플레이하는 인도의 변형 차트랑을 설명하고 있다. 그는 또한 『남겨진 유산(Āthār al-bāqiyah)』에서 "차트랑의 중복과 그 계산의 중복"에 관한 문제를 수학적 측면에서 다루고 있다. 이븐 칼리칸(Ibn Khallikān, 1211~1282)은 인도의 현자로 추정되는 싯사 이븐 다히르(Ṣiṣṣa b Dāhir)가 차트랑의 발명가라고 소개하면서 그가 인도 왕 시흐람(Šihrām 또는 Balhīt) 시대에 차트랑판의 첫 번째 칸에 쌀 한 알을 놓고 그 양이 64개가 될 때까지 이어지는 칸에 두 배로 늘어나도록 올려놓는 수학적 계산(26=64)을 제시하고 왕에게 보상을 요구했다고 전하고 있다. 그 밖의 무슬림 작가들도 차트랑의 발명가에 대해 다양한 전설적 이야기와 함께 소개하고 있는데 그 대부분이 인도의 현자이다. 그중 가장 자주 언급되는 이름은 "현자 시사(Ḥakīm Ṣīṣa 혹은 Ṣihṣa/Ṣifa/Sīsāk/Sis)"와 "이븐 다시르(Ibn Dāsir 혹은 Dāhir/Dā'ir al-Hendī)" 등이다.

이슬람 시대에 저술된 이러한 모든 문헌들은 차트랑이 인도에 기원을 두고 이슬람 시대 초기에 페르시아에서 아랍 및 여타 이슬람 세계로 퍼져 나갔음을 제시하고 있다. 그 후 차트랑은 이미 십자군 전쟁 이전에 비잔틴 제국과 서구에 소개되었다.

늦어도 6세기부터 가로와 세로가 8칸씩 구성되고 오늘날과 유사한 형태의 말과 그 말들을 배열하는 차트랑의 주요 형식이 형성된 것으로 보인다.

차트랑의 말은 분명히 인도의 전통적인 군대 편성으로 분류된다. 즉, 코끼리 부대(hasty), 기마 부대(aśva), 전차 부대(ratha), 보병대(padāta)로 구성되어 있고 이 부대들을 왕과 그의 자문관이 지휘하는 형식이다. 말의 배열은 앞서 언급한 중세 페르시아 문헌 『차트랑에 대한 설명(Vichārishn-ī chatrang)』에서 설명하고 있다. 그에 따르면, 중앙에 왕(shāh)이 위치하고 그의 좌우에 두 명의 루크(raxu)와 자문관(frachīn)이 위치한다. 이 자문관은 유럽 버전에서는 여왕(queen)에 해당한다. 유럽 버전에서 비숍(bishop)에 해당하는 코끼리(pīl) 부대는 왕의 근위 부대이며, 기마 부대(asp)는 유럽 버전에서는 기사(knight)에 해당한다. 전면에는 보병(padātak)이 포진하고 있다. 페르도우시 역시 비슷하게 차트랑 말들의 페르시아어 명칭들인 shāh(왕), rokh,dastūr(재상), pīl(코끼리 부대), asb(기마 부대), pīyādeh(보병) 등의 용어를 사용하고 있다. 그러나 앞에서 언급했던 인도 왕자 탈한드가 차트랑을 발명했다는 설명 부분에서는 코끼리 부대와 기마 부대 사이에 낙타 부대가 (oshtor)가 배치된 가로와 세로가 각각 10칸씩인 100칸의 차트랑판을 언급하고 있다. 이와 같은 페르시아어 용어들은 아랍어로, 그 뒤를 이어 유럽의 언어들로 전사되거나 번역되어 차용되었다.

차트랑의 말들은 거의 동일한 구성을 유지했지만 이동 규칙에는 변화가 있었다. 가장 큰 변화는 15세기 중반 스페인에서 일어났는데, 이전에는 대각선으로 한 번에 한 칸만 움직일 수 있었던 여왕에게 대각선과 직선 방향의 모든 칸으로 움직일 수 있는 권한을 부여했다. 과거의 버전을 "del viejo(구식)"이라고 부른데 반해 이 새로운 버전은 "de la dama(여왕 형식)"이라고 불렀다. 왕과 루크(castle)가 한 번에 한 칸씩 이동하는 현대 규칙은 17세기 초에 가서야 도입되었다. 이러한 혁신적 변화는 페르시아와 여타 이슬람 세계에 도입되었다. 그러나 이러한 변화에도 불구하고 왕이 죽거나 움직이지 못하는 상황이 되면 경기가 끝나는 규칙은 변함이 없었다. 이러한 상황을 의미하는 영어 checkmate는 일견 영어 원어처럼 보이지만 '왕'을 의미하는 페르시아어 shāh와 '죽었다'를 의미하는 아랍어 māt의 합성어 shāh－mā에서 파생되었다. 그러나 이와 같은 보편적인 가설에 이란 학자들을 비롯한 일부 학자들은 이의를 제기한다. 페르도우시가 차트랑의 발명에 대해 설명했듯이, 차트랑에서 왕은 살해되는 것이 아니라 움직이지 못하는 무기력한 상황이 되었을 때 경기가 끝나는 것이기 때문에 māt는 죽었다는 의미의 아랍어가 아니라는 주장이다. 다른 말들은 살해될(koshteh) 수 있지만 왕은 무기력한(māt) 상황이 되는 것인데 이 단어 māt는 페르시아어에서 "부서진, 마비된"이라는 의미로 다양하게 나타난다. 더욱이 아랍어 al－shāhmāt의 초기 용례는 이 단어가 페르시아어에서 변형 없이 직접 차용된 것임을 암시해 준다. 이 용어는 대부분의 유럽 언어에도 차용되었다.

차트랑 게임은 오랫동안 페르시아 문화에서 중요한 역할을 해 왔다. 그것은 페르시아 문학에서 자주 언급되며 거의 모든 유명한 시인들이 인간의 투쟁과 운명의 도전에 대한 은유로 사용했다. 반면에 11세기 말의 교훈적 일화들의 모음집인 『카부스 나메(Qābūs--nāmeh)』의 저자 케이커부스(Kaykāvūs b. Iskandar)는 차트랑과 주사위 놀이(nard)에 빠지지 말라고 경고하면서 이슬람의 신학적인 전통을 따랐다. 때때로 차트랑 게임 광경은 미니어처로 묘사되었는데, 특히 페르도우시의 『王書』 필사본에 실려 있는 호스로우 1세 궁정의 게임 광경이 대표적인 예이다. 차트랑 게임은 때때로 서정시 가잘(ghazal)의 미니어처에도 등장한다.

차트랑판은 나무, 석재 혹은 기타 단단한 재료로 만들지만 가죽으로 만든 차트랑판도 발견된다. 차트랑의 말은 초창기에는 일반적으로 단순히 색이나 글자 및 기호 표시로 구별되다가 점차 정교한 조각의 형태로 발전되어 나갔다. 이처럼 정교하게 조각된 차트랑의 말은 게임 자체만큼이나 오래된 전통을 갖게 되었다. 말들은 나무, 상아, 돌 등의 재료로 조각되었다. 앞에서 페르도우시가 언급한 인도 왕자 탈한드의 차트랑판은 흑단(ābnūs)으로 만들어졌고 말은 티크(sāj)와 상아(ʿāj)로 만들어졌다.

차트랑의 종류

1) 쪽모이(patchwork) 차트랑(shaṭranj-e moraqqaʿ شطرنج مرقع)

표준 차트랑과 같지만 코끼리 병(fīl)이 전차 병(rokh = rook) 옆에 배치된다는 점만 다르다. 즉, 바깥쪽부터 배치 순서로 보면,

- 표준 차트랑: 전차 병 - 기마 병(asb) - 코끼리 병(fīl)
- 쪽모이 차트랑: 전차 병 - 코끼리 병 - 기마 병

2) 요새 차트랑(shaṭranj-e ḏavāt al-ḥoṣūn شطرنج دوات الحصون)

가로와 세로가 10칸씩으로 구성된 차트랑판을 사용하며 네 모퉁이의 칸을 “요새, 성(城)”을 의미하는 ḥeṣn(حصن)이라고 부른 데에서 요새 차트랑이라는 용어가 유래되었다. “머리로 들이 받는 숫양”을 의미하는 답바바(dabbābah 4)دبابة개가 추가로 배치되는데, 이 말들은 전차 병과 마찬가지로 직선 방향으로 경기자가 원하는 칸만큼 이동할 수 있다. 마스우디(Masʿūdī, 956 사망)는 자신의 저서 『황금 초원과 보석 광산(Murūj al-dhahab wa maʿādin al-jawhar)』 에서 답바바는 왕처럼 이동했다고 설명하고 있다. 게임 방식은 표준 차트랑과 동일하지만 차이점은 왕

이 상대방 보병의 진격으로 방해받지 않는다면 “요새”로 들어가 보호될 수 있다는 점이다. 『王書』에서도 10×10 칸으로 구성된 변형 차트랑에 대해 언급하고 있지만 코끼리 병과 기마 병 사이에 4개의 낙타 병(shotor)이 배치된다.

3) 큰 차트랑(shaṭranj-e kabīr) 혹은 완전 차트랑(shaṭranj-e kāmel)

기존의 10×10 차트랑판에 1개의 세로줄이 추가되어 10×11 칸을 만들고 양쪽의 두 번째 세로 줄 오른쪽에 한 칸씩 추가해 총 112칸으로 구성되어 있으며 각각 28개씩 56개의 말을 사용하는 보다 정교함이 요구되는 차트랑이다. 한 경기자의 말은 왕(shāh), 재상(vazīr), 자문관(farzīn)이 각각 1개씩, 기린 병(zarrāfeh), 숫양 병(dabbābeh), 정찰병(talī'eh), 코끼리 병(fīl), 기마 병(asb), 낙타 병(shotor) 혹은 사자 병(shīr), 전차 병(rokh)이 각각 2개씩 그리고 11개의 보병(piyādeh)으로 구성되어 총 28개의 말을 사용한다. 보병 중에는 특수한 역할을 하는 “보병 중의 보병(baydaq al-baydaq 혹은 pīyāde-ye aṣl)” 1개가 포함되어 있다. 표준 차트랑에서 말들이 2줄에 걸쳐 배치되는 것에 반해, “큰 차트랑”에서는 말 수가 많은 만큼 3줄에 걸쳐 배치된다.

이동에는 다음과 같이 세 가지 방법이 있다:

① 직선(mosaqīm) 이동 – 재상, 숫양병, 전차병

② 대각선(mo'awwaj) 이동 – 자문관, 코끼리, 정찰병

③ 혼합(morakkab, 직선 및 대각선) 이동: 기마병, 낙타병, 기린병

말의 이동 범위의 경우, 재상 및 자문관은 한 칸만 이동하고, 숫양병 및 코끼리병은 두 칸을 이동하며, 전차병 및 정찰병은 경기자가 원하는 만큼 이동이 가능하다. 낙타병과 기린병의 이동 범위는 명확하지 않다. 보병은 “보병 중의 보병”을 제외하고 앞이나 옆으로 한 칸만 이동이 가능하며 후퇴는 불가능하지만, 차트랑판 끝 줄까지 도달한 보병은 경기자가 원하는 위치 아무 곳에나 다시 놓을 수 있다. 이러한 절차가 두 번 발생하면 이 보병은 “가짜 왕(shāh-e maṣnū'eh)”이라고 불리며 왕처럼 이동할 수 있다.

4) 자와리히(Jawāriḥī) 차트랑

자와리흐(Jawāriḥ)는 “인체의 기관들”을 의미하는데, 앞서 언급한 마스우디의

저서에 따르면, 자와리히 차트랑은 7×8 칸으로 구성된 차트랑 판에서 인체의 다양한 기관을 나타내는 12개의 말을 이용하는 차트랑의 일종이다. 이 차트랑은 10세기에 창안되었다.

차트랑의 변형

차트랑을 이용한 변형 놀이로는 다음과 같은 것이 있다:

1) 주사위와 4×16 차트랑판 게임

차트랑과 주사위 놀이를 결합한 놀이로, 주사위 눈의 숫자는 다음과 같이 이동할 말을 결정한다:

1 = 보병 / 2 = 전차 병 / 3 = 기마병 /

4 = 코끼리 병 / 5 = 재상 / 6 = 왕

마스우디에 따르면, 차트랑의 말들은 판의 좁은 쪽 끝 4줄에 배치되고 보병은 그 앞에 배치한다.

2) 원형 차트랑

중앙에 작은 원이 있는 원형 차트랑판 놀이이다. 일단 왕이 이 원으로 이동하면 그 안에 머무는 동안에는 왕을 공격할 수 없다. 보병은 정면으로 만날 때만 서로를 잡을 수 있다. 코끼리 병은 서로 잡을 수 없다. 마스우디에 따르면 원형 차트랑은 비잔틴 제국에서 유래했다.

3) 천체(Falakīyah) 차트랑

둥근 판에서 주사위를 가지고 하는 게임으로 안쪽 원 안에 있는 12개의 사각형은 12궁도의 이름을 따서 부르고 바깥쪽 원 안에 있는 12개의 사각형은 5개 행성(수성, 금성, 화성, 목성, 토성)이 2개씩 그리고 태양과 달로 구성되어 있다. 태양계의 이동은 예를 들어 토성(zoḥal)이 7칸, 목성(moshtarī)이 6칸, 화성(merrīkh)이 5칸, 태양이 4칸, 금성(zohreh)이 3칸, 수성('oṭāred)이 2칸, 달이 1칸 이동한다. 주사위를 던져서 나온 숫자에 따라 이동하는데, 자신이 선택한 말을 바깥쪽 원에 있는 칸에서 시작해 안쪽 원으로 이동시킨다. 말이 퇴보 칸(khāne-ye raj'at)에 들어가게 되면 해당하는 수만큼 뒤로 이동해야 한다. 모든 말이 안쪽 원으로 이동된 후 다시 바깥 원으로 이동한다. 게임에서 이기려면 태양과 목성의 칸을 자신이 차지하고 화성과 토성의 칸은 상대방이 차지하도록 해야 한다. 전통적으로 이슬람 점성술에서 목성은 행운의 행성이지만 화성과 토성은 불길한 행성으로 간주된다. 마스우디에 따르면 유사한 다른 게임에서는 색상도 말의 이동에 중요한 역할을 했다.

인용 · 참고문헌

이란의 전통문화에 관한 관심과 연구는 주로 서구 학자들에 의해 시작되었다. 이란의 전통문화는 대부분 그 기원을 이슬람 이전 시대에 두고 있지만, 이란 학자들은 자신들의 전통문화보다는 이슬람문화에 더 많은 관심을 기울여 왔기 때문이다. 17세기부터 페르시아를 방문한 서구 상인들이나 여행자들에 의해 페르시아의 이국적 문화가 유럽에 소개되며 오리엔탈리즘(orientalism)이 크게 유행하기 시작했다. 대표적인 예가 17세기 후반 이란을 여행한 존 샤르뎅(John Chardin)의 『페르시아 여행기(Travels in Persia 1673–1677)』[1)]인데 그는 이 여행기에서 당시 이란 민족들의 다양한 전통문화를 소개하고 있다. 또 하나의 중요한 서구 여행자는 프랑스의 가스파르드(Gaspard Drouville)인데 그는 1812–1813년 사이에 이란을 여행한 후 1819–1820년에 파리에서 "Voyage en Persependant les années 1812 et 813"라는 제목으로 2권의 여행기를 펴냈다. 당대의 전통문화에 대한 중요한 정보를 담고 있는 이 여행기는 마누체흐르(Manūchehr E. Moqaddam)가 1985년에 『이란 여행(Safar dar Irān)』이라는 제목의 페르시아어 번역서를 펴냈다.

18세기부터 식민–제국주의 차원에서 중근동지역에 대한 정보 수집과 더불어 활발한 학술적 연구가 동반되면서 서구 학자들의 페르시아 전통문화 연구는 계속되었다. 하지만 20세기 초에 이란에 팔레비 왕정이 들어서면서 전통문화에 대한 이란 학자들의 관심과 연구는 크게 증대하게 된다. 팔레비 왕정은 고대 페르시아 제국의 영광을 재현한다는 야심을 품고 이슬람 이전의 페르시아 전통 찾기를 정부 차원에서 장려했기 때문이다. 그러나 1979년 이슬람 혁명 이후의 이슬람 공화국 정부는 전통문화보다는 이슬람 정책에 주력하며 전통문화 연구는 다시 수면 밑으로 가라앉게 되었다.

페르시아의 전통무예는 단연 페르시아어로 코쉬티(koshtī كشتى)라고 불리는 레슬링이다. 레슬링의 원조라고 하는 그리스–로마보다 오랜 역사를 가지고 있을

1) J, Chardin, ≪Travels in Persia 1673–1677≫, (New York, 1988).

뿐만 아니라 그 고유한 전통을 오늘날까지 이어 오고 있기 때문이다. 레슬링과 함께 선수들의 훈련장이자 경기장으로 발전한 주르카네(zūrkhāneh زورخانه) 역시 페르시아 무예 연구의 핵심적 키워드이다. 팔레비왕정 시대의 전통무예에 관한 중요한 연구로는 이란의 고대 스포츠를 연구해 1947년에 『새로운 메시지(Payām-e nou 3(6))』에 발표한 하산 구셰(Ḥasan Gūsheh)의 "이란의 고대 스포츠(Varzesh-e bāstānī dar Irān)"와 커젬 커제마이니(Kāẓem Kāẓemaynī)가 1967년에 『예술과 인간(Honar o mardom)』에 기고한 "주르카네"를 들 수 있다. 후자는 같은 해에 『이란 레슬링 역사의 경이로운 이야기(Dāstānhā-ye shegeftangīz az tārīkh-e pah-lavānī-e Irān)』라는 제목의 저서로 출판되기도 하였다. 팔레비 왕정 말기인 1974년에 출판된 골럼-레저 엔서프푸르(Ğolām-Režā Enṣāfpūr)의 『주르카네 역사와 문화 그리고 주르카네의 사회적 집단(Tārīkh o farhang-e zūr-khāneh va gorūhhā-ye ejtemā'ī-ye zūr-khāneh)』도 주목할 만한 문헌이다. 비교적 최근의 레슬링에 관한 중요한 연구는 마흐디 압바시(Mahdī 'Abbāsī)가 저술한 『이란의 레슬링 역사(Tārīkh-e koshtī-ye Irān)』를 들 수 있다. 1995년에 출판된 2권의 방대한 분량의 저서에서 마흐디 압바시는 이란의 레슬링과 주르카네에 관한 세밀하고 총체적인 정보를 제공하고 있다.

페르시아 전통춤에 관한 연구 분야도 거의 서구 학자들의 독무대였다. 그것은 춤과 음악에 대해 부정적 시각을 보이는 이슬람교리와 전혀 무관하지 않다. 우선 이슬람 이전 시대의 페르시아 전통춤은 고고학적 연구와 궤를 같이 하고 있는데, 선사시대의 토기에 그려진 춤에 관한 연구로 콘테뉴(G. Contenau)가 『페르시아 예술 연구』에 발표한 논문인 "Early Ceramic Art"가 있고, 중앙아시아의 이란계 민족인 소그드족의 판지켄트벽화에 그려진 춤은 아자르파이(G. Azarpay)의 『(Berkeley, 1981)』에 자세히 소개되어 있다. 페르시아 전통춤에 관한 연구는 전통 음악과 함께 연구되는 경향이 있다. 파르티아 시대부터 페르시아 궁정의 고산(Gosan)이라고 불리는 음유시인이자 음악가의 연구에 전통춤에 대한 정보가 포함되어 있다. 대표적인 논문으로는 1957년에 보이스(M. Boyce)가 영국의 권위 있는 논문집인 『JRAS』에 기고한 "The Parthian Gōsān and Iranian Minstrel Tradition"이 있고, 콜리지(M. A. R. Colledge)의 『런던(London, 1977)』역시 이 주제의 중요한 참고문헌이다.

역사 초기부터 이슬람 시대 직전까지의 전통춤에 대한 정보는 거슈만(R. Ghirshman)의 『뉴욕(New York, 1962)』에 풍부하게 담겨 있다. 이슬람 시대 이후의 페르시아 전통춤에 대한 대표적인 종합적 문헌은 불어로 저술된 레즈와니(M. Rezwani)의 『이란의 연극과 춤(Paris, 1962)』이 있으며, 음악과 연계한 춤에 대한 문헌으로는 카톤(M. Caton)과 시겔(N. Siegel)이 공동 편집한 『이란 음악적 표현의 문화적 매개 변수(1988)』를 꼽을 수 있다. 쿠르드족의 전통춤을 이슬람 교리에 비춰 연구한 하마다(G. M. Hamada)의 『이란 북동부 보즈누르디 쿠르드족의 춤과 이슬람(1978)』역시 주목할 만하다. 이란 학자의 연구로는 이란의 축제문화 속의 전통춤을 연구한 엔자비(A. Enjavī)의 2권짜리 저서 『겨울 축제와 관습과 신앙(1973–1975)』이 있다.

페르시아의 전통놀이 문화에 관한 연구는 이란 학자들에 의해 일찍부터 활발하게 진행되어 왔으며 수많은 저서가 각 지방의 다양한 놀이문화를 소개하고 있다. 이슬람 이후 초기부터 다양한 놀이가 어휘집과 그 밖의 자료에 언급되었다. 『의학도를 위한 안내서(Hedāyat al–mota'allemīn fi al–ṭebb)』에서 라비 아하베이니 보하리(Rabī' Aḥmad Akhaveynī Bokhārī, 10세기 후반)는 다양한 스포츠와 놀이의 장점에 대해 논한 후에 그중에서 몇 가지를 자세히 소개하고 있다. 메이더니(Abu' al–Fatḥ Meydānī)의 『이름 속의 고귀함(Sāmī fi al–asāmī)』을 비롯해 『확실한 증거 사전(Farhang–e Borhān–e qāṭe')』 및 『어난드러즈사전(Farhang–e Ānand Rāj)』등과 같은 사전류에는 모두 당대에 유행한 놀이들에 대해 설명하고 있다. 키여(Ṣ. Kīyā)는 이러한 중세사전 속에 등장하는 놀이문화를 연구해 『'어난드러즈사전'과 '확실한 증거 사전' 속의 이란의 놀이와 유희(Bāzī o bāzīchehā–ye īrānī dar Farhang–e Ānand Rāj o dar Farhang–e Borhān–e qāṭe', 1963)』을 펴냈다. 파르빈 고너버디(Parvīn Gonābādī)는 자신의 저서인 『지방의 놀이들(Bāzīhā–ye maḥallī)』에서 슈슈타르(Shūshtar) 방언으로 된 작자 미상의 미출판(1804년 필사본)을 인용해 해당 지역의 많은 놀이들을 설명하고 있다.

팔레비 왕정 시대 이후 최근 수십년 동안 이란 민속에 대한 관심이 높아지면서 이란의 여러 분야에서 진행된 많은 놀이에 대한 저서들이 출판되었으며, 지역별 놀이문화도 다양하게 소개되었다. 예를 들면 이스파한의 고대 어린이 놀이문화에 대한 잠셔드(N. Jamshād)의 『이스파한의 고대 어린이 놀이들(Bāzīhā-ye bāstānī--ye kūdakān-e Eṣfahān, 1972)』, 이란 남부 퍼르스(Fārs) 지역의 놀이문화를 소개한 세더가트키시(J. Ṣedāqatkish)의 『어버데 지방놀이들(Bāzīhā-ye maḥallī-ye Ābādeh, 1981)』, 이란 중부 셈넌(Semnān) 지역 놀이문화를 소개한 터헤리예(M. Ṭāherīyeh)의 『덤건의 민요와 민속(Tarānehā o folklorhā-ye Dāmghān, 1965)』 등이 있다. 종종 방언 용어집에서도 놀이문화에 대한 자료들을 찾을 수 있는데, 바흐만(F. Vahman)의 『케르먼인 사전(Farhang-e mardom-e Kermān, 1975)』, 소투데(M. Sotūdeh)의 『길란 방언사전(Farhang-e gīlakī, 1953)』, 이자드파너흐((H. Īzadpanāh)의 『로르족 방언사전(Farhang-e lorī, 1964)』 등이 이러한 주제의 대표적인 사전들이다.

그럼에도 불구하고 각 지역의 놀이와 그 변형을 체계적으로 분류하고 학문적으로 분석한 포괄적 연구에는 미흡한 것이 사실이다. 그나마 학문적 수준에서 연구한 논문으로는 비르잔디(A. Bīrjandī)가 『예술과 인간(Honar o mardom)』에 발표한 "즐거운 전통놀이들(Bāzīhā-ye shīrīn-e sonnatī, 1974)"과 바허르(M. T. Bahār)가 『교육과 양육(Majalle-ye ta'līm o tarbīyat)』에 발표한 "이란의 놀이들(Bāzīhā-ye īrānī, 1933)" 정도를 꼽을 수 있다. 배구와 축구 등 현대 스포츠의 인기와 텔레비전의 보급으로 이란 어린이와 청소년들 사이에서 전통놀이에 관한 관심이 줄어들고 있기 때문에 오늘날 이란에서 전통놀이문화에 관한 연구는 더욱 위축된 상황이다.

이란의 전통무예, 무용, 유희 관련 단행 자료 목록

저자	단행본	발행처	연도
박한제, 김호동, 한정숙, 최갑수	유라시아 천년을 가다	사계절	2002
유홍태	이란의 역사	살림	2008
김세원	실크로드에 꽃 핀 이슬람문화 이란·터키	에세이퍼블리싱	2009
김광원	이란 리포트(페르시아 문화기행)	한가람서원	2014

저자	단행본	발행처	연도
윤병모	이란 페르시아 문화 기행	학연출판사	2017
김중식	이란-페르시아 바람의 길을 걷다	문학세계사	2017
Unvala, J. M	The Pahlavi Text "King Husrav and his Boy"	Paris	
Murray, H. J. R.	A History of Chess	Oxford	1913
Woolley, C. L.	Ur Excavations, vol. II: The Royal Cemetery	New York	1934
Ghirshman, R.	Fouilles de Sialk II	Paris	1939
Langsdorff, A. & McCown, D.	Tell-i-Bakun A, Season of 1932	Chicago	1942
Brown, T. Burton	Excavations in Azarbaijan	London	1951
James George Frazer	The Golden Bough: A Study in Magic and Religion	The Macmillan company	1966
Hole, F.	Studies in the Archeological History of the Deh Luran Plain: The Excavation of Chogha Sefid	Ann Arbor, Mich	1977
Stronach, D.	Pasargadae	Oxford	1978
Harper, P.	The Royal Hunter: Art of the Sasanian Empire	New York	1978
Watson, P. J.	Archaeological Ethnography in Western Iran	Tucson, Ariz	1979
Kleiss, W.	Bastam I, Ausgrabungen in den Urartäischen Anlagen 1972-1975	Berlin	1979
Dummet, Michael	The Game of Tarot	London	1980
Edwards, M.	Excavations in Azerbaijan (North-western Iran) 1: Haftavan, Period VI	Oxford	1983
Curtis, J.	Nush-i Jan III. The Small Finds	London	1984
Swiny, S.	The Kent State University Expedition	Nicosia	1986

저자	단행본	발행처	연도
	to Episkopi Phaneromeni, pt. 2		
Chardin, John	Travels in Persia, 1673–1677	New York	1988
Alter, Joseph S	The Wrestler's Body: Identity and Ideology in North India	Berkeley	1992
Baker, Patricia L.	Wrestling at the Victoria and Albert Museum	Iran 35	1997
Hedāyat, Ṣ.	Owsāna	Tehran	1931
Sotūda, M.	Farhang–e gīlakī	Tehran	1953
Sotūda, M.	Farhang–e semnānī, sorkha'ī, lāsgerdī, sangesārī, šahmīrzādī	Tehran	1953
Kīā, Ṣ.	Bāzī o bāzīchahā–ye īrānī dar Farhang–e Ānand Rāj o dar Farhang–e Borhān–e qāṭe', Enteshārāt–e edāra–ye farhang–e 'āmma 2	Tehran	1963
Ṭāherīya, M.	Tarānahā o folklorhā–ye Dāmḡān	Rasht	1965
Kāẓemayni, Kāẓem	Dāstānhā–ye šegeftangiz az tāriḵ–e pahlavāni–e Irān	Tehran	1967
Shahri, Ja'far	Šakar–e talḵ	Tehran	1968
Homāyūnī, Ṣ.	Farhang–e mardom–e Sarvestān	Tehran	1969
Jamšād, N.	Bāzīhā–ye bāstānī–e kūdakān–e Eṣfahān	Isfahan	1972
Enjavī, S. A.	Bāzīhā–ye namāyešī	Tehran	1973
Īzadpanāh, H.	Farhang–e lorī	Tehran	1974
Homāyūnī, Ṣ.	Gūshahā–ī–az ādāb o rosūm–e mardom–e Shīrāz	Shiraz	1974
Enṣāfpur, Ḡolām–Reżā	Tāriḵ o farhang–e zur–ḵāna wa goruhhā–ye ejtemā'i–e zur–ḵāna	Tehran	1974
Faqīrī, A.	Bāzīhā–ye maḥallī–e Fārs	Shiraz	1974
Vahman, F.	Farhang–e mardom–e Kermān	Tehran	1975

저자	단행본	발행처	연도
Parvīn Gonābādī, M.	Bāzīhā-ye maḥallī	Tehran	1977
Shahri, Ja'far	Guša-i az tārik-e ejtemā'i-e Tehrān-e qadim	Tehran	1978
Ṣedāqatkish, J.	Bāzīhā-ye maḥallī-e Ābāda	Shiraz	1981
Kamandi, 'Abbās	Varzeš wa sargoḏadšt-e varzeš-e bāstāni-e Kordestān	Sanandaj	1984
Tehrānchi, Moḥammad-Mahdi	Pažuheš-i dar varzešhā-ye zur-kāna'i	Tehran	1985
Ṭā'i, Jamil	al-Zurkānāt al- bagdādiya	Baghdad	1986
'Abbāsi, Mahdi	Tārik-e košti-e Irān, 2 vols	Tehran	1995
Behzādi, 'Ali	Šebh-e kāṭerāt	Tehran	1996
Ja'fari, Sha'bān	Ša'bān Ja'fari (text of the interview by Homā Saršār)	Los Angeles	2001
Majidzāda, Y.	Jiroft: kohantarin tamaddon-e šarq	Tehran	2003
de Mecquenem, R.	Mémoires de la Délégation en Perse 7	Paris	1905
de Mecquenem, R.	Mémoires de la Délégation en Perse 29	Paris	1943
Amiet, P.	Les antiquités du Luristan	Paris	1976
Panaino, A.	La novella degli scacchi e della tavola reale	Milan	1999
Niebuhr, Carsten	Reisebeschreibungnach Arabien und anderen unliegenden Ländern	Copenhagen	1778
Kreiser, Klaus	Edirne im 17. Jahrhundert nach Evliyā Çelebī: Ein Beitrag zur Kenntnis der osmanischen Stadt	Freiburg	1975
Semenov, G. L.	Studien zur sogdischen Kultur an der Seidenstrasse	Wiesbaden	1996

저자	단행본	발행처	연도
藤原稜三	格闘技の歴史	ベースボール マガジン社	1990
ひろさちや監修, 松浪健四郎, 河野亮仙編	古代インド·ペルシァのスポーツ文化	ベースボール マガジン社	1991
森茂男	イランとイスラム文化と伝統を知る	春風社	2010

학술자료 목록

저자	학술논문	발표지/발행처	연도
Arasteh, A. Reza	The Social Role of the Zurkhana (House of Strength) in Iranian Urban Communities during the Nineteenth Century	Der Islam 36	1961
Pritchett, W. K.	Five Lines and IG2, 324	California Studies in Classical Antiquity 1	1968
Muscarella, O. W.	The Iron Age at Dinkha Tepe, Iran	Metropolitan Museum Journal 9	1974
Burney, Ch.	Excavations at Haftavan Tepe 1973: Fourth Preli- minary Report	Iran 13	1975
von Leyden, R.	Oriental Playing Cards	Journal of the Playing Card Society 4	1976
Goff, C.	Excavations at Baba Jan: The Bronze Age Occupation	Iran 14	1976
Azarpay, G.	Sogdian Painting.	The Pictorial Epic in Oriental Art (Berkeley, Los Angeles and London)	1981
Piperno, M. & Salvatori, S.	Recent Results and New Perspectives from the Research at the Graveyard	Annali 63	1983

저자	학술논문	발표지/발행처	연도
	of Shahr－i Sokhta, Sistan, Iran		
Lamberg－Karlovsky, C. C.	The 'Intercultural Style' Carved Vessels	Iranica Antiqua 23	1988
Gunter, A. C.	Art from Wisdom, The Invention of Chess and Backgammon	Asian Art	1991
Rollefson, G. O.	A Neolithic Game Board from Ain Ghazal, Jordan	Bulletin of the American Schools of Oriental Research 286	1992
Finkel, I.	Board Games and Fortunetelling: a Case from Antiquity	in New Approaches to Board Games Research: Asian Origins and Future Perspectives	1995
Schädler, U.	XII Scripta, Alea, Tabula－New Evidence for the Roman History of 《Backgammon》	in New Approaches to Board Games Research: Asian Origins and Future Perspectives, ed. A. J. de Voogt, Leiden	1995
Dunn－Vaturi, A. E.	The Monkey Race－Remarks on Board Games Accessories	Board Games Studies	2000
Chehabi, Houchang E	Jews and Sport in Modern Iran	The History of Contemporary Iranian Jews IV Homa Sarshar and Houman Sarshar, eds	2001
Daryaee, T.	Mind, Body, and Cosmos: Chess and Backgammon in Ancient Persia	Iranian Studies	2002

저자	학술논문	발표지/발행처	연도
Rochard, Philippe	The Identities of the Zūrkhānah	tr. Houchang E. Chehabi, Ir. Stud	2002
Soar, M.	Shiva and Parvati at Play. Backgammon in Ancient India	in The Art of Play. Board and Card Games of India, ed. A. Topsfield, Mumbai	2006
Hoerth, A. J.	The Game of Hounds and Jackals	in Board Games in Perspective, ed. I. L. Finkel, London	2007
Soar, M.	Boardgames and Backga－ mmon in Ancient Indian Sculpture	in Board Games in Perspective, ed. I. L. Finkel, London	2007
Pusch, E. B.	The Egyptian 'Game of Twenty Squares': Is it Related to 'Marbles' and the Game of the Snake?	in Board Games in Perspective, ed. I. L. Finkel, London	2007
Galunov, R. A.	Zurkhana: atletchyeskaya arena persii (Zur－ḵāna: The athletic arena of Persia)	Iran (Leningrad) 1	1926
Bahār, M. T.	Bāzīhā－ye Īrānī	Majalla－ye ta'līm o tarbīat	1933
Ṣamimi, Noṣrat－Allāh	Varzeš	Irān－e bāstān 2 3 Šahrivar 1313/25	1934
Guša, Ḥasan	Varzeš－e bāstāni dar Irān	Payām－e now 3/6, Farvardin	1947
Kāẓemayni,	Zur－ḵāna	Honar o	1967

저자	학술논문	발표지/발행처	연도
Kāẓem		mardom, N.S	
Bīrjandī, A.	Bāzīhā－ye shīrīn－e sonnatī	Honar o mardom 149	1974
Karīmī, A.	Bāzīhā－ye kūdakāna dar rūstā－ye Kahana	Honar o mardom 138	1974
Ṣadiq, Moṣṭafā	Gowd－e moqaddas: peydāyeš－e zur－ḵāna	Honar o mardom	1974
Bahār, Mehrdād	Varzeš－e bāstāni－e Irān wa rišahā－ye tāriḵi－e ān	Čistā 1	1981
Ṣadiq, Moṣṭafā	Negāh－i moḵtaṣar bar varzeš－e zur－ḵāna'i dar Irān	in Majmu'a－ye maqālāt－e mardom－šenāsi darIrān 1	1983
Bahār, Moḥammad－Taqi	Ā'in－e javānmardi	in Eḥsān Narāqi, tr. and compiled, Ā'in－e javānmardi, Tehran	1984
Ṣadr－al－Din Elāhi,	Negāh－i digar ba sonnat－ i kohan: zur－ḵāna	Irān－šenāsi/Iranshenasi	1995
Bayżā'i Kāšāni, Ḥosayn Partow	Tāriḵ－e varzeš－e bāstāni－e Irān: zur－ḵāna,	Tehran, 1958, new ed., Tehran.	2003
Roschanzamir, Mehdi	ĀS	Encyclopædia Iranica, online edition	2012
Rochard, Philippe	Le 'sport antique' des zurkhâne de Téhéran: formes et significations d'une pratique contemporaine	Université Aix－Marseille I. 박사학위 논문	2000
Schädler, U.	Sort－Hasard－Fortune. Les nombreuses faces des dés	in Jeux de l'Humanité. 5000 ans d'histoire	2007

저자	학술논문	발표지/발행처	연도
		culturelle des jeux de société, ed. U. Schädler, Geneva	
Pusch, E. B.	Eine unbeachtete Brettspielart	in Studien zur altägyptischen Kultur, vol. 5, ed. H. Altenmüller and D. Wildung, Hamburg	1977
Roschanzamir, Mehdi	Persische Lackmalereien auf As-Spielkarten	in Mitteilungen aus dem Museum für Völkerkunde (Hamburg)	1986
Schädler, U.	Spielen mit Astragalen	Archäologischer Anzeiger 1	1996
Schädler, U.	Vom 20-Felder-Spiel zum Würfelvierschach?	Board Games Studies 2,	1999
Schädler, U.	The Talmud, Firdausi, and the Greek Game 'City'	in Step by Step. Proceedings of the 4th Colloquium Board Games in Academia, ed. J. Retschitzki and R. Haddad-Zubel, Fribourg	2002
Allinger-Csollich, W.	Stratifizierte Brettspiele aus Babylonien	Nikephoros 16	2003
Piemontese, Angelo	Il capitolo sui pahlavān delle Badāyi' al-Waqāyi' di Vāsfi	AIUON	1966

저자소개

김태영(한국외국어대학교 한국글로벌스포츠건강문화센터 소장)
황의룡(한국외국어대학교 한국글로벌스포츠건강문화센터 책임연구원)
김태양(영산대학교 전통무예진흥연구소)
이명희(공주대학교 역사교육과)
박귀순(영산대학교 동양무예학과)
원유미(대원대학교 운동재활학과)
이택균(한국외국어대학교 미네르바교양대학)
박효주(경희대학교 태권도학과)
임종범(평택대학교 IT공과대학)
김상철(한국외국어대학교 중앙아시아연구소)
유달승(한국외국어대학교 페르시아어 · 이란학과)
신규섭(한국외국어대학교 페르시아어 · 이란학과)
신양섭(한국외국어대학교 페르시아어 · 이란학과)

실크로드 신체문화교류사
총서 8(이란): 전통무예, 무용, 유희

초판발행 2025년 8월 30일

지은이 김태영 · 황의룡 · 김태양
펴낸이 안종만 · 안상준

편 집 김용순
기획/마케팅 박부하
표지디자인 이영경
제 작 고철민 · 김원표

펴낸곳 (주) 박영사
서울특별시 금천구 가산디지털2로 53, 210호(가산동, 한라시그마밸리)
등록 1959. 3. 11. 제300-1959-1호(倫)
전 화 02)733-6771
f a x 02)736-4818
e-mail pys@pybook.co.kr
homepage www.pybook.co.kr
ISBN 979-11-303-2320-6 93910

정 가 22,000원